LOCUS

LOCUS

LOCUS

LOCUS

from

vision

from 135

誰偷走了我們的財富？

為什麼貧富差距越來越大？薪水越來越低？

因為從政客、銀行、會計師與律師，都只服務有錢人！

Moneyland: Why Thieves And Crooks Now Rule The World And How To Take It Back

作者／奧立佛．布洛 Oliver Bullough

譯者／黃亦安

責任編輯／陳怡慈

美術設計／陳恩安

校對／郭盈秀

排版／薛美惠

出版者：大塊文化出版股份有限公司

www.locuspublishing.com

台北市 105022 南京東路四段 25 號 11 樓

讀者服務專線：0800-006689

TEL：(02) 87123898　FAX：(02)87123897

郵撥帳號：18955675

戶名：大塊文化出版股份有限公司

法律顧問：董安丹律師、顧慕堯律師

總經銷：大和書報圖書股份有限公司

地址：新北市新莊區五工五路 2 號

TEL：(02) 89902588　FAX：(02) 22901658

初版一刷：2020 年 11 月

定價：新台幣 480 元

ISBN ／ 978-986-5549-09-1

誰偷走了我們的財富？

MONEYLAND

WHY THIEVES AND CROOKS NOW RULE THE WORLD AND HOW TO TAKE IT BACK

為什麼貧富差距越來越大？
薪水越來越低？
因為從政客、銀行、
會計師與律師，
都只服務有錢人！

奧立佛．布洛──著　　黃亦安──譯
OLIVER BULLOUGH

目次

1 阿拉丁的寶穴

倫敦擁有許多張不同的臉孔，而它所呈現的面貌，端看前來搭話的對象是誰：觀光客看到的是白金漢宮衛兵交接儀式（Changing of the Gurards）的壯觀典禮；生意人看到的是由鋼鐵與玻璃構築的城市，一早就有成群結隊的銀行家和職員湧過橋梁，駐紮進倫敦的金融區裡；當地人看到的則是充斥著半獨立式住宅、籬笆、死巷和公園的郊區。

然而，倫敦也存在這樣的地方：倫敦西北的芬奇利（Finchley）住宅區，或是一條名為伍德貝里格羅夫（Woodberry Grove）的短小街道，在那裡的車輛都是十年前的車款，而最近的商店販售的是波蘭啤酒和八卦小報。除非你有什麼好理由，不然你不會踏上這條街，甚至根本不會注意到這裡，而這可能就是保羅．曼納福特（Paul Manafort）把他其中一間公司——龐波羅公司（Pompolo Ltd）——設立在伍德貝里格羅夫街二號的原因。

根據美國特別顧問辦公室（Office of Special Counsel）的羅伯特・穆勒（Robert Mueller）所準備的起訴書內容所示，唐納・川普（Donald Trump）的前競選總部主任曼納福特利用數個境外銀行帳戶搬運了約莫七千五百萬美元（約二十二億台幣），將大部分的錢花在高級房地產和奢侈品上。這些錢主要是他替烏克蘭（Ukraine）前總統維克多・亞努科維奇（Viktor Yanukovich）工作時賺來的。曼納福特因為對美國國稅局（Internal Revenue Service）隱匿這筆收入而被定罪，同時還兼犯五花八門的其他罪行。這份一絲不苟的起訴書詳列了一份公司清單，曼納福特便是透過他在這些公司的銀行帳戶移轉這些錢。正是因為這份起訴書，我們才知道龐波羅公司的存在。二〇一三年七月十五日，龐波羅公司使用一個銀行帳戶，將十七萬五千五百七十五美元匯至一間佛羅里達州的家庭娛樂設備公司，而在同一天，又匯了一萬三千三百二十五美元給一名漢普頓（Hamptons）的景觀承包商。

這兩筆匯款可能是龐波羅公司唯二做過的業務。這間公司三個月前才剛創立，而在一年後，就遭到英國工商局（Companies House）解散——只要沒有繳交必要的文件，公司就會自動遭到撤銷。我跑了一趟伍德貝里格羅夫街二號，想親眼看看龐波羅公司所謂的營業地址。

那是個景色乏味的目的地——用土色磚頭蓋成的兩層樓辦公建築，部分牆面塗上了淺棕灰泥。屋頂上的瓦片看起來是靠著一團團苔蘚才維持完整，窗框也被汙漬染黑，幾乎看不出原本的木頭材質。門鈴沿著大門一側排列，我按下其中一個按鈕，一名操著南非口音的中年男子，穿著印有英國重金屬樂團鐵處女（Iron Maiden）標誌的褪色T恤走出來招呼我，領我進屋。

這個地方曾是曼納福特的財務控管系統（financial plumbing）中的一個節點，用來把錢汲出烏克蘭，拿去購買紐約和維吉尼亞州（Virginia）的奢侈品。我不知道自己該期待看到什麼，但我原本想像的絕對不是眼前這麼整齊無趣的辦公室，地上鋪著了無新意的灰色地毯，牆上貼著建議員工該用什麼坐姿打電腦才不會腰痠背痛的海報。我在等待鐵處女粉絲的老闆時，一邊偷聽兩名女性閒聊她們的周末計畫，試著窺視她們的辦公隔間。可惜的是，老闆現在沒空，只給了我一個電子信箱地址，當作我從地鐵站花十五分鐘走來伍德貝里格羅夫街的獎勵（他在後來的回信中否認他們公司曾犯下任何惡行，並用惱怒的語氣表示：「我不能向任何單位談論『曼納福特這種人』的目的為何，恐怕你得自己做出結論了」）。

這個故事接下來可以有兩種發展：第一種是將龐波羅公司這條線視為死胡同，轉而聚焦在曼納福特他那骯髒的客戶群、他毫無道德的操作手腕和他對奢侈品的驚人欲望上；而第二種發展，就是回頭好好審視伍德貝里格羅夫街二號，並質問為何這間能取用龐大現金的公司，會設立在倫敦的乏味角落中枯燥無趣的區域裡。

大多數記者傾向於選擇第一種作法，而這也是可以理解的。寫一篇關於鴕鳥皮夾克、奢華公寓，以及曼納福特如何替一群討厭的政客和寡頭統治集團洗白名譽的故事，都比描寫英國體制結構有多邪惡來得吸引人。但第二種作法比較有意義——如果我們能領略曼納福特是如何跟伍德貝里格羅夫街牽上線，就能窺見隱藏在政商名流背後的金融系統、看到我稱之為「金權帝國」（Moneyland）的祕密國度。

指控曼納福特與其商業夥伴瑞克・蓋茲（Rick Gates，龐波羅公司就是登記在他的名下）的起訴書，不只揭露了龐波羅公司的存在，還包括其他設立於加勒比國家聖文森及格瑞那丁（St Vincent and the Grenadines）、賽普勒斯（Cyprus），以及維吉尼亞州、佛羅里達州、德拉威州（Delaware）和紐約州的眾多公司。這些公司都擁有多個銀行帳戶，而這些帳戶本該是各自獨立的，但事實上卻是由背後一群隱匿的擁有者共享。他們利用彼此的帳戶搬運金錢，像在跳一支永不間斷又令人困惑的舞蹈，腳下的舞步如此複雜，就連許多專家都摸不著頭緒。若是想要描繪出這些商業組織之間的財務協議有多麼龐雜繁複，需要一整個法律團隊才辦得到，對門外漢來說根本不可能。

超過十年的時間，曼納福特和蓋茲持續利用這個系統中飽私囊，但這個系統並非他們發明，他們也不是親自找到伍德貝里格羅夫街二號，決定把那裡當作他們的運作基地的。事實上，有一整個產業的人替他們完成了這些事，讓像他們這樣需要藏錢的人得以犯下罪行。承租這棟位於芬奇利區的辦公室建築的真正房客，是A1服務管理公司（A1 Company Services）——一家替客戶建立公司行號並提供投遞地址的公司。這間公司象徵了比曼納福特這種等級的政治醜聞還茲事體大的事件，它代表了一個替有錢有勢的人隱藏祕密的系統，讓整個世界陷入貧窮。

如果不是羅伯特．穆勒開始調查這位川普的前競選總部主任，曼納福特幾乎可以確定會逃過制裁，畢竟他的祕密被守護得如此嚴實。這件事十分令人擔憂，因為還有許多人正在利用這個系統：伍德貝里格羅夫街二號是（或曾經是）許多其他公司的設址處，根據某個資料庫統計，總共有一萬六千五百五十一間公司登記在此，而曼納福特在格瑞那丁群島及賽普勒斯使用的地址也同樣如此，更不用說那些設在美國本土的公司了。

絕大多數人認為曼納福特很重要，是因為他的事揭露了川普的勝選所牽涉的貪汙情事；但事實上，他和川普的關係不小心為我們打開了一扇窗，讓我們看到規模更為龐大的真相，一個只有少數人察覺的幽暗系統。這個系統安靜卻有效率地讓數百萬人生活困苦、破壞民主制度、幫助獨裁者掠奪自己的國家。我們只要看看曼納福特最大的客戶之一，就能夠更了解這個世界，而這個客戶就是烏克蘭前總統：維克多．亞努科維奇。

＊

從二〇一〇到二〇一四年，亞努科維奇治理烏克蘭的四年期間，他讓自己享盡富貴榮華，卻榨乾了整個國家。最後，烏克蘭人終於受夠了，無數人在嚴酷的冬日走上街頭抗議暴政，直到亞努科維奇倉皇逃離。從他拋下的財富可以看出他的品味無比浮誇怪誕，相形之下，曼納福特顯得自我節制。他的總統官邸（Mezhyhirya）幅員遼闊，除了數個庭園造景、一座高爾夫球場、一座仿造的希臘神廟、一尊畫上托斯卡尼（Tuscany）風景的大理石馬雕像、一群鴕鳥、一座獵野豬的圍場之外，還有一棟五層樓高的木造豪宅，亞努科維奇就在此處毫無節制地滿足他誇張庸俗的品味。那裡有如一座崇拜低級趣味的神殿、頌讚庸俗品味的教堂，彷彿是奢靡無度的具體化身。

每個人都知道亞努科維奇是個罪犯，但他們從來不知道他搜刮來的戰利品究竟有多少。烏克蘭人民多年來苦於經濟不景氣，他和密友卻累積了等同於數億美元的財富。他擁有超過一輩子所需的錢，以及多到沒地方放的珍寶。

所有國家的元首都有官邸可住，但通常這些官邸都屬於政府，而非個人私有。只有極少數的情況除外，例如川普的總統官邸屬於私人財產，但那通常都是在他們上任之前就擁有了。唯獨亞努科維奇在領總統俸祿的期間建造了他的官邸，這也是為何大批抗議者會湧進他巨大的豪宅一探究竟。眼前的主建築物、噴泉、瀑布、雕像和異國雉鳥讓他們嘖嘖稱奇。具生意精神的當地人開始出租腳踏車給觀光客，因為這座官邸實在無邊無際，想要全部參觀一遍而不會累個半死的話，就只有這個方法。當時，革命分子花了好幾天才把每個角落都探索一遍。官邸裡的每個車庫彷彿都是阿拉丁故事裡藏滿金銀財寶的洞穴，有些甚至可能根本是無價之寶。

在任何物品受到損傷前，革命分子請來國立烏克蘭美術館的策展人移走所有財寶，以國家的名義保存，公開展示。

這些展示品包括成堆的鍍金燭台、掛滿數面牆壁的總統畫像、希臘眾神雕像，以及一座用象牙雕成、作工精緻的東方寶塔。還有幾十幅東正教聖像畫、古董步槍、劍和斧頭。有張證書宣布亞努科維奇是「年度獵人」，某些文件則載明某顆星星是以他命名，另一顆則是以他太太命名。有些物品會和官員的名片擺在一起展示，表示那是來自他們的禮物。那是向統治者獻上的貢品，是確保他們繼續得寵的頭期款，如此一來，他們就可以持續大發不義之財。

博物館有個玻璃櫃展示了一本巨大的古老書籍，說明牌上寫著那是來自財政部的禮物。那本書是烏克蘭史上第一本印刷書籍《使徒》（*Apostol*），現存數量可能只有一百本。財政部如何決定這本書適合當作禮物送給總統？財政部怎麼負擔得起？為何財政部需要送這種禮物給總統？是誰掏的腰包？沒人知道答案。一尊出處不明的畢卡索花瓶放在劣等陶瓷藝術品之間。陳列櫃裡放了一只鋼槌和鐮刀，曾是烏克蘭共產黨（Ukrainian Communist Party）送給史達林（Joseph Stalin）的禮物。這東西怎麼會出現在亞努科維奇的車庫裡？也許總統已經沒有其他地方可以放了？

在大門排隊的參觀民眾很快就綿延到馬路上。隊伍中的人看起來都心情愉快，蝸步朝前緩慢移動，消失在博物館的鵝卵石山形牆後。當他們再次出現於門外時，每個人看起來都面如死灰。最後一道門旁邊放了一本留言簿，有人在上頭言簡意賅地總結：「一個人到底需要多少東西才夠？太恐怖了，我覺得好想吐。」

這一切不過是個開端。革命後那段毫無法紀的日子帶來極大的好處，沒有穿著制服的人會來阻止你好奇地探頭探腦，於是我善用這個機會，盡可能四處入侵這位「昔日菁英」的祕密巢穴。其中一趟旅程，帶我來到基輔（Kiev）郊外森林的中心。與我結為朋友的革命分子安東（Anton）把車停在一扇大門前，走到路旁的矮樹叢下東摸西找，接著舉起手中找到的東西，「通往天堂的鑰匙，」他撇嘴一笑。安東打開門鎖，回到車上，繼續往前開。

我們的右手邊是基輔水庫晶瑩閃爍的水面，聶伯河（Dnieper River）被攔截的水流積蓄成一片內陸海洋，蘆葦叢點綴其上。一條橫越淺塘的狹窄堤道接著出現，旁邊是一棟船屋和碼頭。一個個小木造鴨舍就座落在蘆葦浮島上，有鴨群在四周竄動。終於，安東在兩層樓高的長型木造大宅前的車道停下。當亞努科維奇想放鬆時，就會和老朋友及新女友來到這裡。

二〇一四年二月，就在總統逃離首都的幾個小時後，安東就帶著女兒來到此處。他驅車開過毫無坑洞的道路，向大門口的警察表明自己是革命分子。他們把鑰匙交給他，讓他通過。現在，安東打開門，領我進入屋內。他沒有動過屋裡的擺設：十八張軟墊蓬鬆鼓脹的椅子還擺在長長的晚餐桌旁，而大理石加熱按摩床也跟他剛來到這裡時一模一樣。牆上滿是沒那麼露骨的印象派分支裸體畫——如果雷諾瓦（Pierre-Auguste Renoir）想朝「微」色情的方向發展，大概就會畫出這種東西。打磨得光可鑑人的地板是由熱帶硬木製成，牆壁的材料則是切割成正方形的軟木材，刻意不做最後的加工處理，保留類似芝麻籽一樣的黃色。這裡連一本書都沒有。

雖然這麼說有點怪，但真正讓我感到愕然的是那些浴室。這棟房子總共有九台電視，其中兩台就安裝在馬桶正前方，剛好位於坐下時的高度。這個安排透露出最為私密的個人習性：亞努科維奇總統是個喜歡看電視的人，而且需要花不少時間待在馬桶上。當烏克蘭市民努力工作以求溫飽、甚至早逝，而鄉間道路也因年久失修而損壞、政府官員暗地裡巧取強奪時，這位總統卻忙著確保他的便祕不會妨礙他享受最喜歡的電視節目。在我眼中，這兩台電視成為所有錯誤的小小象徵——不只是在烏克蘭而已，也包括所有我工作過的後蘇聯國家[1]。

蘇聯在我十三歲的時候解體，而我非常嫉妒那些年紀夠大、親身經歷過那一刻的人。一九九一年的夏天，當莫斯科的強硬派企圖讓國家走回蘇維埃老路的嘗試失敗時，我正和家人在蘇格蘭高地度假。我花了好幾天試著讓收音機能收到穿越山嶺的訊號，好知道發生什麼事。假期結束後，政變也失敗了，一個新世界於焉展開。歷史學家法蘭西斯·福山（Francis Fukuyama）稱之為「歷史的終結」，整個世界將得到自由，「好人終於得勝」（Good Guys Had Won）。

1 編註：後蘇聯國家指的是蘇聯解體後獨立的十五個國家，包含俄羅斯、烏克蘭、白俄羅斯、哈薩克、吉爾吉斯、塔吉克、烏茲別克、土庫曼、亞美尼亞、亞塞拜然、喬治亞、愛沙尼亞、拉脫維亞、立陶宛、摩爾多瓦。

我渴望知道在東歐發生的事情，於是讀了幾百本曾經去過那裡的人寫的書。就讀大學期間，我每年夏天都會前往那些曾被禁止進入、昔日是華沙公約組織（Warsaw Pact）的成員國，著迷於重新團結起來的歐洲。大學畢業時，大部分的同學都有一個接一個的工作合約等著他們，但我沒有。我在一九九九年九月搬去了俄羅斯的第二大城聖彼得堡，興奮得不能自已，陶醉地想像民主轉型帶來的可能性，以及一個欣欣向榮的新社會。我實在太過沉醉在當時的想像，根本沒領悟到我早就錯過那個時刻——如果那個時刻當初真實存在過的話。在我的飛機降落於聖彼得堡普爾科沃機場（Pulkovo）的三周前，一位默默無聞的前間諜佛拉迪米爾．普丁（Vladimir Putin）當上了首相。接下來的十年，我寫的不是關於自由和友誼的報導，而是戰爭和暴虐的故事，過著偏執妄想和遭受騷擾的生活。歷史沒有終結，真要說起來，它是加快了腳步。

二〇一四年，當我發現自己正思索著烏克蘭總統的廁所時，我已經寫了兩本關於前蘇聯的書。第一本書的緣起是我在車臣（Chechnya）與鄰近地區所目睹的慘狀，書中描寫了高加索（Caucasus）地區的人民不斷嘗試保衛他們渴望的自由，卻不斷失敗。第二本書處理的是俄羅斯民族，探討酗酒和絕望如何逐漸破壞國家的團結。我現在才理解，這兩本書都沒有說出來的是一個問題：到底哪裡出錯了？為什麼一九九一年的夢想沒有實現？這個問題透過烏克蘭流亡總統的套房廁所強行展示在我面前：為什麼這些國家得到的不是自由和繁榮，而是跟國家是否幸福相較，還更關心排泄舒適度的政客？

烏克蘭並非單一案例。離克里姆林宮（Kremlin）不到半哩處有間賓利（Bentley）展示店，販售價值數十萬美元的汽車，俄羅斯媒體吹噓這是賓利在地球上生意最繁忙的營業點。而在不到幾小時車程外的地方，我曾遇見一個男人，願意用全部身家交換我的諾基亞手機——這種事到了蘋果手機的年代都還在持續發生。亞塞拜然（Azerbaijan）的總統伊利哈姆·阿利耶夫（Ilham Aliyev）委託可能是全世界最迷人的建築師札哈·哈蒂（Zaha Hadid），在首都巴庫（Baku）中心的繁忙地區建造一座壯麗奪目、線條蜿蜒流暢的博物館，以紀念他已故的父親、亞塞拜然的前總統。而有數千位亞塞拜然國民，自從二十年前在與亞美尼亞（Armenia）的戰爭中失去家園後，就住在東拼西湊的難民中心。吉爾吉斯（Kyrgyzstan）的總統建造了三層樓高的圓頂帳篷（yurt，一種帳篷，而就和所有類型的帳篷一樣，通常都只有一層樓），讓他可以在裡面擺出昔日遊牧王者的架勢，但同時間，吉爾吉斯首都的居民還是得從公共抽水泵取水使用。

在烏克蘭，亞努科維奇和他的統治小集團主導一個影子政府，和正規政府機關一起運作。他們沒有盡治理之責，而是對人民巧取豪奪。他們收受賄賂，讓某些人得以不用繳納應付的稅賦。他們也會以某些事業的許可證來獎賞自己的朋友。只要哪裡生意興隆，他們就派警察向商家要求保護費。某些國家官員同時也兼任影子政府的職位，忽視真正的職責，只為了更有利可圖的兼職工作。烏克蘭擁有一萬八千五百位檢察官，個個都彷彿是黑手黨老大的小弟，如果他們決定要把你送上法庭，法官都會對他們唯命是從。有了整個「遵守規則」的法律制度，圈內人士唯有在想像力不足的時候，才會限制自己的賺錢機會（曼納福特的工作是將亞努科維奇包裝成一名政治家呈現給西方世界，但事實根本不是這麼回事）。

以藥品為例，憲法規定政府要提供所有需要的人免費照護，而政府會從公開市場為醫療體系買進藥物。嚴格來說，任何符合標準的公司都能參與交易，但實際上，官員有無窮無盡的方法排除那些不願賄賂他們的公司。只要想得出來，他們就會用各式各樣的理由取消這些公司的資格：表單用了不對的字型、文件底部的簽名太大或太小等等。這些被排除的公司可以提出上訴，但就需要鬧上法庭、進入腐敗系統的另外一個區塊，更加深陷於這場騙局之中，因此他們在一開始的時候根本就不會費心參與；畢竟，如果他們大驚小怪，就會被某個有權執行審查的行政機構找一輩子的麻煩——為了符合消防規範、為了符合衛生標準，諸如此類的理由，沒完沒了。這就表示藥物市場被官僚的朋友透過登記在海外的可疑中介公司所把持，這些公司彼此勾結，和圈內人士一起哄抬價格。這門生意遵循烏克蘭法律，但仍為主導這塊市場的生意人和官員賺進大把利潤。

結果，衛生部得付超過兩倍的價格購買抗反轉錄病毒藥物（Anti-retrovirals）——控制人類免疫缺乏病毒（ＨＩＶ）的必備藥品，防止其發展成愛滋病——就算烏克蘭擁有全歐洲成長最快的愛滋病感染率也一樣。革命後由國際機構接手藥物採購，他們在不犧牲品質的前提下，成功將癌症治療藥物的成本減少四十％。在過去，這些錢全部進了官員的口袋。

而這一切也不過是個開頭。政府對外採購國家所需的一切用品，而每一筆交易都是圈內人士致富的機會。這種詐騙國家採購系統的行為，每年都讓政府支出差不多一百五十億美元。二〇一五年，有兩名烏克蘭孩童患上小兒麻痺，不幸癱瘓，但這個疾病本該早就從歐洲大陸根絕了。該為此負責的是一個被貪腐、憤世嫉俗的政客染指的疫苗注射計畫。究竟哪裡出了差錯？

表面上看來，這個問題似乎只針對烏克蘭和它的後蘇聯鄰居，但實際上卻有更深遠的重要含義。當腐敗達到了工業般的規模，讓亞努科維奇致富、傷害他的國家，同時，腐敗也激起了範圍廣大的憤怒和動盪，從東方的菲律賓（Philippines）到西方的祕魯（Peru），影響包括兩地之間的大部分國家。在突尼西亞（Tunisia），貪官現象嚴重到讓一名街頭小販點火自焚，由此引發了阿拉伯之春（Arab Spring）；在馬來西亞（Malaysia），一群交友廣闊的年輕投資者洗劫了主權基金，將收益花在毒品、性愛和好萊塢明星上[2]；在赤道幾內亞（Equatorial Guinea），

2　編註：此處指「一馬發展公司醜聞案」。「一個馬來西亞發展有限公司」（1MDB）是前馬來西亞首相納吉（Najib Razak）於二〇〇九年上任後成立的主權基金，其目的用以發展馬來西亞成為東南亞地區的金融中心，但這筆金錢後來被指出有不當挪用約四十五億美元，部分流入包含納吉在內的馬國前官員和阿拉伯聯合大公國前任與現任官員的瑞士帳戶。其中也包含被納吉之子與其他基金操控者洗錢，用在購買豪華遊艇、名模贈禮、投資電影《華爾街之狼》等。

總統之子的官方薪水是一個月四千美元[3]，卻在加州馬里布（Malibu）買了一棟要價三千五百萬美元的豪宅。這些圈內人士在全世界竊走民眾的錢財，藏在海外，過上不可思議的奢華生活，同時他們的國家卻在身後凋零。

我走出狩獵小屋時，仍在思索那些廁所、電視和隨之浮現的討厭畫面。我問安東，他和他的烏克蘭同胞怎麼會讓他們的統治者逃過制裁？他們怎麼可能不知道這些事？「我們不知道細節，我們當然不會知道，」他語帶挫折地回答，「我們腳下的這塊土地甚至不是烏克蘭領土，而是英國的。你查查看就知道了。」

他是對的。如果你想知道誰擁有這塊七萬六千英畝的前自然保護區，可能是因為你想知道為何保護區能成為私有地，那麼你該去查查土地所有權的登記紀錄。在那份紀錄裡，你會看到這片土地的正式擁有者是一間叫做唐・萊斯尼卡（Dom Lesnika）的烏克蘭公司。要找出這間公司的老闆是誰，你得去查另一份紀錄，然後會發現一間英國公司的名字，接著還有一份紀錄會告訴你，這間公司是一個登記在列支敦斯登（Liechtenstein）的匿名基金會所擁有。對圈外人來說，這一切看起來就像是清白的外國投資計畫，而所有政府都鼓勵這種投資行為。如果你堅持不懈，試圖親自跑一趟狩獵小屋一探究竟，在森林裡看守大門的警察就會把你擋下來。你可能會因此心生懷疑，但卻沒有任何證據顯示這裡有什麼不對勁的事情發生。這些竊盜行為都隱藏得很好。

調查人員很感謝亞努科維奇把他的所作所為都留了紀錄。他的官邸就位於樹木繁茂的山丘上，山坡一路向下連接到聶伯河。官邸下方的河岸有一座遊艇碼頭，還有一間西班牙大帆船造型的酒吧。他們匆忙離開時，總統的助手把能裝滿兩百個資料夾的財務文件扔進港口，希望這些紀錄可以沉進河底，沒想到卻事與願違。示威者把紙張都撈起來，在三溫暖室裡弄乾。從這些文件的內容，可以一窺讓亞努科維奇得以逃離這個國家的財務工程（financial engineering）的核心。

不只亞努科維奇的狩獵小屋的擁有者位於海外，就連他的官邸也是，包括他在頓巴斯（Donbas）地區的礦產公司、座落在克里米亞半島（Crimea）上的各個宅邸（最終的所有者位於加勒比地區〔Caribbean〕）。而他也不是唯一使用這種境外詭計的圈內人士：藥物採購騙局是從賽普勒斯操控的，非法軍火交易可以追蹤至蘇格蘭，販售山寨設計師商品的最大商場是由位於塞席爾（Seychelles）的公司合法擁有的。這一切都表示，任何調查人員要是想掀開官員腐敗的重重黑幕，就必須先對付各個避稅天堂的律師和官員，以及數十個國家的警方。

「這些高級官員都把公司註冊在海外：摩納哥（Monaco）、賽普勒斯、貝里斯（Belize）或英屬維京群島（British Virgin Islands）。」一名負責把這些被竊資產要回來的檢察官告訴我。

3　編註：赤道幾內亞總統之子提奧多林（Teodorin Obiang Nguema Mangue）位任副總統。

「我們向這些國家提出要求，要不得等上個三、四年才能收到回覆，要不根本就石沉大海。因為我們與英屬維京群島沒有協議，因此他們沒有回音。就這樣，一切都沒搞頭了。我們等了又等，而在我們等待回覆的期間，公司又被重新註冊了五次。那些公司全都重新註冊了。這就是我們最大的問題：老是在檢查這些文件，同時又收到新文件。」

這一切都讓我頭暈目眩，就像太過複雜、難以理解的數學問題，彷彿腳下出現了一個將我吸入其中的汙水坑。這些資產隸屬於烏克蘭，但在法律上卻歸屬別地所有，都是些我們跟不過去的地方。難怪那些狡猾的政客認為這些令人頭昏眼花的體制這麼好用，因為公然蔑視人們的理解能力。而發生於烏克蘭的事也不過是個起頭。

奈及利亞（Nigeria）、俄羅斯、馬來西亞、肯亞（Kenya）、赤道幾內亞、巴西（Brazil）、印尼（Indonesia）、菲律賓、中國、阿富汗（Afghanistan）、利比亞（Lybia）、埃及和數十個其他國家的官員同樣把錢藏在他們的國民伸手不及之處以及監管範圍之外。每年從發展中國家被竊走的金錢，估計總額從龐大的兩百億美元到幾乎無法想像的數兆美元都有可能。而這些錢透過境外的祕密轄區流入少數西方城市：邁阿密、紐約、洛杉磯、倫敦、摩納哥和日內瓦。

過去曾有一段時間，如果官員從自己國家偷了錢，他也不知道該拿這些錢怎麼辦。他能買一輛新車、蓋一棟好房子，或是分給他的親朋好友，但頂多就是這樣。當地市場無法吸收無窮無盡的金錢，因此他的胃口會受到限制。如果他繼續偷錢，也只會落得滿家沒地方放，或者被老鼠啃掉。

但境外金融（offshore finance）改變了這一切。有些人把空殼公司喻為運送髒錢的逃亡車，但當空殼公司跟現代金融系統結合後，變得更像能瞬間移動的魔法盒子。假使你偷了錢，也不用藏在老鼠找得到的保險箱，只要裝進魔法盒子裡，按個鈕就能讓它變不見，離開這個國家，前往任何你選擇的地方。這就像「怎麼吃都不會飽」的金融版本。難怪政府官員都變得貪婪無度，因為他們愛偷多少就偷多少，根本毫無限制，也因此他們想花錢就花錢：如果他們想要遊艇，只要把錢送去摩納哥，在年度船舶展示會上選一艘就成了；如果他們想要房子，只要把錢送到倫敦或紐約，找個不過問太多的房地產經紀人就成了；想要藝術作品的話，就把錢送到拍賣行就成了。「境外」的意思，就是你永遠不需要問「什麼時候可以處理好」。

不過，魔法還尚未結束。一旦某樣資產的所有權（不管是房子、噴射機、遊艇或是公司）隱匿在多家公司的名目背後、藏身在多個司法管轄區之中，就幾乎不可能被找出來。就算圈內人士藉以發財的貪腐計畫失敗了（好比像在烏克蘭發生的革命），但要成功找到被偷走的錢、沒收充公，再歸還給國家的機率根本是微乎其微，前提是如果真有機會找到的話。你可能從新聞讀到已經有數百萬美元被送回奈及利亞、印尼、安哥拉（Angola）和哈薩克（Kazakhstan）；確實沒錯，但跟被竊取的總額比起來，這些錢連一分錢都算不上。腐敗的統治者藏錢的功夫可說是出神入化，一旦錢進了他們的口袋，基本上就是永遠回不來了，而就算這些統治者丟了工作，也仍能保有倫敦西區的奢侈豪宅、加勒比地區的豪華遊艇以及南法的別墅。

而損失了這些錢的國家所遭受的傷害顯而易見。奈及利亞失去了對北部地區的掌控，數百萬人被迫離開家園。利比亞已經難以稱得上是一個國家，不同的軍閥派系競相爭奪權位，讓人口販賣集團得以恣意妄為。阿富汗統治階層的腐敗讓他們不再打擊鴉片，使得走私者可以隨心所欲，恣意販售廉價的海洛英。在擁有大量吸食海洛英人口的俄羅斯，已經有一百多萬名居民感染HIV病毒，但他們的健康照護服務仍持續缺乏資金，政府寧可追求無關緊要的政治宣傳，也不願幫助自己的國民。

同時，烏克蘭的情勢一團混亂。城市之間的聯通道路缺乏良好的維護，而村莊的街道更是年久失修。要在這個國家旅行根本是種折磨，更糟的是，在路上隨時可能會被交通警察找麻煩、對你敲詐勒索，說你違反了洋洋灑灑數十條交通規則，必要時甚至會捏造出新的規則來。

烏克蘭在一九九一年獨立時，多虧了蘇聯對所有事務的不當管理，基本上每個人都擁有差不多的財產。二十年後，卻再也不是這麼回事。二〇一三年的革命前夕，有四十五個人的資產總價值等同於烏克蘭經濟的一半。這再度成為許多受貪腐所害的發展中國家共有的特點。安哥拉史上任期最長的總統之女是非洲最富有的女人，她像一線明星般大搖大擺地在西方國家出沒，但這個實際上已是失敗國家的國民卻還在苦海中掙扎。亞塞拜然總統的兩名女兒拍攝電影、出版時尚雜誌，緊急事務部部長的兒子們則在倫敦中心從事說客活動。難以想像經濟狀態如此扭曲的國家能擁有健全的民主制度、正直的政治體系，甚或保衛自己的能力。

從緊接在烏克蘭革命後發生於克里米亞半島的事來看，就能清楚明白後果。嚴格來說，自五〇年代開始，克里米亞半島便隸屬烏克蘭，但當俄羅斯軍隊——制服上沒有標誌，卻駕駛掛著俄羅斯軍方車牌的車輛——開進克里米亞半島的城市並封鎖軍事基地時，政府官員卻令人洩氣地沒有出手阻止。一名海軍上將不只投降，還將烏克蘭海軍的船艦交給俄羅斯，不顧他理應效忠國家的誓言。當機場的邊境警衛在我的護照蓋下烏克蘭的三叉戟國徽，同時間，他效力的國家卻正在逐漸消逝。不久後，同樣的事情在東烏克蘭再度上演：幾乎沒人想要抵抗訓練有素、有俄羅斯撐腰的武裝叛亂分子[4]。除了作為致富的非法手段之外，這個國家已經被貪汙腐蝕得名存實亡；畢竟，有誰想要保護一個讓他們過得苦不堪言的事物？腐敗讓整個國家失去了存在的正當性。

這樣的憤怒侵蝕了烏克蘭，同樣也侵蝕了其他國家。這種憤怒促使人民加入阿富汗、奈及利亞和中東的恐怖分子組織。「阿富汗未來的最大挑戰並非成為塔利班（Taliban）、巴基斯坦

4　編註：此處應指頓巴斯戰爭（War in Donbass）。是二〇一四年時，烏克蘭東部與南部人民因為歷史因素加上親俄派的操作，爭取獨立並納入俄羅斯聯邦的事件，並引發軍事衝突。俄羅斯被認為派遣軍隊在幕後協助。

（Pakistan）恐怖分子的避風港，或是昔日敵對立場的巴基斯坦人；對現在的阿富汗而言，最長期的生存威脅是貪汙和腐敗。」曾任駐阿富汗國際部隊司令的美國海軍陸戰隊上將約翰．艾倫（John Allen），在二〇一四年四月對美國參議院委員會如此作證，「基於意識形態的叛亂、罪犯資助網絡、以及毒品事業，這三者形成了邪惡的同盟，而他們之所以成功，是因為各級政府單位都參與了這個犯罪網絡。長久以來，我們都把注意力放在塔利班身上，視他們為攸關阿富汗生死存亡的威脅；但和貪汙腐敗的規模相比，塔利班根本是小巫見大巫，你們必須重視這點。」

我不斷向每個人提問，就像我問安東一樣：他們怎麼可能不知道自己的國家正在發生什麼事？事情非常明顯啊，不是嗎？但我錯了，而安東是對的——他們一點也看不出來。唯有當你知道錢在何處，才容易追討回來；同樣地，要覺得問題顯而易見，關鍵在於你早就知道有這些問題。

二〇一七年萬聖節的隔天早晨，一顆雕刻南瓜出現在聯合街（Union Street）三七七號的門階上，那是一棟位於紐約市布魯克林高地（Brooklyn Heights）南邊的高雅褐石建築。如果你細看那顆南瓜，會發現那張雕刻出的臉孔極為神似羅伯特．穆勒，也就是前聯邦調查局（FBI）局長，後來成為負責調查俄羅斯是否非法干預美國總統大選（導致川普當選）的特別檢察官（Special Counsel）。這顆雕刻南瓜出自當地攝影師艾咪．芬克爾（Amy Finkel）之手，被放在臨時做出的「官方歷史景點」說明牌底下，牌子上則寫著：「讓一位總統倒台的房子」。在二〇一六年美國總統大選中，絕大多數的當地人都投給了希拉蕊・柯林頓（Hillary Clinton），而這些人正在拿聯合街三七七號取樂。

兩天以前，穆勒拆封了指控曼納福特洗錢的起訴書，指出曼納福特在二〇一二年用三百萬美元買下這棟房子。這筆錢來自一間賽普勒斯的銀行帳戶，這個戶頭則是由名為創網（Actinet）的賽普勒斯公司擁有。接著，他們將這棟房子當作擔保品抵押，貸款了五百萬美元，再拿去購買其他房地產來還款，形成錯綜複雜的避稅騙局。

曼納福特替亞努科維奇工作時，將他之後用來替川普打選戰的手法錘鍊至完美。在曼納福特的指導下，亞努科維奇將自己塑造成直言不諱、做事一絲不苟、願意為遭遺忘的社會邊緣階層發聲的人。穆勒對他的指控正是與他在烏克蘭的工作有關，以及他怎麼使用這筆收益。起訴書寫道：「他們賄賂多位美國國會議員和幕僚，影響針對烏克蘭的經濟制裁、選舉有效性，以及亞努科維奇監禁總統大選對手的正當性。」

根據起訴書中詳盡的開支明細表，曼納福特對奢侈品的熱愛並不亞於亞努科維奇。他在古董地毯上花了九十三萬四千三百五十美元；在服飾上花了八十四萬九千兩百一十五美元；在影音設備上花了十一萬兩千八百二十五美元（或許他也在馬桶前方裝了電視）。但他最高額的支出是房地產，他擁有一間紐約公寓，要價一百五十萬美元，維吉尼亞州的一棟房子則花了他一百九十萬美元（如同亞努科維奇和川普，曼納福特感謝來自底層的選票，但並不想跟這些人成為鄰居），而這些錢都來自烏克蘭政府。

讓人不舒服的問題就在這裡。曼納福特在布魯克林區的街坊鄰居用南瓜和自製標語惡搞他是很有趣，但同時也令人擔憂，這些人根本不知道發生了什麼事，就像烏克蘭人不知道前總統的狩獵小屋真正所有者是誰一樣。因為他們不可能會知道實情。就算他們在紐約州土地登記處查到擁有這棟褐石建築的MC布魯克林控股公司（MC Brooklyn Holdings，LLC），也沒辦法找到真正所有者的相關資訊。這間公司雖然是本地企業，卻隱藏了房地產擁有者的真實身分，就和那間英國公司與列支敦斯登公司掩飾亞努科維奇的手法一樣。就算這些民眾質問資金來源——用來購置與裝潢房產及購買時髦服飾、高級音響設備、古董地毯的資金——也只會找到註冊在賽普勒斯、聖文森及格瑞那丁或英國的一堆公司行號而已。只要看看穆勒的團隊在起訴書中詳述的細節，以及他們為了揭發這些事情需要付出多大的心力，你就會再次體會到重力加劇、腳下地面逐漸陷落的感覺。

不過，沿著線索走，我們會來到紐約，因為這個坑洞並非位於烏克蘭、撒哈拉以南非洲（sub-Saharan Africa）或馬來西亞，而是出現在西方世界的心臟地區。有錢人總是試圖不讓政府碰到他們的錢，過去數百年來也開發出許多聰明的工具來達到此目的。在英國與美國，律師發明了信託（trust），讓富有的客戶把財富贈送出去，同時仍享有好處，並用這種方式讓下一代繼承這些財產；而在歐洲大陸，同樣的事情則由基金會（foundation）來完成。

自七〇年代起，西方社會（尤其是美國）的財產和收入越來越不平等。托瑪．皮凱提（Thomas Piketty）率領的一批經濟學家指出，這是由於長期的投資資本回報率比經濟成長率還高所致，也就是說，除非西方社會有世界大戰等級的災難發生，否則在各國政府缺乏努力的情況下，西方世界的不平等將無可避免地更為加劇。也許他說的是對的，但這並非本書要探討的重點。我不是經濟學家，因此沒有資格去分析社會的結構是否偏袒資本而不偏向勞工。我是個新聞記者，而所有記者都深受騙徒惡棍所吸引，因此，本書要講述的是那些招搖撞騙的人，這種人摧毀了我在一九九九年移居的國家，也瓦解了那股將俄羅斯帶往光明未來的希望之潮。

你不必是個經濟學家就能知道，我們其他人根本就沒有有錢人使弄那些境外制度把戲的能力，而這也解釋了為何我們的社會變得如此不平等。如果有錢人都能逃避稅賦，甚至可以竊取財富而不受懲罰，就只會讓資產階級和無產階級之間的隔閡更為擴大。

西方政府一直試圖讓自己在這些把戲上握有優勢，但至少制度和習俗要求他們同時必須大致維持正直的表象。但是，在更窮、更晚形成的國家裡，並不存在這種制度與習俗。洶湧的錢潮讓官員和政治家喪失良心，正如同一名烏克蘭律師告訴我的：「你不是要在收賄與正直之間做選擇，而是在收賄或看著自己的孩子被殺之間選擇。那你當然會選擇收賄。」他的墨西哥同行說的更簡潔有力：「你想吃銀彈還是子彈？」腐敗無所不在，國家無法向最富有的居民收稅，這意味著最沒有經濟能力的人被迫要支撐政府的運作。民主的正當性因此逐漸瓦解，讓活在這種政府治理之下的人民感到憤怒。對那些相信一個自由開明的世界秩序的人來說，這種情況一點好處都沒有。

各方的政治評論家都表達了他們的憂慮，擔心不平等會對美國社會結構產生的影響：從一九九〇到二〇一二年間，美國最富有的那一％人口所擁有的資產，從全國的四分之一上升到了五分之二。如果你覺得這樣就事態不妙，那來看看整個世界是什麼情形吧：二〇〇〇年以後的十年間，整個世界最富有的那一％人口所擁有的財富，從全球的三分之一增長到了一半。

助長這種財富增值的正是俄羅斯這類地方。普丁自二〇〇〇年上任後的十五年間，被瑞士信貸集團（Credit Suisse）視為中產階級的那四％人口的總資產（價值一萬八千美元至十八萬美元），成長到一千三百七十億美元，聽起來不賴吧？但讓我們看看俄羅斯的上層階級在同一段時間內增加了多少資產：擁有超過十八萬美元的那〇·五％的俄羅斯人，總資產在十五年間增長到驚人的六千八百七十億美元；而最上層的那十％的俄羅斯人，擁有全國八十七％的資產——這個比例較任何國家都來得高，對一個三十年前還是個共產國家的地方來說，真是個鮮明的對比。

我們可以從這裡回到保羅·曼納福特身上。之所以發生這種大規模的掠奪行動，是因為有曼納福特這類來自西方世界的幫手：律師、顧問、說客、會計師，以及其他協助搬運顧客的財富、用聰明的手段隱藏起來的人。如果你對一名知情的俄羅斯人說，比起普丁的克林姆宮，西方世界是個更有操守的選項，那麼他很可能會問你：為何普丁的宣傳部主任明明領的是政府薪水，卻能在比佛利山莊（Beverly Hills）購置房產？又為什麼副總理能在倫敦的下議院（House of Commons）附近擁有一套公寓？此種虛偽對普丁來說是個禮物，他不只可以藉由凸顯這類弊端來打擊他的政治對手，還能利用西方的境外工具來對抗西方自己——作為安全警備的資金管道、創造反西方的宣傳工具，以及支持符合他個人利益的政治極端主義者。對西方世界的敵人來說，腐敗是個力量增幅器，但西方國家卻持續讓大把大把的髒錢流入自己的經濟結構。

金錢將你吸入腳下，地面逐漸陷落。

我還是個小男孩的時候，我有一個世界地圖的拼圖玩具，其中有英國、美國和歐洲，我可以依據邊界的輪廓，將郡、州和國家的形狀拼進相對應的空缺裡。我的孩子現在是這套玩具的主人。法國是個六邊形，義大利像隻靴子，懷俄明州（Wyoming）和科羅拉多州（Colorado）都是近乎完美的三角形，兩者難以分辨，但幸好智利（Chile）又細又長，很容易辨認。這反應了世界如何被畫分出一個個國家，以某些角度來說，這種方式是有意義，如果要討論每年的新生兒數字、遭槍殺的人數或踢足球的人口有多少，把相關人口置於發生的國家裡，是有道理的。

但是，有時這種方法卻不是完全適用。致力於打擊貪腐的國際透明組織（Transparency International）每年都會公布清廉印象指數（Corruption Perceptions Index），評比了幾乎全世界所有國家的腐敗程度，從位於清廉一端的丹麥和紐西蘭，到光譜另一端的北韓、南蘇丹（South

Sudan）和索馬利亞（Somalia）。該組織甚至繪製出地圖，以顏色標示國家腐敗的程度。非洲大部分範圍都是令人擔憂的紅色，南美洲、亞洲也是，而歐洲、北美洲和大洋洲（Australasia）則是較為友善、不同色階的黃色。就目前來說，這個調查有其效用，況且你在剛果首都金夏沙（Kinshasa）被威脅賄賂的機率，確實是比在丹麥首都哥本哈根（Copenhagen）要高上許多。但那些亞努科維奇所使用的更為複雜的貪腐手段呢？還有穆勒起訴書中所說的曼納福特？在國際透明組織的地圖上，烏克蘭被塗上了深紅色，是全世界清廉度倒數第十三名的國家——與俄羅斯並列——也是整個歐洲最腐敗的地方；可是，若沒有位於英國的空殼公司協助，亞努科維奇的資產是不可能藏得住的。那為何英國能被列為清廉度第十名的國家，和德國與盧森堡（Luxembourg）並駕齊驅？同樣地，賽普勒斯和聖文森的銀行和公司隱匿了曼納福特的錢，但這兩個國家的排名卻是相對清廉的第四十七與三十五名。而他的錢最後流向的地方——美國——則是排行第十八名。

若沒有其他國家的服務，烏克蘭政治家就不可能欺詐行騙，既然如此，為何貪腐的矛頭卻只指向烏克蘭？假若英國或賽普勒斯律師會向烏克蘭招攬生意，那他們的祖國是否也該分享這種名聲？以金錢的角度而言，國界並不重要，從很久以前開始，邊境就不再是金流的阻礙了。我在基輔可以使用VISA信用卡，在加州、劍橋（Cambridge）或聖啟茨島（St Kitts）也可以。但是，這並不表示國界不再存在。如同我在前面引述一位烏克蘭檢察官的話所示，他很難從國外的司法管轄區取得證據，對任何國家的調查人員來說也是如此。錢可以流通過國境，但法律可不行。有錢人四海為家，但我們其他人卻是活在邊界之內。

我加入了一個團體，努力想讓這類事情的背後意義引發關注，該團體被我們稱為倫敦竊盜統治旅行團（London Kleptocracy Tours，是我的友人羅曼．鮑里索維奇〔Roman Borisovich〕和查爾斯．戴維森〔Charles Davidson〕想出的主意）。我們用巴士載滿一整車觀光客，彷彿要帶他們到好萊塢見識克拉克．蓋博（Clark Gable）的故居，或史嘉蕾．喬韓森（Scarlett Johansson）剪頭髮的髮廊；不過，我們不是向他們展示電影明星，而是政治人物。巴士帶我們在倫敦市中心和西倫敦穿梭，導遊會指出前蘇聯寡頭政治集團人物、中東政治霸主的後裔、奈及利亞地區行政長官擁有的房產，以及所有那些來自國際透明組織名單上低分國家的人，在自己的國家賺了大錢，再拿來藏在前段班國家裡。

巴士一次只塞得下五十多人，但我們的目標很單純：我們想揭去掩蓋濫用國際金融系統的面紗。我們想讓人們不再說——或有理由說出——他們對這些事一無所知。

我們時常經過的地方是伊頓廣場（Eaton Square）——現在可能是倫敦名聲最響亮的一處地址——那是一幢富麗堂皇的奶油色建築，四面被與肩齊高的黑色鐵柵欄圍繞，俯瞰著數個私人花園。二〇一七年一月，一個自稱無政府自由黨自治國（Autonomous Nation of Anarchist

Libertarians，結果縮寫寫成ANAL[5]）的政治運動團體——偷偷從一扇沒關上的窗戶溜進伊頓廣場一〇二號，將這裡變成無家可歸者的庇護所。這間房子十分巨大，屋面塗了灰泥，一面山形牆從二樓的露台柱子一路延伸至五樓。我大聲朝內呼喊時，一面黑旗在旗竿上飄揚，一名蓄鬍的男子正靠在欄杆上抽菸。他從上面大喊，問我想幹什麼，然後答應馬上就會出來。

一名穿著紫色燈芯絨長褲和油布外套的中年男性目睹了我們的對話，帶著妻子穿過街來，對我說我是個「人渣」。那位蓄鬍的無政府主義者走到人行道上，聽見中年男子說的話，對我咧嘴一笑。他是匈牙利人。他領著我走下通往地下室的樓梯，穿過防火門，走進一個曾是電影院的地方。他對我解釋，他們在法庭上輸掉了針對驅逐令的攻防戰，很快就會離開，但我可以盡情探索這裡。地面鋪著拼花地板，樓梯一路蜿蜒向上，延伸到鑲嵌著提燈的天花板。無數個房間錯綜相連，而牆上的潦草塗鴉掩蓋不了這裡有潛力成為某人金碧輝煌的居所。

這個「某人」就是安德烈．貢查倫科（Andrei Goncharenko），他是俄羅斯的天然氣巨頭俄羅斯天然氣工業公司（Gazprom）旗下一家子公司的經理，直到二〇一四年，他連續三年在西倫敦購置了房產。伊頓廣場這處房產可能是其中最便宜的，要價不過一千五百萬英鎊，而這可能就是他讓這裡成為閒置空屋的原因。「我們的主要目標，是要讓大家注意到倫敦有多少空屋，並確保在有這麼多無家可歸之人的情況下，這些房子都不會被浪費。」一名曾站上法庭反對驅逐令的無政府主義者傑德．米勒（Jed Miller）在二〇一七年告訴記者，「這些境外公司在倫敦擁有這麼多房子，是為了利用這些房產來讓應繳稅額減到最少，但這樣會讓重要的公共事業拿不到錢。」

你不需要認同占據空屋的行動，也能知道米勒說得有道理。貢查倫科的宅邸只是這個廣場中八十六個不同房產的其中之一，而這些房產都是透過無法追溯的系統所擁有，讓任何人（包括稅務人員）都無法查知誰才是真正的所有者。其中三十餘處房產的所有者位在英屬維京群島，十三處在根西島（Guernsey），十六處則在澤西島（Jersey）。其餘的則是在巴拿馬、列支敦斯登、曼島（Isle of Man）、德拉威州、開曼群島（Cayman Islands）、賴比瑞亞（Liberia）、塞席爾、模里西斯（Mauritius），還有曼納福特最愛的聖文森及格瑞那丁。貢查倫科屬意以直布羅陀（Gibraltar）作為他的ＭＣＡ海運公司（MCA Shipping）的基地。在英格蘭及威爾斯，如同亞努科維奇和曼納福特的房產，有超過十萬個房產屬於境外所有。很難說其中有多少處是閒置空屋，但根據一項研究指出，也許那些新建的頂級物件有一半都鮮少使用。這些都不是用來居住的房子，而是房屋形狀的銀行戶頭。

假若有天倫敦人被問起他們為何對這些事一無所知，他們會回答這些事情都被掩蓋起來了，就像布魯克林的街坊鄰居並不知道那幢褐石建築的擁有者是曼納福特一樣。伊頓廣場上的

5　譯註：ＡＮＡＬ有肛門之意。

任何一間房產都可能是騙徒所擁有，他們的真實身分卻不為人知。坎恩園藝服務公司（Cane Garden Services Ltd）花了幾乎一千三百萬英鎊買下一套橫跨兩棟相連建築、占據了一整層樓的公寓，而這間公司就註冊在英屬維京群島。這家性喜奢華、揮金如土的空殼公司設址在卡利多尼安路（Caledonian Road）的一間投注站。這條醜陋的街道位於北倫敦，比起頂尖律師，你在這裡找到安非他命的機率還比較大。這樣算是亮起了警示燈號、讓人對現況心生疑竇了嗎？也許是，也許不是。

暈眩感再次湧現。一旦你開始尋找這種警示燈號，就會發現到處都可以看見。伊頓廣場八十五號與一〇二號都是由登記在香港一處地址的數間境外公司擁有；七十三號的所有者是登記在摩納哥的賴比瑞亞公司；八十六號的一套公寓，所有人是泛洋貿易公司（Panoceanic Trading Corporation），這間巴拿馬公司的名字彷彿是直接從六〇年代的驚悚片取來的。惡棍騙徒應該不至於如此明目張膽吧？還是這只是虛張聲勢？

竊盜統治旅行團的行程中，我們通常會用一個下午的時間向觀光客介紹六到七個地產，這就表示，如果我們想探索伊頓廣場上每一個歸屬境外的房地產，就要花上兩個星期。如此一來，我們最好先從鄰近的街道開始。每一條相連的街道都座落了許多境外房產，錯綜交織成迷惑和欺瞞的大型蜘蛛網，遍布英國的每個角落。而在我們開始本書的壯遊前，是時候該回到一切的開端，從頭開始了。就連我們這些自認知曉內情的人，其實都不知道完整的真相是什麼。

擁有這些房產的富有遊牧民族利用「金錢超越國界、法律卻只能滯留原處」的優勢，挑選他們屬意的法律來遵守。根據英國法律，房產所有人必須表明身分，但在模里西斯卻不用。隱藏身分的作法所費不貲，但只要你付得起，就能擁有其他國民無權享有的隱私。

我越是深入調查，就越發現這些事不只發生在房產所有權的範疇裡。如果你是敘利亞難民，全球的簽證規範會大大限制你的旅行能力；但如果你是有錢的敘利亞公民，就能從聖克里斯多福及尼維斯聯邦（St Kitts and Nevis，正式名稱為Federation of Saint Christopher and Nevis）、賽普勒斯或好幾個其他國家購買護照，突然間，你就能進入一個享有免簽旅行的世界，但你的同胞卻被拒之門外。如果你是平凡的烏克蘭人，只能任由腐敗的國家和無能的法律系統擺布；但如果你是有錢的烏克蘭人，你就能安排讓所有商業交易行為都在英國法律管轄之下發生，享受正直又有效的法官服務。如果你是普通的奈及利亞人，只能忍受媒體報紙拿你的事信口開河；但如果你家財萬貫，就能聘請倫敦的律師，用英格蘭以嚴厲出名的誹謗法控告記者，理由是他們上傳到網路的文章在英國也讀得到。最重要的是，如果你能讓自己的資產所有權屬於美國，你的政府就永遠不會發現那些資產（我會在後面的內容告訴你要怎麼做），但他們能找出你在境內擁有的一切。在立法上，這種自助餐行為也屢見不鮮，而這正是本書的核心議題。

據傳物理學家費曼（Richard Feynman）曾說：「如果你自認了解量子力學，那你一點都不了解量子力學。」我對包圍整個世界的境外體系有同樣的感覺。假若這令人頭暈目眩的領悟讓我害怕得逃離家裡、逃離螢幕，我還是逃不出它的手掌心。我每天早上買咖啡的地方是巴哈馬（Bahamas）的資產，剪頭髮的髮廊則是直布羅陀資產。前往火車站的路上，一處正在施工的建物則是由曼島的所有人持有。如果我們傾注所有時間，試圖解開真相的謎底，就沒有時間做其他事了。這也難怪大部分理性的人都選擇忽略富豪在幹些什麼勾當。你跟著一隻白兔進入洞穴，但通道突然向下傾斜，接著你就發現自己正往深淵墜落，掉到一個新世界去。那是個相當美麗的地方，但你得夠有錢才能享受其中，若你不夠有錢，就只能從鑰匙孔窺看。

我將這個新世界稱為金權帝國——馬爾他（Malta）的護照、英國的誹謗法、美國的隱私保護、巴拿馬的空殼公司、澤西島的信託和列支敦斯登的基金會，統統組合成一個虛擬世界，其面積遠比這些地方的總和還遼闊。金權帝國的法律是由負擔得起的人所挑選，無論何時何地，只要符合需求，就能為他們所用。如果某個國家改變法律，他們都會移動腳步或資產，改為遵守更為寬鬆的法律。如果某個國家通過了一條寬鬆的法規，創造新的致富機會，那些資產同樣會轉移到該處。這就好像替中國、奈及利亞、烏克蘭或俄羅斯的富豪開鑿了地道，通往這個深藏在每個國家底下的新世界，一個不存在國界的地方。他們隨心所欲搬運自己的財產、孩子、資產，挑選自己中意國家的法律來遵守。因此，這些人不會受到嚴格的規範限制，但我們其餘人仍遭束縛。

這個現象導致了奇特的後果，觸及了政府的核心本質。美國經濟學家曼瑟・奧爾森（Mancur Olson）追溯文明的起源，回到史前的「流浪盜賊」靈光乍現的那一刻，他們領悟到不需要打劫一群人之後離開，不如留在原處、不斷從這些受害者手中偷取，就能賺得更多。早期的人類屈服於這個命運，是因為他們得到了穩定和安全作為交換，儘管他們向這些「定居盜賊」屈服時也失去了部分的自由。於是盜賊和整個社群的利益便趨於一致了。沒有盜賊的長期掠奪、竊走財產，一群群人類便能建構出更為複雜的社群和經濟體，變得越來越繁榮，最後，國家、文明接連誕生，以及一切我們現在視為理所當然的事物。

「即便軍閥年復一年地對臣民課以竊盜式的稅賦，我們仍能理解為什麼他的臣民寧可選擇他，也不願見到偶爾現身搶劫的流浪盜賊。流浪盜賊代表了混亂，而以政府取代混亂，就能大幅增加生產力。」奧爾森在二〇〇〇年的著作《權力與繁榮》（*Power and Prosperity*）中如此寫道。

穩定的政府讓強者和弱者的利益一致，因為他們想看到每個人都成為有錢人。弱者想要致富的理由是為了自己，而強者之所以想要弱者有錢，是因為他們就能以稅賦的形式從弱者身上拿走更多錢。奧爾森以黑手黨收保護費為例，說明如果黑手黨完全控制了一個社群，基本上就不會有犯罪行為發生，因為假若當地商業能欣欣向榮、賺越來越多錢，對黑手黨老大來說就是有利的，因為他就能從他們身上按比例搾取越來越多錢。對一個社會來說，犯罪是不具生產力的行為，迫使人們浪費錢在警衛、柵欄和門鎖上，而不是花在能帶來益處的事物上。因此，對我們所有人來說，被統治都是有利的。

但是，奧爾森提出了警告：只有每個人都以長期的角度來思考，這個論點才得以成立，因此，這也是何以金權帝國讓一切產生了變化。金權帝國的人能將資產存放在被他們竊取錢財的社群之外，因此他們根本不在乎長期如此會有何種後果。他們偷得越多，他們自己和下一代就能保有更多。事實上，這些人是仰賴「不穩定」來賺錢，只要有越多動盪不安，他們就能揩更多油。

這些「境外盜賊」結合了昔日流浪盜賊與後繼的定居盜賊最糟糕的特質。藉由現代金融體系的魔法和境外司法轄區（offshore jurisdictions）提供的匿名性——不管錢從哪來，都照單全收——他們壓迫自己的臣民，卻沒有提供更多安全和繁榮。

過去這些年來，我們已經習慣批評全球化讓西方國家的人失去工作，無視那些被拋在後頭的人；而擁護全球化的人則反駁，藉由將資本轉移到運用最有效率的地方，讓中國、印度和其他地方的窮人得以脫貧，比過去任何社會運動都來得有效。但是，全球化在金權帝國卻是以截然不同的方式運作。在那裡，全球化並非是為了讓持有人獲得最大回報而有效率地轉移資本，而是為了獲得最大程度的保護而偷偷摸摸地轉移。這就是全球化黑暗的一面，你無法從中找出任何正面的案例，除非你自身就是盜賊，或是盜賊的幫兇。

但是，金權帝國不是個容易攻打的地方。你不能派出一支軍隊對付它，因為它並不存在於任何地圖上，你也無法對其施以經濟制裁，或派遣外交大使從中斡旋；金權帝國不像傳統的國家，它沒有任何邊境需要守護，沒有海關在你的護照上蓋章，沒有需要敬禮的國旗，也沒有可以藉電話往來的外交部長。金權帝國沒有任何軍隊來保護它，因為它根本不需要，只要有人想要把錢藏在自家政府碰不到的地方、負擔得起律師和金融家的費用，不管他在哪裡，金權帝國就在哪裡。但是，如果我們想維護民主體制，我們就得對金權帝國的遊牧居民宣戰，設法瓦解讓他們輕易藏錢、規避民主監督的境外系統。至少，以想要讓世界更安全的角度而言，這些人是個重大威脅，就跟我們每天在新聞上看到的恐怖分子和獨裁者沒什麼不同。

我依時間順序和主題來編排這本書的內容，也盡可能從世界各地舉例，以揭露金權帝國究竟延伸到了多遠。首先，我會介紹金權帝國的運作方式，它是怎麼將財富**隱藏**起來，以及小型司法管轄區（small jurisdictions）是如何藉由制定輔助金權帝國的法規來求生。接著，我會以一間烏克蘭醫院的故事作為開頭，說明有權有勢之人利用金權帝國來**行竊**時，背後究竟有什麼意義，也會讓各位讀者知道，一間醫院就足以成為世界上大多數地方的代表案例。

接下來，我會說明金權帝國如何**保護**自家國民和他們的財富——它如何販賣護照給這些人、從新聞記者手中維護他們的名聲，以及如何避免讓被偷走的財產回到真正的主人手中。金權帝國有能力讓你殺人而不受制裁，而它也確實這麼做過。我會詳細說明金權帝國的國民喜歡怎麼**花**那些藏起來的錢——服飾、房地產、藝術和其他事物——還有他們越來越失控的消費習慣對這個世界產生的影響。這種消費造成的影響是如此極端，導致現在有一個專門的研究領域在鑽研這項主題，也就是富人經濟學（plutonomy）。

最後，我會說明各個政府是如何試圖**反擊**，聚焦討論美國如何鎖定瑞士的銀行，以及律師和銀行家有多麼聰明地利用了這個機會，讓金權帝國變得比過往任何一刻都來得強大、安全。這聽起來不像是個充滿希望的前景，但假若解決問題的第一步是正視它的存在，那或許我們已經走在解決問題的路上了。

為這本書做研究並非易事。金權帝國被保護得很好，也不會輕易說出它的祕密。它也挑戰了我們自認為知道這個世界運作的方式。你會跟我一樣，一旦看見金權帝國，就會注意到它根本無所不在，讓你感覺天旋地轉、頭暈目眩。為什麼有這麼多船掛上外國的國旗？因為金權帝國讓這些船東能以低於母國勞動法規定的薪水聘用勞工。為什麼俄羅斯官員偏愛建造斥資數十億的橋梁，而不是學校和醫院？因為金權帝國讓他們得以拿走十%的費用，再把錢存放在國外。為什麼億萬富翁都住在倫敦？因為金權帝國讓他們在倫敦避稅。為什麼這麼多貪腐的外國人想要投資紐約？因為金權帝國能保護他們的資產免於沒收充公。

這意味了金權帝國讓民主制度的核心功能失去作用——向國民收稅，使用這筆收益造福大眾——結果反而讓許多人對民主實驗所抱持的理想完全幻滅。他們滿懷絕望，轉而依賴亞努科維奇這樣的政治強人，而他進一步以邪惡的循環破壞民主體制，只讓有錢有勢之人受益。

不過，我必須一再堅定地強調一件事，就是我並非要描繪一個陰謀論。金權帝國不是由某個坐在皮椅扶手上撫弄白貓的大魔頭所掌控，如果真有個首腦在金權帝國背後操弄一切，那還比較容易解決。但現實要更複雜得多，也更為陰險狡詐——在一個金錢可以自由流動、但法律只能困在原地的世界，自然會演變出這種結果，而藉由剝削這種結果帶來的懸殊差異，就能過上優渥的生活。如果澤西島的稅率較低，而英國的稅率較高，只要能將客戶的資產從英國轉移到澤西島，任何人都可以藉此賺錢。在世界上所有擁有司法管轄權的地方都可以如法炮製，因為這些地方的規範都有微妙的差異。

比起傳統組織的形式，金權帝國更像是個蟻窩。在蟻窩裡，每隻螞蟻都不會遵照指示行事。那裡沒有中階管理者螞蟻來下達出外撿拾草籽的命令，也沒有警察螞蟻來逮捕私藏草籽的違法螞蟻，或是有法官螞蟻把犯罪螞蟻送進監獄。這些螞蟻只會對外部刺激做出可預測的反應。在金權帝國，每個律師、會計師和政治人物也是如此，如果某條法律對某個富人有利，這些金權帝國的幫兇就會確保那位富人能享受這些好處，不管法條來自哪裡、內容為何，只為了替他謀求更大的利益，不顧對我們其他人造成的損害。如果你殺死其中一隻螞蟻，或將其中一名耍詐的律師抓起來，其餘的活動仍會不受干擾地繼續下去。必須要改變的是整個系統，但這並非易事。

這就是為何我要以金權帝國的由來作為開頭，以及描述它如何擊潰過去為了讓這個世界變得更安全、更適合民主體制所做出的種種努力。在第二次世界大戰那段黑暗的日子裡，同盟國對抗的是一個前所未見、針對開放社會而來的威脅；作為對策，他們建立了全球金融體系，意圖為民主體制賦予永存不滅的隱私，他們希望民選政府永遠不需要再遭受任何敵人的威脅。這個嘗試失敗了，而其失敗的故事，也正是金權帝國誕生的故事。

2 海盜

第一次世界大戰過後，整個世界的運作方式就和現在差不多，只是科技比較沒有那麼發達。金錢依照持有人的意願在國家之間流動，幾乎毫無阻礙，他們為了追求利益，破壞了國家貨幣和經濟的穩定度。許多有錢人在經濟瓦解的時候，甚至變得更為富有——這也是為什麼三〇年代會出現《夜未央》（*Tender is the Night*）、《憤怒的葡萄》（*The Grapes of Wrath*），以及《邪惡的肉體》（*Vile Bodies*）、《通往威根碼頭之路》（*The Road to Wigan Pier*）[6]這類形成強烈

6　編註：以上分別為史考特・費茲傑羅、約翰・史坦貝克、伊夫林・沃、喬治・歐威爾等四人的創作，《夜未央》與《憤怒的葡萄》皆有繁中譯本，分別由一人出版社與春天出版社，《通往威根碼頭之路》則有簡中譯本，由上海譯文出版社出版。

對比的文學作品。這片混亂最終導致德國和其他國家選出極端化的政府、競爭性貨幣貶值和以鄰為壑（beggar-my-neighbour）的關稅政策[7]、貿易戰爭、惡性外交影響、邊境衝突、爭端，從而引發可怕的第二次世界大戰，造成數千萬人死亡。

同盟國不願看到這種事再次發生。一九四四年，他們在新罕布夏州（New Hampshire）的布列敦森林（Bretton Woods）度假勝地召開了一場會議，希望協商出一種經濟架構，永遠不再讓跨國金流不受控制。他們盼望能藉此阻止各國政府利用貿易當作霸凌鄰國的武器，不讓銀行家用破壞民主制度的方式來獲利。藉由加強經濟體系的穩定，理應能在新的戰爭成形前就阻止它，創造出帶來和平與繁榮的新體制。他們回顧第一次世界大戰前的日子，審視過去自由開放的貿易和一度穩定的全球秩序（至少對富有的西方國家來說是如此）。從前的經濟體系是以黃金作為基礎，一個國家的貨幣價值是由黃金存量來決定，而黃金存量會隨著貿易的擴展或縮小而有所增減，從而自動扮演了促進或抑制貨幣供應、調節價格的角色，讓一切維持平衡，這稱為金本位制（Gold Standard）；然而，昔日的金本位制卻不可能恢復，因為到了一九四四年，世界上幾乎所有的黃金都屬於美國。與會的國家代表必須要想出新方法才行。英國財政部顧問凱因斯（John Maynard Keynes）主張打造一種全新的全球性貨幣，讓每個國家的貨幣都與之掛鉤；而美國財政部次長懷特（Harry Dexter White）卻不買他的帳，美元費盡千辛萬苦才成為全世界最強勢的貨幣，懷特不可能讓美元失去這個地位。由於美國是與會國家中唯一有能力償債的國家，因此懷特如願以償——所有國家的貨幣都要跟美元掛鉤，而美元則與黃金掛鉤，每盎司黃金則要價三十五美元。

這成了整個經濟體系的根基。美國財政部承諾，外國政府只要拿得出三十五美元，就可以購買一盎司黃金。美國也應允讓所有人都擁有足夠的美元，以提供國際貿易所需的資金，同時也為了讓美元保有價值而維持充足的黃金存量。只要美元實際上與黃金無異，你就不需要持有貴金屬。

其他國家也做出承諾，假使他們想要大幅改變自家貨幣的幣值，只有在取得本次會議成立的新機構許可後才會這麼做，也就是「國際貨幣基金組織」。這個方法能阻止獨裁者藉由操作貨幣來摧毀鄰國、引發衝突。而為了防止投機分子攻擊這種固定幣值的系統，跨境金流受到了大幅限制：你可以將手上的錢轉移到海外，但只能以長期投資的形式，不得用來作短期貨幣交易或債券的投機買賣。

如果要了解這個系統的運作方式，讓我們先來想像一艘載滿石油的油輪。假設這艘船只有一個巨大的油槽，裡面的石油就會隨著船身擺動來回攪動，油浪的幅度一次比一次增加，最終

7　編註：「以鄰為壑」通常用來指一個國家為了提升自己的經濟而採取損人利己的政策，比如前文提到的貨幣貶值，此處則應該是指提高關稅。

讓整艘油輪失去平衡、翻覆，沉入海底。這就是第一次世界大戰後的經濟體系，由投機買賣堆疊起來的金錢波浪讓民主制度傾覆瓦解。而在布列敦森林體系（Bretton Woods system）中，各國代表設計了一艘新的船，將油分別裝在尺寸較小的油槽裡，一個油槽就是一個國家。這艘船載了同樣體積的石油，卻是以不同的分裝方式運送。其中的液體能夠在小小的容器裡來回攪動，卻不會形成足夠的動量，破壞整艘船的平衡。就算其中一個容器出現漏油的裂縫，也不會威脅到所有貨物的安危。你可以把甲油槽中的油移到乙油槽，但是（這個比喻快要變得荒謬起來了）你得先取得船長的許可，而且那些油還得使用船上的正式輸送管線才行。

不過，對任何只經歷過八〇年代以後的世界的人來說，根本難以想像上述這個系統究竟長什麼樣子[8]，因為現在的系統根本截然不同。金錢在國家之間不斷流動，嗅聞中國、巴西、俄羅斯或任何其他地方的投資機會。如果某國貨幣被高估，投資者就會找到弱點，像鯊魚群一樣，聯手向虛弱的鯨魚蜂擁而上；當全球危機發生，這些錢就會躲回黃金或美國國債的安全網中；而在景氣大好時，這些錢就讓股價一飛沖天，永無止境地尋求豐厚的回報。這些液態資本擁有無比龐大的力量，只有強大的政府才不致被它沖毀。在過去幾十年間，對歐元、俄羅斯盧布（rouble）、英鎊長期的投機攻擊是個重要的時代特徵；但在布列敦森林體系底下，這些攻擊其實根本不應該發生，因為該體系就是特別設計來防止這類情事。

奇怪的是，最能重現這個已然逝去的體系的其中一個東西，是由伊恩．佛萊明（Ian

Fleming）所著的〇〇七故事《金手指》（*Goldfinger*）。改編自小說的同名電影稍微修改了劇情，但故事中都有一位試圖以干預黃金存量的方式來破壞西方金融體系的蘇聯情報員。在小說中，英國祕密情報局局長M派詹姆士．龐德（James Bond）來到英格蘭銀行（Bank of England），他在那裡遇見了一位史密森上校（Colonel Smithers，「史密森上校長得一副就像叫史密森上校的模樣」），這位上校的工作就是監視英國的黃金有沒有洩漏出去。

「黃金及以黃金為基礎的貨幣是國際信用（international credit）的基石，」史密森向〇〇七解釋，「唯有知道貨幣真正的幣值，我們自己和其他國家才能判斷英鎊真正的實力。」上校繼續說道：麻煩的是，銀行購買一塊金條的價格是一千英鎊——等同於在美國用三十五美元購買一盎司——而由於印度對金飾有高度需求，同樣重量的黃金在那裡有高出七十％的價值，因此，將黃金走私到國外販賣是門極為有利可圖的生意。

大反派奧瑞克．金手指（Auric Goldfinger）的詭計就是買下全英國所有的當鋪，從急需現金的英國民眾手中收購大大小小的金飾，將它們融化重鑄成鍍金、貼在他的勞斯萊斯上，開到

8　編註：布列敦森林體系約崩潰於七〇年代，一九六〇、七〇多次爆發美元危機，使得美國總統尼克森於一九七一年宣布美元貶值、以及聯準會拒絕向國外中央銀行出售黃金，之後的一九七三年，美元再度貶值，歐洲及其他國家紛紛退出固定匯率制，布列敦森林體系至此完全崩潰。

瑞士再次加工，再送上前往印度的飛機。金手指不只藉此破壞英國的貨幣體系和經濟，還將獲利用來資助共產主義者與不法之徒。史密森上校告訴〇〇七，英格蘭銀行的三千名員工之中，有六分之一的人負責阻止這種騙局，但金手指太聰明了，他悄悄成為英國最富有的人，握有價值五百萬英鎊的金條，就放在巴哈馬一間銀行的金庫裡。

「大部分的黃金都歸英格蘭所有，但英格蘭銀行一點辦法也沒有，因此我們要請你將金手指先生繩之以法，將黃金拿回來。龐德先生，你可知道正在發生的貨幣危機和竄高的銀行利率？你當然知道。這麼說吧，英格蘭非常需要那些黃金——越快拿到越好。」

在這段沉悶但重要的前情提要裡，史密森上校對布列敦森林體系核心的哲學性問題提供了仔細的分析。以現代標準來說，金手指其實並沒有任何過失（雖然他是逃了點稅沒錯），他用人們願意支付的價格收購黃金，再賣到另一個願意出更高價格的市場。那是他的錢，也是他的黃金。那問題究竟出在哪裡？難道他不是在促進經濟、有效率地將資本配置到一個可以更好使用的地方嗎？事實並非如此，因為這不是布列敦森林體系運作的方式。史密森上校認為那些黃金不只屬金手指一人所有，大不列顛同樣也擁有那些黃金。這個系統並不將一筆錢的主人視為唯一握有決定權的人。根據他們謹慎設計的規則，創造出金錢、為金錢價值背書的國家同時也擁有使用那筆錢的權利。為了所有人的利益著想，他們限制了金錢持有者的權利。在布列敦森林會議中，同盟國拚命想避免戰間期的經濟衰退與世界大戰再次發生，因此決定只要是與國際貿易相關的事務，就必須以整體社會的權利為優先，而非持有者個人的權利。

而這也不過是三〇到四〇年代間，藉由提供充分就業與更好的服務以維繫社會的穩定與繁榮，所制定出來的系列政策之一。美國的羅斯福新政（New Deal）大幅限縮了銀行的投機權力，而大不列顛則是成為福利國家（Welfare State），提供國民免費健保與教育。這些改革取得了驚人的成功——大部分西方國家在五〇到六〇年代，經濟成長幾乎沒有中斷過，公共衛生和建設也獲得大幅改善；但是，這一切都需要付出高昂的代價，為了支付所需成本，就要向人民課以重稅——披頭四（Beatles）的粉絲會記得喬治．哈里森（George Harrison）唱的〈稅務員〉（Taxman），歌詞中提到政府拿走十九先令，而他只能留下一先令——準確反映了他必須上繳給財政部的所得比例。但也多虧油輪上彼此分離的油槽，有錢人必須要很努力，才不會讓稅務人員碰到他們的錢：避稅並非易事，除非你直接跑到別的地方，就像滾石合唱團為了避稅，就跑到法國錄製〈大街上的流浪者〉（Exile on Main Street）一樣。

你對這艘油輪的革新設計抱持什麼樣的想法，端看你是被課稅的人、還是享受到生活水準空前提高的人。披頭四和滾石合唱團顯然對此厭惡有加，而霸菱銀行（Barings bank）家族的後代、第三代克羅默伯爵（Earl of Cromer）、也是一九六一年至一九六六年的英格蘭銀行行長羅蘭．巴林（Rowland Baring），也抱持同樣的態度。「外匯管理侵犯了公民的權利，」他在一九六三年寫信給英國政府，「我認為這在道德上是錯誤的。」巴林認為金錢的持有者應當能隨心所欲使用他的財產（通常都是「他」，而不是「她」），政府不該以阻止跨國金流來遏阻他的賺錢機遇。他認為這艘新的油輪是錯的，船長不該有權力阻止擁有者決定將油輪送到何處，無論這會對整艘船造成多大的損害。

有趣的是，M也是這麼想。他在《金手指》裡對龐德說，他不懂史密森上校在說什麼。「我個人認為英鎊的實力取決於我們有多努力工作，而不是我們有多少黃金。」他用一種虛張聲勢、彷彿這是常識一般的語氣說道，這種人向來堅持自己的觀點超越於政治之上。「但是，對政治人物來說，這個答案可能太簡單了——或者該說是太難懂了。」銀行家相信應該由市場來決定資產的價值，而非政治干預。這種觀點在倫敦可是大為盛行。

這個觀點之所以被倫敦市民廣為接受，其中一個原因可能是布列敦森林體系大幅縮減了賺錢的能力。第一次世界大戰之前，英國的英鎊是全世界最強勢的貨幣，倫敦的銀行家藉著資助全球各國的貿易而大發利市。只要努力工作、詐騙謀財、擁有正確的人脈，就能賺進大把財富；但是，兩次世界大戰讓英國陷入貧困，美元成為舉足輕重的貨幣，這些銀行家就一點辦法也沒有了。

「就像開著一輛好車，卻只能用時速二十哩的速度前進。現在的銀行根本動彈不得，」一位銀行家哀悼他曾負責管理一間重要英國銀行的日子，「那段時間簡直就是夢想中的生活。」人們上班遲到早退，大部分的工作時間都在啤酒配午餐中打發過去。另一位銀行家回憶起他在河上的午餐時光。他會搭乘定期渡船到河下游的格林威治（Greenwich）去，在船上享用三明治和啤酒，然後再搭船回來，喝更多啤酒，再回去工作。整趟毫無意義的來回航程要花上兩個小時，但沒人在乎，因為反正也沒什麼事好做，至少他呼吸到了不少新鮮空氣。儘管城市工人的薪水不高，但他們需要做的工作其實也不多。銀行業認為搶別人的客戶是不對的行為，但他們自己的客戶卻也沒有帶來多少生意。到了六〇年代，倫敦市的許多地方還殘留德軍在二十年前轟炸的痕跡。繁茂的柳蘭占據了曾是貿易中心的建築殘骸，成了野孩子的遊樂場——如果這些建築沒活兒幹，又何必重建它們呢？

但只要是對倫敦的悠久歷史略知一二的人，都會覺得這一切不太對。早在羅馬人來到不列顛島上之前，座落在泰晤士河（Thames）北岸的這座山丘上就已經有一處貿易站。羅馬人不過是正式把這裡當作首都，稱之為倫狄尼姆（Londinium〔也譯羅馬倫敦〕，如果剛好遇到下雨天、你又對這段歷史有足夠的興趣，現在還是可以到市政廳〔Guildhall〕的地下室欣賞羅馬圓形劇場的遺跡）。羅馬人這麼做的理由非常好懂，因為倫敦是個完美的貿易地點。這裡排水良好，易於防守，船隻也可以沿著泰晤士河一路深入到內陸地區。倫敦向外面對著大海，面對著大千世界，而不是望向上游的英格蘭。你可以在這裡卸貨，賣給從內陸地區遠道而來的當地人，或是存放在倫敦，等著賣給外國來的商人。倫敦是英國和世界其他地方的交界處，泰晤士河和海洋讓倫敦致富，而倫敦的存在目的就是要發大財。嚴格來說，倫敦甚至不是英格蘭的首都，而是位在較上游處的西敏市（Westminster）——儘管現在西敏市已和倫敦合併，但兩者的思想觀念卻是截然不同。西敏市執著於英式生活的微小細節，但倫敦向來有自己的政治，由大型金融公司主導，目光更關注在曼哈頓或孟買（Mumbai），而非馬漢萊斯（Machynlleth）或梅登黑德（Maidenhead）。第一個征服印度、非洲和北美洲的不是英國政府，而是倫敦的貿易公司[9]：他們提供打造鐵路、蒸汽船的資金，將各個大陸聯繫在一起，也為由這些交通工具載運的貨物投保。回過頭來看，要是在布列敦森林體系的規範之下，倫敦無法資助貿易、賺取不法之財、或恣意到處競爭，那這座城市還有什麼存在的意義？

更令人氣惱的是，紐約市正在急速發展。許多過去流經倫敦的生意——貿易融資、債券交易，以及被倫敦視為與生俱來的權利的那些生意——現在都落在華爾街上討人厭的暴發戶手中。倫敦淪落成只是英國的金融中心，還有數量縮水的殖民地與過於傳統、極度依賴英鎊的地方。這樣可一點都不好玩。

對於現在看見倫敦那些閃亮的玻璃鋼鐵大樓、周間清晨和大批通勤者一起走過倫敦橋的人來說，很難想像這個城市一度幾乎完全失去金融中心的地位；但在五〇和六〇年代，國際對話中幾乎不曾出現倫敦的名字。六〇年代的搖擺倫敦運動（Swinging Sixties）[10]豐富的社會史，甚至沒提及這個古羅馬的貿易點當時發生了什麼事，這一點實在不尋常，因為某樣非常重要的事正在醞釀中——它將會比披頭四的音樂、艾倫·西利托（Alan Sillitoe）的文學、或大衛·霍克尼（David Hockney）的藝術為世界帶來更為巨大的改變，粉碎布列敦森林體系的高尚規範。這裡開啟了通往金權帝國的第一條通道，也是人們初次發現，這條通道的最終目的地將會給他們多大的好處。

伊恩．佛萊明的《金手指》出版時，在世界經濟體這艘巨大的油輪上，那些本應無法穿透的油槽已經開始漏油了。問題就出在於，不是所有的外國政府都相信美國會信守作為中立國際貨幣的承諾，而他們的懷疑也不是無中生有，因為華盛頓並非一直都是公正中立的仲裁者。大戰後的頭幾年，美國政府扣押了共產國家南斯拉夫（Yugoslavia）的黃金存量，而慌亂的東歐共產集團開始將美元放在歐洲的銀行，而非紐約。總部設在華盛頓的國際貨幣組織——過去和現在都是由最大的利益團體所主導——則是拒絕協助重建共產波蘭。同樣的事情也發生在一九五六年，當時英法兩國試圖重新拿回對蘇伊士運河（Suez Canal）的控制，但華盛頓不表贊同，凍結了它們取得美元的管道，讓這場投機行動以失敗收場。這可不是一個中立仲裁者會做的事。

當時的英國可說是屋漏偏逢連夜雨。一九五七年，政府為了保護英鎊，大幅提高了利率，

9　編註：作者在此處應指的是英國東印度公司。

10　編註：這是經濟復甦時期倫敦的一股青年風潮，強調現代性、樂觀、享樂主義，也是倫敦在藝術、音樂、時尚、社會語言等方面都自由化的時代，迷幻搖滾、嬉皮時尚等皆在此時期發展起來。

並限制英鎊的使用（這就是史密森上校對〇〇七說的「貨幣危機和竄高的銀行利率」）[11]，倫敦的銀行被斷了英鎊的來源，便開始使用來自蘇聯的美元——蘇聯把美元放在倫敦和巴黎，以避免無力面對美國的施壓。結果，他們發現這也是件有利可圖的事。在美國，銀行的美元貸款利率是有上限的；但倫敦可沒有。銀行在布列敦森林體系的油輪上發現了一個油槽的漏洞：如果他們在美國境外使用美元，美國的監督機構就碰不到他們，而英國自己的監督者不在乎這件事。這些不屬於任何國家的美元（凡舉美國境外的美元皆被稱為「歐洲美元」〔Eurodollar〕，原因可能是取自某間蘇聯銀行所使用的「歐洲」電報地址[12]）能在各國暢行無阻，就像以前一樣，而法律卻無法同樣自由來去。

美國官員試圖出手阻止，讓負責監督聯邦銀行系統的通貨監理署（Comptroller of Currency）在倫敦設立辦公室，檢查美國銀行在英國的分行都在搞什麼鬼。但美國人在大西洋遙遠的這一端沒有權力做任何事，當地人也絲毫不予協助。「花旗銀行在倫敦究竟有沒有規避美國規範，對我來說根本沒差，我沒那麼想知道。」負責監控這些銀行的英格蘭銀行官員吉姆・基奧爾（Jim Keogh）表示，「如果監理署的人覺得他們在倫敦有管轄權，那我祝他們好運。」他曾半開玩笑地對一名外國銀行家表示，他在倫敦可以為所欲為，只要他不要「在光天化日之下打草驚蛇」就好。不過，和美國銀行在紐約到處搬運的金額相比，倫敦的數目其實並不算很多，但是這個數字每年卻以三分之一的倍數成長，讓這個城市終於找到新的收入來源。

儘管跟上述的事情沒有關連，但幾乎在同一時間，英國廣播電台的聽眾開始有一些新的電台可以聽了。原本在那個年代，只有英國廣播公司（BBC）能合法在英國播送節目，而它並不是很想和聽眾分享最新的流行歌手。青少年渴望聆聽諸如尼祿與角鬥士（Nero and the Gladiators）、黃蜂與螫針（B. Bumble and the Stingers）等新流行音樂，因此很不滿BBC居然不願意播放他們的作品。此時，富有創業家精神的船東嗅到了生意的機會。他們將船停在英國領海外，架起廣播設備，向英國本土播送流行音樂。許多人將這些播報員稱為海盜，但其他人則用另外一個名字稱呼他們：境外電台（offshore）——比較不那麼有趣，但字面上的意義卻更為精準。這些船就停在英國海岸線之外不遠處，因此不在英國的司法管轄範圍之內。境外電台就和其他電台一樣實際存在，你可以輕易在無線電收音機上找到他們的頻率，但這些電台卻在法律上消聲匿跡，非常難以對付。

「境外」的概念——法律上不存在，但實質上卻是存在的——實在好處多多，這個詞彙後來

11　編註：二十世紀前，英鎊原本是各國的儲備貨幣，然而放棄金本位制與二戰後美元取代英鎊的儲備地位，使得逐年英鎊貶值。一九五七年，英鎊危機迫使英國實施外匯管制與金融限制，禁止銀行向英鎊區外的國家發放英鎊貸款，嚴格限制英鎊在國際金融市場流通，造成英鎊資金取得困難，銀行紛紛改為經營美元業務。

12　編註：也有一說認為因為這些境外存款、借貸業務皆始於歐洲，因而被稱歐洲美元。

也開始被拿來描述金融交易。那些搬運不受規範的歐洲美元的銀行擁有兩種類型的銀行帳戶，一種是用來執行尋常的無聊交易，諸如遵守外匯管理的英鎊等等，這些交易都被稱為「境內」（onshore）；另一種帳戶則是用來處理如海盜般充滿刺激冒險的歐洲美元市場——也就是那些從油槽漏出來的油，現在正在布列敦森林體系這艘油輪的底艙裡不斷翻攪——這些交易則被稱為「境外」，彷彿這些錢也是被帶到領海之外處理，英國根本管不到。這兩種類型的交易都同在倫敦市發生，但在法律上，其中一種位於他處、一個法律規範碰不到的地方。而這個境外的概念（在法律定義上存在於本國司法管轄範圍之外，但實體卻是存在於境內），正是我們故事的核心。如果沒有這個概念，金權帝國就不會存在。

在五〇年代末期，這個境外歐洲美元市場為倫敦市注入了一點活力，但也不算太多。債券的大問題仍然在紐約發生，實在令人苦惱。其中特別惱人的是，借錢的公司通常是歐洲人，而把錢借出去的人通常也是歐洲人，但卻是美國人賺到處理交易的豐碩佣金。由於戰爭造成的破壞，歐洲政府和公司非常需要借錢重建，經濟飛速成長，但對倫敦銀行家來說，歐洲人無法從中分一杯羹是不對的。其中一位銀行家對這種情況非常惱火，他就是西格蒙．沃伯格（Siegmund Warburg）。

沃伯格並不是倫敦浮華世界的一分子。第一個原因是，他是個德國人；第二，他認為倫敦銀行家的職責就是從事不法勾當，而他從未放棄這個信念。他沒打算接受和倫敦大型銀行合併、做個小小下屬，他是為交易而活的。眾所皆知，他不認為一頓午餐就足以讓他打點好人脈，因此有時他一天會和兩組不同的客人吃上兩頓晚餐。正是沃伯格將惡意收購（hostile takeover）的概念引進英國，儘管倫敦的銀行業對此抱持反對的態度。他雲遊四海，交友廣闊，在一九六二年時透過世界銀行的友人得知有三十億美元在美國境外流通——在油輪的船艙四處竄流，準備好為人使用。沃伯格決定對這些錢出手。他在二〇年代曾待過一間德國銀行，還記得怎麼使用外國貨幣安排債券交易，為什麼他的銀行不能如法炮製呢？

債券交易是種長期的融資協議：借方借了一筆錢，承諾支付貸方固定利息，並在期滿時返還那筆錢。對所有公司和國家來說，債券是至關重要的資金來源。目前為止，假若一間公司想要貸款美元，就得到紐約去借。但是沃伯格倒是很有自信能找到三十億美元中的一大部分——就藏在瑞士——而他開始思考要用什麼辦法來利用這些錢。

瑞士存有很多錢。從至少二〇年代開始，當法國人將最高稅率上調到七十二％時，瑞士人就在替想規避審查的外國人貯藏現金和資產。從那時起到第二次世界大戰之前，存放在瑞士的錢增加了十倍，最終達到了占約歐洲大陸總體家庭資產淨值的二．五％（當時歐洲大陸的經濟發展基本上是停滯的），他們的客戶絕大多數都是不想繳稅的法國人和義大利人。二次世界大戰之後，大家繼續過著好日子，而到了七〇年代，歐洲總體家庭資產淨值約有五％都放在瑞士。只要把現金塞滿車子，一路開到蘇黎世（Zurich）或日內瓦，將鈔票交給謹慎的出納員寄存，就可以打道回府。「對想要避稅的富有歐洲人來說，情況就跟二〇年代一樣——提供銀行保密制度、保護這些錢的國家就是瑞士。」法國經濟學家加柏列．祖克曼（Gabriel Zucman）在二〇一五年出版的《富稅時代》（*The Hidden Wealth of Nations*）中寫道，探討瑞士在金權帝國的創造中所扮演的角色。

這其實並不是什麼祕密。在一九六八年出版《丁丁歷險記》（*Tintin*）的其中一部作品《七一四航班》（*Flight 714 to Sydney*）裡，超級壞蛋拉普洛斯（Roberto Rastapopoulos）綁架了一名百萬富翁，試圖強迫他吐出他的瑞士祕密銀行帳戶。「我知道那是哪間銀行，我知道你是用什麼名字申請帳戶，我手上還有你假名的簽名樣本。」拉普洛斯對他的俘虜說，「事實上，我唯一不知道的只有你的帳戶號碼，而你現在就要告訴我。」緊接著展開的是整套《丁丁歷險記》最離奇的冒險故事，裡面出現了吐真劑、火山爆發、外星人和心電感應。但是，在整個瘋狂的故事中，有一個情節是挺符合現實的——到故事結束時，那個祕密帳戶都沒有被揭露。如果帳號真的被揭露出來，那就太離奇了，畢竟這裡可是瑞士啊，他們的銀行保密制度從一九三四年開始就合法了。瑞士的銀行帳戶被保護得如此嚴實，世上只有三個人知道帳戶擁有者的真實身分：兩位銀行行員和擁有者本人。如果連一介童書作者都知道逃稅的騙子將大把現金藏在瑞士，那倫敦最野心勃勃的金融家當然也知道。

「富人和名人、壞人和小人、情報人員和黑手黨都瞞著妻子、丈夫和生意夥伴把錢藏在那些帳戶裡，侵占公司營收、資助小型戰爭和販毒集團，」曾是瑞士銀行家的布萊德利·柏肯菲德（Bradley Birkenfeld）這麼寫道，而我們在本書中會看到更多他的故事。「雖然你擁有一組帳號，但你實際上是在支付一小筆固定費用給瑞士來購買特權，而且永遠也收不到任何利息。不過，你可以盡情想像剩下的餘額就安全地躺在你在瑞士的鋼鐵床墊上。」

對六〇年代早期的倫敦銀行家來說，這實在太誘人了——這麼多錢就藏在瑞士，沒發揮任何作用，這對他們想要再次開始銷售債券的目標來說，完全正中下懷。對沃伯格而言，只要他能找到辦法拿到那些錢，打包起來再借出去，他就開張大吉了。他當然能夠說服那些付錢給瑞士銀行家請他們照料財富的人，讓他們轉而購買他的債券，拿那筆錢來替自己賺取收益吧？更不用說這種收益可是免扣稅的。他當然也可以說服歐洲公司來向他借錢，而不是付給紐約高額的手續費對吧？

先別想得太遠，他還有一個阻礙擋在前方——戰後的經濟體系，也就是油輪上那些互相分隔的油槽，讓投機資金無法在歐洲各國自由來去。沃伯格要怎麼想出辦法把錢移出瑞士，交到任何一個想要借錢的客戶手中？他從最優秀的下屬中挑出兩把交椅，要他們把事情給辦好。

這兩人在一九六二年十月展開協商行動，也是在同一個月，披頭四釋出了第一首單曲〈愛我〉（Love Me Do），登上了英國排行榜第十七名，對一個樂團的首張單曲來說是不錯的成績，但也不算特別令人刮目相看。隔年七月一日，這些銀行家簽下了合約，而在同一天，披頭四錄製了單曲〈她愛你〉，以這首歌點燃了全世界的披頭四狂熱。在那不尋常的九個月中，不僅流行音樂發生了革命，地緣政治也經歷了天翻地覆的變化——包括古巴飛彈危機和約翰．甘迺迪（John F. Kennedy）總統的「我是柏林人」（Ich bin ein Berliner）[13]演說。在這樣的時空背景下，同時間發生的全球金融革命被略過不提，是完全可以理解的。

沃伯格的新債券發行業務——由歐洲美元的命名由來作為範本，這些債券後來被稱為歐洲債券（Eurobond）——是由伊恩．弗雷澤（Ian Fraser）主導，他是一名蘇格蘭戰爭英雄，後來當上了記者，之後又成為銀行家。他的自傳《通往英格蘭的康莊大道》（*The High Road to England*）以優雅的文筆詳細描述了他需要克服多少官僚制度的障礙，才能實現他老闆的願景。他和同事彼得．斯皮拉（Peter Spira）得想辦法規避預防熱錢通過邊境的稅金與管制政策，還得挑選不同國家的不同法規，應用在他們創造出來的債券上。

如果這些債券在英國發行，就會被扣四%的稅，因此他在荷蘭史基浦（Schiphol）機場正式發行這些債券。如果利息是在英國給付，就會被課另一種稅，因此弗雷澤讓利息是從盧森堡支付。他說服倫敦證券交易所（London Stock Exchange）登錄他的債券，儘管這些債券並非在英國發行或贖回。他也遊說了法國、荷蘭、瑞典、丹麥和英國的央行，而他們自然都擔憂歐洲債券會對貨幣管理造成衝擊。弗雷澤的最後一招是假裝義大利高速公路公司（Autostrade）是借方，但義大利國家控股公司工業重建公司（ＩＲＩ）才是真正的借方；如果工業重建公司是名義上的借方，一開始就會被扣稅，但高速公路公司卻不必。（倫敦銀行家十分擅長挑撥各個司法管轄區，兩年後，他們甚至成功說服比利時稅務機關把完成交易的動作視為單純只是形式，這表示他們不需要跑到當時還是個美食沙漠的盧森堡簽署最終的文件，而能在布魯塞爾舉辦慶功晚宴——這裡的餐廳料理可是好吃多了。）

這種司法管轄權的「扭扭樂」遊戲所造成的累積效應，讓弗雷澤得以創造一種極為方便的債券：利率高、不用支付任何稅金，且可以在任何地方贖回成現金。這就是境外概念的終極詮釋。「成功的祕密在於……債券必須得完全匿名，票息不得扣除任何稅金，期滿時本金必須全額歸還，不問任何問題。」弗雷澤寫道。這些債券被稱為「無記名債券」（bearer bond）。無論誰持有那張債券，他就是擁有者，不需要任何登記或合約——不會有任何書面紀錄。弗雷澤的歐洲債券變得像魔法一樣。在歐洲債券出現之前，藏在瑞士的錢基本上都發揮不了功能，但現

13　編註：這段演說是冷戰初期柏林圍牆剛興建時，甘迺迪為了顯示支持防衛西柏林而做的演說，根據維基百科，其中有一段講詞是：「Two thousand years ago the proudest boast was civis Romanus sum. Today, in the world of freedom, the proudest boast is 'Ich bin ein Berliner'… All free men, wherever they may live, are citizens of Berlin, and, therefore, as a free man, I take pride in the words 'Ich bin ein Berliner!」，中譯為：「兩千年前最自豪的句子是『civis Romanus sum』（我是羅馬公民）。今天，在自由世界，最自豪的句子是『Ich bin ein Berliner』（我是柏林人）……所有自由人，無論生活在哪裡，都是柏林的公民。因此，身為自由人，我以『Ich bin ein Berliner』感到自豪！」

在它們可以用來購買這些神奇的紙張，想帶去哪就去哪，可以在任何地方贖回，同時會向擁有者支付利息，而且還免扣稅。你能同時避稅和獲利——這些債券就如同一千美元的有息旅行支票。

倫敦已經將近半個世紀沒有出現如此野心勃勃的交易，一時間，這件事看似會因為一些最無聊的理由而失敗，例如沒人記得要怎麼雕刻這種印刷花樣繁複的債券所需的雕板。幸好，有兩名捷克老人還保有這種技術，接下來就只剩讓銀行主管去簽名了。「布魯塞爾有一架簽名機器，上面連接著十二枝筆，可以同時在十二張證券上簽名。」斯皮拉在幾十年後回憶道，「但基本上公司還是得派出三到四個人去盧森堡，簽上一個星期的名。這就是官僚制度的愚蠢。」

那麼，購買弗雷澤創造出的魔法商品究竟是誰？嗯，這就是個祕密了，因為大部分的銷售都是由瑞士的銀行經手，他們可不會告訴你他們的客戶是誰。但弗雷澤心裡有數。「這些債券的主要買家都是個人購買，通常來自東歐，但也有拉丁美洲的人，他們想讓自己的部分財富保持機動性，如果到了不得不離開的時候，就能很快把債券收進行李箱裡帶著走。」弗雷澤寫道，「在中歐，還是有大量倖存的猶太人想要移民到以色列或西方國家去。除此之外，還有一般常見的已垮台的南美洲獨裁者往東方移民。這些錢財全都存放在瑞士。」

後來的歷史學家試圖輕輕帶過弗雷澤的描述，聲稱那些腐敗的政治人物（也就是「垮台的南美洲獨裁者」）不過占了這些債券早期發行數量的五分之一左右。但弗雷澤的描述本來就已經比較輕描淡寫了。這些獨裁者或許是住在南美洲沒錯，但並非所有人都是當地人。六〇年代早期，有許多在二次大戰掠奪歐洲的人都還活著，他們把戰利品存放在瑞士，然後匆匆逃向阿根廷。對納粹戰犯來說，錢就這麼躺在瑞士，沒辦法獲得像樣的回報，一定很令人挫折吧。但最終多虧有伊恩．弗雷澤和他的團隊，這些戰犯有了零風險、零稅金的好方法，可以靠他們的祕密財富賺錢謀生。

至於剩下的五分之四，就是來自標準的逃稅人士（銀行家稱他們為「比利時牙醫」），他們是一群將一部分收益移轉到盧森堡或日內瓦的高收入專業人士，他們很歡迎這個可人的新投資出現。弗雷澤對這件事可一點都不驚訝。他在回憶錄中寫下「艾瑞克叔叔」（沃伯格的資深銀行家手下艾瑞克．柯納〔Eric Korner〕）在蘇黎世有一位股票經紀人，每次他預先得知客戶的公司即將要發布好消息時，艾瑞克就會打電話給他。在市場接獲新消息之前，艾瑞克就會進行交易，用客戶的錢賺取不用扣稅的祕密現金，同時不斷累積存放在瑞士的錢，再花在購買新債券上。

這是我們窺見通往金權帝國的祕密通道的第一眼。它是這樣運作的：首先，拿到那些錢（你可能是用偷竊、逃稅，或單純就是自己賺來的），然後再把這些錢藏起來，最後拿去花掉。在過去的時代，你可以做到其中兩個步驟，但不可能三個步驟都完成：你能夠把錢拿到手再花掉，但這麼做的風險很高；你可以把錢藏起來，但那就表示它們就會卡在瑞士，你永遠都沒有享用的機會。金權帝國讓財富得以自由行動，而它根本不在乎這些錢的來源為何——你可以無止境地偷竊、藏匿、花用。這就是位於歐洲債券核心的骯髒祕密。現代的通訊技術讓這一切成為可能——電報、電話、電傳打字機、傳真機，然後是電子郵件——這就是科技帶來的便利性革命（我們稱之為全球化）的黑暗面。

但其中還是有人是出於對隱私的正當需求而使用這種方法。如同弗雷澤所說，第一批客戶中的歐洲猶太人為了不讓納粹染指財產，便將錢藏在瑞士，而他們終於得以藉由這個方法來用這些錢謀生。問題是，債券的隱私、便攜性和便利性除了吸引搬到以色列特拉維夫（Tel Aviv）的猶太人大屠殺倖存者外，也吸引了安特衛普（Antwerp）的專業人士、專搞內線交易的倫敦銀行家，還有布宜諾斯艾利斯（Buenos Aires）的納粹分子。在瑞士，來源合法正當的神聖金錢和逃稅的不法髒錢混在一起，然後又混入了掠奪而來的邪惡戰利品。只要任何人想要藏錢，不管這些錢從哪來，歐洲債券都提供了一視同仁的便利性。

這一刻，正是有錢人第一次開啟通往金權帝國魔法花園的大門——就在這一刻，聰明的倫敦銀行家召喚出虛構的國度，只要你有夠多錢，不管你是誰、你的錢來自哪裡，法律在這裡就管不到你。比利時的普通老百姓乖乖上繳所得稅，但負擔得起瑞士銀行帳戶的專業人士不只逃稅，居然還可以藉此獲利。被洗劫一空的東歐老百姓努力重建破碎的國家，而掠奪他們的納粹不只得以保留犯罪的戰利品，還能藉此大賺一筆。

我們接下來會一步步搞清楚，為什麼金權帝國如此難以對付，主要就是因為第一世界的逃稅者和第三世界的盜賊政治家都住在這個國度。我們可要為此感謝伊恩・弗雷澤與他沃伯格銀行的同事。

＊

歐洲債券的第一筆交易金額是一千五百萬美元。不過，一旦繞過了阻擋現金流往境外的障礙，就不可能阻止更多錢踏上這條途徑。一九六三年下旬，共成交了價值三千五百萬美元的歐洲債券。一九六四年，金額來到了五千一百萬美元。一九六七年，市場交易總額第一次突破了十億美元，而現在它是世界上最大的債券市場之一。就連美國公司都拋棄了充滿煩人規範的紐約，開始自己發行歐洲債券，雖然這就表示他們得開始設計新花招，躲過政府對這波來勢洶洶的熱錢嘗試做出的控制；但幸好，透過一個荷蘭—美國的租稅協定，讓美國公司得以從荷屬安的列斯（Netherlands Antilles）這個加勒比海島群上的子公司借錢，就不用支付任何稅金了。

那麼，對布列敦森林會議所創造出的區隔式油槽來說，這又代表了什麼意義？這就好像貨物的所有者創造出自己的輸送系統，讓他們可以不經過船長同意、或是背著船長讓石油在油槽之間流動。但這個比喻也不再適用了，因為金錢的本質不是這樣。這些美元向境外逃逸，躲過美國政府對這些錢設下的稅賦和管制；但這些錢還是美元，而三十五美元仍然與一盎司黃金等值。由於美元的行為模式和液體的石油不一樣，麻煩就來了，除非你拿石油來做成別的東西，否則油就是油，它就躺在那，什麼也不幹，但美元卻會增殖。

如果你把一美元放在銀行，銀行就會拿來當作它借出的錢的抵押，這表示還有更多美元存在——你的美元，還有其他人借的美元。如果此人把錢放在另一間銀行，而那間銀行又把錢借出去，就會有更多更多美元，依此類推。而由於那些美元中的每一塊錢在名義上都和固定重量的黃金等值，美國就得不斷購入更多黃金，以滿足潛在的需求；但如果美國要這麼做，就需要用美元購買黃金，意即會有更多美元存在，然後這些美元也會增殖，接著又要買更多黃金、更多美元，直到這個系統自行瓦解——因為這一切根本不合邏輯。這個系統根本無法應付這些境外的把戲，就好像那些石油不只是暗中在各個油槽裡流動，每次移動時體積還會加倍增長。

看到這裡，也許你已經搞清楚這一切背後的意涵了。外國政府有權以一盎司三十五美元的價格購買黃金，但美元越來越多，黃金的總量卻維持不變。簡單的供需法則遲早會讓黑市形成，就和地下匯兌總是會在試圖控制美元價格的政府統治下產生一樣。外國政府可以向美國用三十五美元購買黃金，再拿到公開市場上銷售，換取歐洲美元，接著用歐洲美元向美國購買更多黃金，再脫手賺取利潤，如此循環下去。基本上這正是金手指使用的騙局，但更有利可圖，也不需要將金塊偽裝成勞斯萊斯的裝甲板或是和〇〇七打高爾夫球，唯一的限制只端看華盛頓願意損失多少錢。要防範這種騙局，只能仰賴這些人主動放棄從明顯有瑕疵的系統中獲利。

美國政府力圖保護美元和金價，但隨著政府對美元匯率設下種種限制，卻讓把錢放在倫敦更加有利可圖，導致更多錢流往境外，從而讓美元和金價承受了更多壓力。而美元走到哪，銀行家就跟到哪。對美國銀行而言，英國開始扮演一個有點類似今天中國在美國製造業中的角色。比起華爾街，倫敦的控管更為鬆散，政治人物也更好說話，銀行可是愛死這個地方了。一九六四年，十一間美國銀行在倫敦設立分行。一九七五年，這個數字成長到了五十八間。但是，那時華盛頓已經向不可抗力低頭，不再允諾以三十五美元的價格贖回一盎司黃金。這就是布列敦森林體系的防線開始逐漸瓦解的第一步。

「誰是這些錢的真正所有人？」這個哲學問題——是賺到這筆錢的人，還是創造這些錢的國家？——已經有了答案。多虧了倫敦和瑞士那些樂於助人的銀行家，如果你手上握有一筆錢，就可以隨心所欲使用，任何政府都無法阻止你。就算他們嘗試干預，也只是成事不足敗事有餘，就好像試圖用擠壓的方式堵住一條漏水的管路，結果反而讓水流流失得更加劇烈。不管官員怎麼阻止，錢就是大把大把地向境外流去。只要有一個國家像英國一樣容忍在境外流通的金錢，所有努力都會化為烏有（如果大家當初採納凱因斯的意見，在布列敦森林會議創造出一種國際貨幣，就不會發生這種事了）。

沒有國界的金錢與國家之間無可避免的緊張關係，就是如此開始的。如果法條規範在國家的邊界就得停下腳步，但金錢卻可以自由來去的話，金錢的持有人就能騙過任何他們選擇的監管機關。如果一名拳擊手必須待在圍繩的範圍之內，對手卻可以隨時跳出去、再從任何方向無預警地回到場內，就能想見誰會被下更多賭注了。

由沃伯格起頭的發展，沒有停止在歐洲債券，因為其中的基本模式可以無限複製下去。找出一門可以讓你和客戶都有利可圖的生意，再從各個國家尋覓擁有適用規範的司法管轄區——列支敦斯登、庫克群島（Cook Islands）、澤西島——接著把這個地方當作名義上的總部。如果你找不到適當的轄區，那就威脅利誘，直到那個地方改變規則來迎合你。沃伯格最一開始的作法就是向英格蘭銀行解釋，如果英國不設置有競爭力的法規、調降稅率，那他就會把自家銀行搬到別的地方去，也許是盧森堡。彈指之間，法規改了、稅也免了（在這裡被免除的是無記名債券的印花稅）。

全世界對這類發展的反應也是完全可預期的。一次又一次，每當各個國家苦苦要把拋下母國、移往境外的企業給追回來（當許多美國銀行跑去倫敦時，美國政府就把那些銀行想規避的法規給廢除了），結果卻會讓境內的世界變得更像沃伯格等銀行家創造出的境外海盜世界：稅金減少、管制鬆綁、政治人物變得更加親和友善，都是為了讓那些蠢蠢欲動的錢留下來而非流往他方。原因也很簡單：一個司法管轄區一旦能讓你為所欲為，生意就會大肆湧入，而其他地方就得趕快同樣做出改變。這就是金權帝國的制輪效果，不斷為想要把錢搬來搬去的有錢人鬆綁管制，永遠不會施加規範。

＊

金權帝國沒有軍隊、國旗、國境或任何國家的特徵，但它確實擁有語言，一種委婉迂迴的語言：只要跟守護金權帝國的律師和會計師說過話，就會聽到諸如「金融摩擦」、「接班人計畫」、「租稅中立性」、「佣金」和「疏通費」這類詞彙，違法程度一個比一個高。不久之後，你會發現自己也開始用這種方式說話。那麼究竟有多少錢藏在這些委婉用詞的背後呢？這個問題很難回答——那些錢是隱形的，而有一群坐領高薪、充滿想像力又極度聰明的人讓這些錢維持隱形。就像暗物質一樣，只能藉由觀測被這些錢影響到的事物，才能認出它們。

研究瑞士銀行業的法國經濟學家加柏列．祖克曼曾試圖計算出實際的數字。藉由分析銀行保密制度所創造出的統計異常，他估計在二〇一四年，全世界的金融財富（總共九十五點五兆美元）中，有八％（七點六兆美元）就放在各個避稅天堂。其中有三分之一是在瑞士申報，其餘部分則是在新加坡、香港、巴哈馬、澤西島、盧森堡和其他地方。這都還沒計入所有境外的非金融資產——藝術品、遊艇、不動產、珠寶——而祖克曼認為這會讓數字再增加兩兆美元（但並不表示這些資產都在瑞士、香港或巴哈馬等地。以法律上而言，這些東西是存放於那些司法管轄區沒錯，但實際上卻是位於其他地方。畢竟，澤西島上也沒什麼商品好買，除非你很愛軟糖）。

我去祖克曼位於加州大學的辦公室拜訪時，他向我解釋，那些統計異常之所以會產生，是因為各國在接受境外投資時——倫敦的房子、紐約的公寓、里維埃拉的別墅——都會乖乖匯報，但他們都不喜歡回報那些流出境外的錢。這表示進入境內和流出境外的金額數目是對不起來的。「以全世界為單位來計算淨債務，是不可能出現這種情況的。」祖克曼表示。如果你將世界上所有國家的資金流入和流出都記錄在表格上，兩者最後加總起來的數目應該要是一樣的——所有的資金流出不過就代表別的國家有資金流入——但這兩個數目卻不一樣，彷彿國家的海外投資清單漏了一個項目般。確實，我們必須把另一個國家寫入這張表格裡，數字才會對上——讓我們把它放在摩納哥和蒙古之間，這位置還挺適合的。

祖克曼不是唯一一個試圖畫出金權帝國地圖的人。美國經濟學家詹姆士・亨利（James Henry）主張，這個國度藏匿起來的金額遠不只如此；他認為在二〇一〇年時，其數目就已經達到二十一兆至三十二兆美元。他以天文學的比喻來解釋這個計算工作有多麼複雜：「這個地下經濟系統就像黑洞一樣。如同所有黑洞，我們看不見它，而觀測者若是太過靠近，就會有生命危險。」他在二〇一二年以金權帝國為主題的研究報告中寫道，「我們對抗的是社會裡最受到保護的利益團體。畢竟，沒有一個利益團體會比有錢有勢之人還要更有錢有勢。」

金權帝國對不同國家產生不同的影響。北美洲和歐洲富裕國家的有錢人擁有最大量的境外現金，但由於這些國家的經濟體規模龐大，與國家財富相比，他們握有的境外現金占比不高。

祖克曼估計，美國的境外現金只占了國家財富的四%，西歐則是約莫十%。但是在俄羅斯，五十二%的家庭資產是在海外、政府伸手無法觸及的地方。在非洲（以整個非洲大陸來計算），海外現金則是占了國家財富的三十%。在波斯灣阿拉伯國家，其百分比是驚人的五十七%。「對發展中國家、非民主國家的寡頭統治集團來說，要把財富藏起來是件輕而易舉的事，因而讓他們有巨大的動力去掠奪自己的國家，還不會受到任何監督。」祖克曼解釋道。

因此，這就是金權帝國崛起的由來——與之對抗的嚴密防禦機制是如何被瓦解，讓它的勢力範圍得以蔓延到全世界。接下來，讓我們一起拜訪守護金權帝國大門的那些人吧。

3 加勒比海女王

覆滿茂密森林、山頂點綴著白雲的尼維斯島（Nevis）[14]，就座落在大西洋與加勒比海的交界處。尼維斯的面積只比曼哈頓島大一點，人口只有一萬一千人。當這個島嶼在一九八三年從英國手中獨立時——成為聖克里斯多福及尼維斯聯邦比較小的那一半島嶼——其經濟發展的前景似乎頗為嚴峻。

西梅翁・丹尼爾（Simeon Daniel）是尼維斯當時的總理，他必須照顧人民的生計，卻苦於沒有資源。「那時實在沒有什麼好好賺錢的方法，」他在多年以後如此省思。但其實丹尼爾手中卻還有一張好牌可打。

14　編註：與第一章提到的聖啟茨島，同屬聖克里斯多福及尼維斯聯邦，是美洲最小的國家。

在進行獨立協商時，他堅持讓尼維斯盡可能拿到完整的自治權。他的島嶼雖小，但聯邦憲法卻賦予它對國內事務幾乎有完全的控制權。而不久前發生的賴比瑞亞政變正好為這個初生之犢的國家創造出圖利的機會。美國的船東向來願意為「權宜船籍」（flag of convenience）付出可觀的費用，讓他們的船能掛上別國的國旗以規避美國的法律管制，而這些船東擔心賴比瑞亞的國旗將會退出市場，不再能使用。

比爾．巴納德（Bill Barnard）是第一位邀請丹尼爾考慮這個選項的美國律師。「巴納德和他的團隊一手打造了所有基礎規畫，」丹尼爾回憶道，「他們草擬了相關法條的內文，接著就在尼維斯國民議會通過立法。」

巴納德一發現這個政府有這麼高的配合度，便有了更大的野心，想讓尼維斯島提供比船隻註冊更多的服務。如果能幫助所有人躲過規定，那為什麼要只幫助船東呢？於是，巴納德將尼維斯拉進了保密生意的行列。他的公司（後來命名為晨星〔Morning Star〕）享有島上商品的獨家專賣權。巴納德引進美國律師，讓他們創造出各式各樣誘人的金融商品，而尼維斯則盡責地將這些商品列為合法業務。巴納德並沒有回應我的採訪電話、簡訊或電子郵件，但看來他的團隊應該是參考美國德拉威州的法律，才制定出那一系列法條。一九八四年，法條在尼維斯通過。一年後，一條保密法令也成形了，禁止任何人將金融相關資訊提供給非相關人士。到這裡，這座島已經準備萬全，可以出發了——而他們確實也沒有就此停下腳步。

大衛・諾費德（David Neufeld）是多年來替尼維斯的金融系統打造防禦堡壘的諸多美國律師之一。一九九四年，他替尼維斯草擬了一條法律，引進懷俄明州創新的「有限責任公司」（Limited Liability Companies，LLCs）[15]，並從其他法條抽出他認為客戶會喜歡的部分，加以增添改良。「我們挑出最有利的，就像扮演上帝創造世界一樣，」諾費德告訴我，「不過別太介意這個說法，我的創世紀沒那麼有野心。我星期日的時候並沒有休息，這就是我跟上帝的差別：他工作的速度快多了。」

諾費德和其他律師帶給尼維斯的觀念思想，讓這個島嶼成為固若金湯的堡壘，成為所有想保護自己資產的人的庇護所。由於尼維斯並不認可境外法院的判決，因此你得到島上的法院提出求償才行；但是，如果要提出告訴，你必須先支付十萬美元的保證金，證明你並無意圖不軌。而如果侵權行為是在你提告的一年之前發生，這個告訴就會自動撤銷；就算順利成案，你能找到的資料也很有限，因為尼維斯並沒有規定經過登記的組織或機構需要保留任何財務文件，也不需要有任何申報、審計或作帳的動作。一間海外公司的老闆可以隨時將公司遷到尼維

15　編註：有限責任公司不公開募集股分，不發行股票，且出資人與股東有人數上的限制，轉讓股權的方式也有限制。雖然有限責任公司的股東就其出資比例對公司負責，但不對公司債權人負責，因此倘若公司面臨清盤，債權人是不可以從股東個人財產中索償的。

斯，而尼維斯的公司也可以隨時搬到別的地方去。不管是哪一種，公司都不需要讓尼維斯的註冊處知道老闆到底是誰——這個資訊只有股東和註冊代理人知道，且唯有透過法院命令才能對外分享。創造出這些銅牆鐵壁的律師不只靠著革新法律大發利市，也對自己的所作所為引以為傲。「我們從美國各地找來大約十多個人，每隔一星期碰一次面，每次一個半小時。我們是真的從法規的第一個字開始，一個字一個字地往下擬定。」來自佛羅里達州的信託顧問肖恩・斯奈德（Shawn Snyder）這麼告訴我，他負責主持這座島嶼最近一次的法律複審。「我和客戶工作時，我一直告訴他們一條資產保護的新準則：誰擁有黃金，誰就是贏家。」

不管在哪個國家都會有人進行遊說活動，但在尼維斯，你會看到遊說活動最本質的那一面。美國律師擬出法案，讓尼維斯議會通過，如此一來，美國律師就能發財，而尼維斯也能藉此收取業務相關服務費用；雙方建立的是一種純然的交易關係。不用說也知道尼維斯不會對設立在該國的公司徵稅（除非你想被課稅，這麼做也是會有好處的），但這裡不僅僅是避稅天堂而已，尼維斯是真正的人間仙境，像是結合了數十個司法管轄區而打造出來的縮小模型，專為金權帝國提供服務，替負擔得起這些服務的有錢人保護他們的資產。

現在大約有一萬八千個公司登記在尼維斯，數量甚至遠高於當地的人口數。這個產業帶來了五百萬元的稅收，而政府藉由收取相關費用每年又另外賺進五百萬，其中包括律師、會計師及產業所雇用的員工支付的稅金。這個數目聽起來沒有很多，但對一個人口跟小鎮差不多的島國來說，已經綽綽有餘。難怪前總理丹尼爾會對自己打下的基礎感到無比驕傲。「金融服務產業提供了經濟來源，讓尼維斯能成長茁壯，人民過著富足繁榮的生活。」他這麼寫道。

尼維斯藉由將主權出租給富人而發達起來。這些有錢人認為美國太愛打官司、女人從離婚協議拿到太多錢，又有律師等著從成功人士身上大撈一筆。有錢人大多都抱持這種看法，而金權帝國讓他們得到反擊的力量。

在過去的時代，如果富有的美國人覺得自己的國家太喜歡對簿公堂，就會試圖影響政黨去修改法規；如果他們覺得離婚協議會讓自己損失太多，就會爭取新的立法來改變現況。這麼做可能會花上一段時間，結果也可能不那麼令人滿意，但這就是民主體制。

但這一連串互相妥協、來回攻防的混亂過程，被資產保護所取代了。他們不再爭取改變法律，而是直接讓自己退出法律的管轄範圍之外。如果你只是普通老百姓，根據美國法律規定，你仍然要面臨訴訟及離婚協議帶來的風險；但如果你的錢夠多，就可以規避美國的司法管轄，挖出通往金權帝國的地道，把錢藏在我們其餘人伸手無法企及的地方。

「我不喜歡『藏』這個字，應該要說『保護』，而不是隱藏，因為根本沒有什麼好藏的。舉例來說，許多女人都是拜金女，她們嫁給一個她根本不愛的男人，只因為他口袋很深。但是，人們會想盡辦法保護自己的資產。」尼維斯政府的金融理財顧問勞瑞・羅倫斯（Laurie Lawrence）這麼告訴我，過去他曾擔任尼維斯的財政部長超過二十年。「如果你是一位美國醫生，你知道自己可能會因為誤診而吃上官司，讓你陷入萬劫不復的財務困難。因此，你要採取行動保護自己的資產，如果發生什麼不測，也不會因而破產。」

起草尼維斯法律的律師對自己的成就十分滿意，但對站在另一側、對抗這座島的組織結構的人來說，就可沒那麼高興了。二〇一三年，一名俄羅斯女子贏得了英國史上最高的離婚財產分配金額（五千三百萬英鎊）。她丈夫建構了複雜的境外系統，讓她無法拿到兩人在十七年婚姻中一起累積的資產，但她的律師成功拆解了那張錯綜龐雜的境外網絡。

由於家事案件在英國的標準程序，這對夫婦的名字從未被法院揭露，但這位丈夫的境外詭計倒是被公諸於世——扣除其他資產，他利用三間設立在尼維斯的公司來隱藏他在倫敦擁有的四個高檔房地產。「本案件是個虛情假意的驚人戲碼，其幕後黑手正是此案的丈夫。其妻的律師團所費不貲（支出不只一百四十萬英鎊），在全世界來回奔波，追蹤丈夫的資產——每一分錢都是在婚姻期間的所得。」伊拉諾．金恩（Eleanor King）法官在判決書中寫道。妻子最終打贏了官司；但如果只有負擔得起一百四十萬英鎊的人才能獲得這個結果，這樣還能稱作正義嗎？

在佛羅里達州甚至上演了金額更為龐大的離婚官司。《紐約時報》在二〇一七年鉅細靡遺地報導了芬蘭裔科技業富豪羅伯特．奧斯特隆德（Robert Oesterlund）和威爾斯裔的莎拉．珀斯洛夫（Sarah Pursglove）之間的官司細節。根據這篇報導所述，奧斯特隆德將鉅額財富藏在「專門為富人服務的全球金融系統……這個系統只有一個目的：讓世界上最有錢的人看起來兩袖清風。」幸好珀斯洛夫請得起技巧高明的律師傑佛瑞．費雪（Jefferey Fisher），而他用意想不到的角度向奧斯特隆德的堡壘發動攻擊。這篇報導深入探究了資產保護的現實狀況，而這起官司也無可避免地牽涉到設立在尼維斯的空殼公司。

「這些公司大約從二〇〇五年左右開始冒出來，而且越來越盛行，」人在西棕櫚灘（West Palm Beach）的費雪透過電話告訴我，「我經手這類案件已經很長一段時間了，我曾是檢察官，很清楚人們藏錢的手段和他們採取的行動。我從尼維斯這類資產保護企業公司拿到資產的方式，就是根本不要嘗試跑去尼維斯拿錢，這樣太有勇無謀了。他們立法、建立架構和組織來阻止我們，讓我們付出高昂的成本，還要年復一年地等待；現在我們會用更具創意的方法——我沒有更好的說法了——逼他們把錢吐出來。」

但問題是，如果你請不起像傑佛瑞．費雪這樣的律師（他可是美國頂尖的離婚律師），就一點勝算也沒有。「在大多數案件中，如果你不知道自己在做什麼，就會輸掉官司；而如果你沒有足夠的資源破壞他們建立的陰險架構與組織，也會輸掉官司。」他說，「你得明白，資產保護產業的錢可是以兆為單位，而不是數十億，是兆啊。這個產業的本質就是：『我們會找到方法讓合法債權人不能再收取合法的債務』，這就是這些人在幹的勾當，只是他們用不同的名字來稱呼。他們砸了很多錢在做這件事，還能藉此獲利。」

如果使用尼維斯服務的人，只是那些想要把財富藏起來、不讓同胞發現的有錢美國人，那還不是什麼問題；但就和沃伯格的歐洲債券一樣，尼維斯經營的特殊貿易也吸引了世界各地的騙徒和獨裁者。邪惡的金錢總是會跟不守規矩的金錢混在一起。說出一個你知道的騙局，任何騙局都好，只要它夠複雜、具備國際規模，就會有尼維斯這種地方牽涉其中。

英國股票操盤手奈溫德・薩勞（Navinder Sarao）在二〇一六年因「炒作」（spoofing）股價、造成美國股市在二〇一〇年「閃電崩盤」（Flash Crash，當時道瓊工業指數在數分鐘內大跌六百多點，其部分原因是由於薩勞下單假交易，導致股票價格下跌，讓市值瞬間蒸發一兆美元）而被定罪，他將獲利移轉到兩家註冊在尼維斯的信託公司，還將其中一間命名為「奈溫薩勞擠奶市場基金」（NAV Sarao Milking Markets Fund）。一起英國史上最大的逃稅案中，一群同謀誘騙名人投資假造的綠色科技，藉此賺進了一億英鎊，而這些現金都流經設立在尼維斯的公司組織。「本案牽涉的陰謀以極度不正直、高度縝密的策畫及驚人的貪婪為主要特徵，」二〇一七年下旬，法官在判決時如此說道，「調查、起訴這些被告所耗費的漫長時間，全是由這場騙局的複雜程度所致。」

於二〇一五年起訴的一宗紐約證券詐欺案，正是透過尼維斯來搬運獲利，這和二〇一七年發生在紐澤西（New Jersey）的股票交易詐騙案手法如出一轍。一名卑鄙齷齪的騙徒利用「發薪日貸款」的騙局，十年來以七〇〇%的利率從六十二萬名經濟拮据的美國人身上騙取了一億六千一百萬美元，直到二〇一四年止；而十年間，這些錢有一部分時間都隱藏在尼維斯的公司組織背後。「九頭蛇放款公司（Hydra Lenders）聲稱的『境外』運作，不過就是從位於尼維斯或紐西蘭的地址轉寄信件到密蘇里州堪薩斯市的辦公室去。」美國紐約南區檢察官辦公室的報告如此寫道。

在美國司法部的官方網站上搜尋「尼維斯」這三個字，就能看到堆積如山的案例。有人非法操縱美國股價，涉入一起兩億五千萬美元的洗錢案，還藉由尼維斯隱藏他身為公司擁有人的身分。另一宗案件則是追討不法所得的民事訴訟案，一名侵占數億美元的奈及利亞商人經由美國洗錢，再拿去購買一艘要價八千萬美元、名為銀河之星（Galactica Star）的遊艇。此人還利用架設在尼維斯的公司隱藏自己私人噴射機的所有權（這起刑事案件仍在奈及利亞審理中，他被控偷竊十七億美元，但他否認了所有指控）。二〇一二年，美國司法部沒收了一套位於曼哈頓的公寓與一處維吉尼亞州的房地產，兩者都是臺灣前總統的家庭在收受賄賂後所購買，並利用尼維斯的空殼公司隱藏擁有者的身分。

其他國家的司法部門並不像美國這麼會宣傳自己的成就，但從新聞檔案中，可以看到類似的指控在全世界都找得到。多虧了那些二〇一四年從聶伯河撈出來的文件，我們知道烏克蘭前總統亞努科維奇利用設立在尼維斯的空殼公司，隱藏自己擁有煤礦事業的事實。打擊貪腐的律師謝爾蓋．馬格尼茨基（Sergei Magnitsky）揭發了俄羅斯警察貪汙政府預算的罪行，後來因獄方拒絕予以治療而死於獄中；這些貪汙的錢流經拉脫維亞的銀行帳戶，而帳戶的擁有者最終則是追溯到尼維斯。根據調查記者哈蒂婭·伊斯瑪伊洛娃（Khadija Ismayilova）的報導，亞塞拜然的統治家族成員擁有的手機公司和金礦公司，至少有部分是透過尼維斯所持有。因此一點也不意外地，我們看到法國總統馬克宏（Emmanuel Macron）在二〇一七年競選時，一群部落客試圖破壞他的名譽，虛構了一間設立在尼維斯的公司（據稱是以馬克宏就讀過的學校來命名：天佑有限公司〔La Providence LLC〕），並聲稱那就是馬克宏藏匿現金的地方。那是個不實指控，卻獲得了極高的關注度，因為一個腐敗的政治人物的確可能在尼維斯有間公司。

在參議院反壟斷小組委員會（Senate Antitrust Subcommittee）擔任律師超過十四年、負責打擊貪腐的調查人員傑克·布倫姆（Jack Blum），對這座島國已經熟悉到厭煩了。「董事和主管都不用負起任何受託責任，也沒有任何規定要求公司保留最低限度的紀錄。因此，如果有間尼維斯的公司牽涉其中，就算你用酷刑折磨整個董事會，也不會有人告訴你任何事，因為他們什麼都不知道。」在馬里蘭州（Maryland）的安納波利斯市（Annapolis），他帶我到他家附近喝咖啡時告訴我，「如果你真的跑去尼維斯，根本就是浪費時間，因為你不會有任何發現。」他再次強調：「你不會在那裡找到任何東西。」

不過，當一個自由作家的好處就是，就算是浪費時間，那也是我自己的時間。我喜歡接受挑戰，於是便買了一張機票，親自跑去尼維斯看看。或許我能在那裡找到其他人找不到的東西也說不定？

*

從邁阿密飛往聖啟茨島要花上三個小時，再搭乘計程車前往首都巴士底（Basseterre），車程只要大約十分鐘。巴士底是個步調緩慢、建築低矮的城市，街坊鄰居會隔著街互聊八卦，街道上有雞在路邊啄食。觀光客從巨大的遊輪蜂湧而出，街頭小販向他們叫賣印著牙買加歌手巴布·馬利（Bob Marley）頭像的T恤，或一小袋剝了皮的甘蔗。

你從這裡搭乘小小的渡船，沿著島的南岸航行，大西洋的波浪在這裡不會受到任何阻礙，因此航程會有點顛簸，直到你抵達目的地的避風港，水面才恢復平靜。從海上望去，尼維斯島是個美麗的島嶼，和緩的山坡一路向上延伸，坡度越趨陡峭，最後來到幾乎總是隱身在雲朵裡頭的山頭。這座彷彿被白雪籠罩的山頂，可能就是當初看見這座島的西班牙人稱之為「白雪女士」（Nuestra Señora de las Nieves）的原因——後來這個名字便簡化為「尼維斯」。

十八世紀時，這座島是大英帝國的甘蔗種植與奴隸交易中心，也是美國第一任財政部長亞歷山大·漢彌爾頓（Alexander Hamilton）的出生地，而他後來不可思議地成為當今流行文化的偶像。十九世紀時，由於較大型的殖民地擁有更便利的交通及更多人口，尼維斯便失去了原本的地位，就此從屬於聖啟茨島。到了獨立之時，這裡不過是一灘死水，而巴納德和他那群境外律師能發現這裡，確實是個值得拿來說嘴的成就。尼維斯的小小首都查爾斯頓（Charlestown）

的北邊座落著四季酒店（Four Seasons），這間豪華飯店在九〇年代開幕時，讓上流觀光客有機會認識尼維斯這個地方。現在，島上的兩種客群——入住五星級飯店的有錢客人與利用資產保護服務的人——有很大部分都是同一群人。

如果你研究過涉及尼維斯的勾當，就會發現查爾斯頓是個奇怪的城鎮，有這麼多公司名義上的總部居然都設置在這麼小的地方。你走下渡船時，正前方的建築就是亞塞拜然統治家族擁有的金礦與通訊公司總部。沿著街道前進約莫十公尺，就會看到伊迪絲．L．索羅門大樓（Edith L. Solomon Building），名牌上已經少了好幾個字母——這裡就是愛達荷州（Idaho）一間醜聞纏身的發薪日貸款公司的總部。再往北走三十公尺，就是晨星公司名義上的總部，公司名下有三十六間位於英國的房產，包括一間位於梅費爾區（Mayfair）、俯視海德公園（Hyde Park）的房子。在英格蘭和威爾斯，總共有三百處房地產由設立在尼維斯的公司所持有，而幾乎所有公司的總部都位於一個比足球場大不了多少的地方。

我特別想調查的是涉入數十億美元的俄羅斯洗錢案、利用拉脫維行帳戶來洗錢的其中兩間公司。組織犯罪與貪腐舉報計畫（Organized Crime and Corruption Reporting Project）的調查記者在二〇一四年揭發了這個騙局，並稱之為「俄國人的自助洗衣店」[16]。這兩間公司的地址都是查爾斯頓市漢彌爾頓開發大樓B號房，而尼維斯國際信託公司（Nevis International Trust Company）的總部也登記在這個地址。但鎮上居民似乎都不知道這個地址究竟在哪裡。我向尼維斯的金融服務監管委員會（Financial Services Regulatory Commission）詢問，而接待員告訴我我得往山坡上走。

走在休火山尼維斯峰（Nevis Peak）山坡上的這一小時路程令人口乾舌燥，一路上只有偶爾出現盯著我看的猴子才帶來生氣。不幸的是，當我抵達接待員告訴我的地點時，附近的人根本不知道我在說什麼，還告訴我我完全走錯地方了。他們說我得回頭下山，沿著海岸道路走，經過四季酒店，就會看到漢彌爾頓開發大樓在我左側。但是到了那裡之後，我還是什麼也沒找到。接待員好心地從工商電話簿上找到尼維斯信託公司的電話，幫我撥打。接起電話的人拒絕告訴我公司的地址，也不願提供我想知道的公司相關資訊。

「我不是來搶錢的，」最後我說道。

「我怎麼知道你不是呢？」她回我，而對話就這樣結束了。

我找上金融服務監管委員會的海蒂－琳・索頓（Heidi-Lynn Sutton），尋求較能公開討論的答案。她的工作是確保這座島的公司組織不會被罪犯、貪腐政客或逃稅人士所濫用，這可是個

16　編註：這邊應該是指二〇一〇年至二〇一四年俄羅斯的一系列洗錢行動，代號是「全球自助洗衣店」（The Global Laundromat），包含俄國政要、富商與國安局等皆牽涉其中，透過十九間銀行，非法轉移兩百零八億元至九十六個國家。其中也有不少歐洲銀行涉入轉移，英國就包含了匯豐、渣打、蘇格蘭皇家銀行與萊斯、巴克萊等，涉及資金近七點四億美元。

重要的責任。她帶來了三位同事，在他們的辦公室會議桌旁一字排開地坐在我對面，彷彿我是來面試工作的人。

我問道，為何美國國務院（US State Department）在最近一次的評估中會對尼維斯提出諸多批評？國際毒品與執法事務局（The Bureau for International Narcotics and Law Enforcement Affairs）每年會提出報告，詳述各司法管轄區打擊洗錢和金融犯罪的成果。二〇一七年，這份年度報告指出，尼維斯是「吸引罪犯隱藏獲益的地點」，還具體批評這座島允許開設匿名銀行帳戶、擁有嚴實的銀行保密法規、掩蓋公司和其他企業組織擁有人的真實身分。

索頓的語氣就像老師無法掩飾對一名特別笨的學生的厭惡，她告訴我，美國政府的資訊已經過時了。這讓我十分訝異，因為我以為大家都知道在尼維斯，公司所有人的身分是不公開的。為了更清楚表達我的重點，我重述了我為了尋找涉入俄羅斯洗錢醜聞的公司股東而踏上的旅程。她聽到我居然為了找到一棟辦公室建築而費了那麼大的力氣，似乎覺得很好笑。「你為什麼需要那些資訊？」她問。我向她解釋高達數十億的洗錢案，而她嘲笑我，「我不能發表任何評論，真的不行。」

在接下來的半個小時，她全盤否認所有針對尼維斯的批評。美國律師對無法在尼維斯成功提起訴訟所表達的不滿，在她看來非常不可思議。「美國律師協助起草我們的法律，所以這種說法真是令人相當驚訝。」

我繼續問道，這裡的某些規定讓女人難以得到公平的離婚財產分配，或是讓遭到誤診的受害者難以獲得公平的賠償，不是嗎？要人預先支付十萬美元的保證金，只為了在尼維斯法院上訴，不會不成比例嗎？「有些國家很喜歡打官司。你打翻了麥當勞的咖啡，在手上造成一點點燙傷，就可以告人——保證金正是為了確保那些人受到保護，而且不會讓我們法院的裁判權被無聊瑣碎的訴訟案件轟炸。」她說。我注意到她的一位同事在桌子底下傳了另一張紙條過去。

我開始對他們的冷漠感到不耐煩，詢問她是否知情有腐敗的外國官員在濫用尼維斯的體制（「你說的並不代表就是真的」）。我提出具體的案例：臺灣的第一家庭（「那只是指控」）、烏克蘭前總統（「我不能發表評論」）、俄羅斯洗錢案（「有執法單位在進行調查嗎？」）有多起大規模的竊盜事件是由離她辦公室不遠處的公司從旁協助，但她似乎對此完全不感興趣，而我開始感到抓狂。

「你不能把這種事算在尼維斯頭上，全世界都在發生類似的事。」她信心滿滿地說，「我不能對這些事件表示知情，我也不能承認你告訴我這些事，更不能發表任何評論。」

我又問，如果這裡一切正常，那為什麼人們要虛構出一間尼維斯公司，來讓法國的總統候選人馬克宏在競選時看起來像個壞蛋？「我不清楚。我不可能知道大家心裡在想什麼，」她說，「人們總是喜歡無中生有。」

多年來，我和許多監管者與調查人員談過話，但我從未遇過像海蒂—琳．索頓這樣的人。

在過去，每個對談者都至少會對我關心的事假裝抱持興趣，有時甚至也與我有所同感。但索頓是直接當著我的面嘲笑我。她堅稱尼維斯的運作機制十分嚴謹、監管程序非常健全、所作所為完全符合國際標準——儘管一切證據都顯示事實完全相反。「一旦成為國際金融中心、提供特定服務，你就會成為別人攻擊的目標，但不代表事實就如他們所說。」她說。

她有可能是對的，而我提出的案例可能只是偶發的個案。我們沒有一個獨立的運作手段來評估她底下的監管者是否稱職，也沒有方法知道她和下屬監督的那些公司組織究竟被罪犯染指到什麼程度。尼維斯微乎其微的警力「確實有能力」取締金融犯罪、讓協助犯罪的公司停止運作，而不是視而不見、吸引更多生意到島上來。這樣想也挺好的。

不過，從另一處金融中心的經驗來看，我們可不能這麼樂觀。

*

澤西島是位於英吉利海峽（English Channel）的一座島嶼，儘管它座落在離法國海岸不遠的地方，但基本上卻是不列顛群島的一分子。從六〇年代開始，澤西島就利用自治權建立起境外產業，以一種我們現在十分熟悉的模式，成為協助英國人藏錢的角色，很快便以一己之力躍升為金融中心。澤西島的人口比尼維斯多上十倍，也更為富有，它的境外事業中心更是多了數十年的歷史。但是，歲月並沒有為它帶來可敬之處。當外面的人把澤西島的祕密挖掘出來時，結果讓他們大為驚駭。

澤西島的專業領域在於信託，而信託的歷史可以追溯至中世紀，當時出外參加十字軍聖戰的騎士為了照顧留在身後的妻小，便想持續握有自己的財產。他們把資產託付給可信任的家臣，並要求所有收益都要流入孩子手中。這條原則在所有以英國法為基礎的法律系統中產生了多種應用方式，包括其中一種最為高明的境外把戲，就是將某件資產的合法所有權與它所提供的利益區分開來。你可能是住在一套紐約的公寓，但公寓的所有人並不是你，而是一間位於澤西島的信託公司，他們的法律安排會將公寓傳給你的孫子輩。從一個金權帝國潛在居民的角度來看，這個好處十分明顯——如果你不再擁有某樣東西，就不需要因為擁有它而繳稅，而只有它產生的收益才能被課稅。信託是「接班人計畫」（有錢人規避遺產稅的委婉說法）的核心，而澤西島的律師可是相當擅長這種安排。

如同尼維斯，澤西島藉由複製其他司法管轄區的創新法律來維持自身的競爭優勢。澤西國的議會成員向來很樂意聽從專業人士的願望，好讓他們留在島上。一位議員在二〇〇八年的辯論中曾說道：「就算我們手上沒有那些錢，還是有很多人想要拿走它。如果我們沒有金融產業，就不會有現在的社會服務。」

從澤西島的角度來說，這個論點是可以理解的，但你會開始納悶那老大到底是誰：是國議會的議員？還是那些威脅如果不言聽計從，就要拍拍屁股走人的法律與金融公司人士？

約翰・克里斯汀生（John Christensen）正是在煩惱這個問題，他是一名當地會計師，在一九八七年時受聘擔任政府的經濟顧問。克里斯汀生曾在英國的大學攻讀經濟學，但後來返回故鄉成家。「對我來說，一個大問題是金融產業的遊說團體如此壯大，但他們唯一關心只有金融服務業務是否成長，」他告訴我。而他擔心澤西島開始對某些極端的避稅行為視而不見。

一九九六年，在工作十年之後，克里斯汀生接到《華爾街日報》（*Wall Street Journal*）的記者打來的電話，想要打探有關一名以澤西島為據點的交易員資訊。一群主要是美國人的投資者聲稱，一位名叫羅伯特・楊（Robert Young）的人因謊稱獲利，害他們損失了兩千七百萬美元，而澤西島政府拒絕出手幫忙。楊當時是為屬於瑞銀集團的私人服務銀行能貿銀行（Cantrade）工作。

克里斯汀生幫忙打聽消息，發現那位無視控訴的委員會主席過去曾是能貿銀行的法律事務所的資深合夥人。而能貿銀行的會計師則是調查自家銀行是否違法的負責人。好笑的是，這些會計師判定他們的銀行並無不法。種種證據看起來都不太妙。當律師總算前去搜查楊的住所時，他們找到了四十個古馳（Gucci）手提包和五只勞力士（Rolex）手錶。光是在一九九三年十二月，他就累積了十四萬四千美元的美國運通卡（Amex）帳單。

楊和他的會計師在一九九八年入獄，而在法庭的命令下，能貿銀行向受騙的投資者支付了鉅額賠償。但對海外的觀察者而言，這個結果不太令人滿意。當時的紐約地區檢察官約翰・莫斯可（John Moscow）告訴一名記者，在那段時間，他的調查行動常常因為澤西島拒絕協助而受挫。「這些英國屬地就像交易天堂一樣，甚至不受瑞士銀行保密法所保護，實在令人髮指。」他氣沖沖地說道。

克里斯汀生和《華爾街日報》記者談論的正是這件案子。當他提供自己對島上統治者的看法時，他要求不得放上他的名字。「總的來說，」他對記者說，「他們根本沒能力處理。」澤西島的人沒花多少時間就推敲出報導的消息來源是誰，而他們從未原諒過克里斯汀生。他離開了這座島，搬到英國去，最終協助建立了租稅正義聯盟（Tax Justice Network），反對避稅天堂的存在。二十年後，澤西島的官員仍堅持克里斯汀生的批評是因為他沒有得到升遷的機會。「說到利益衝突，他可是有嚴重的包袱，」澤西島金融服務委員會的主任委員這麼告訴我。

澤西島的人口剛好超過十萬，而就跟所有小地方一樣，島上的人都喜愛談論八卦。對非本地人來說，克里斯汀生、《華爾街日報》和能貿銀行的戲碼不過就跟其他辦公室政治一樣無趣，但如果你細想其中的背後意涵，就不是這麼回事了。假若管理金融系統和政治、法院、監管機構裡的都是同一群人，那內線交易的幾率極高。無論是發生在島上還是島外，這座島的自治權皆掩護了有錢人的詐欺行為。司法系統成了一場騙局。根據兩名在英國工作多年、後來到澤西島服務的資深警察所言，澤西島的法律根本無法適用於那些有錢有勢的人身上。

二〇〇〇年，由於不滿那些批評報導，澤西島警察雇用了一位叫做葛拉漢・鮑爾（Graham

Power）的蘇格蘭人來管理警方。他和副手蘭尼・哈普（Lenny Harper）原本應該要讓澤西島警方更加專業，並改善形象，結果卻適得其反，反而讓當初能貿銀行醜聞透露的許多問題被公諸於世。

在一宗登上八卦小報頭條的虐童案調查發生之後，鮑爾在二〇〇八年被停職。他手下的警官在不只一間兒童之家和青少年帆船俱樂部查出了犯罪證據，就連一名被政府授與榮譽警察身分（儘管他曾有性騷擾兒童的犯罪紀錄）的男子也是如此。政府決定要鮑爾和哈普走人，但他們並沒有就這樣安靜離去——在後續的法院聽證會與公開調查庭中，他們發表聲明，披露在這座富裕的小島上執法有多麼困難。鮑爾用「澤西島作風」來描述島上極端的排外慣例，常用私下處理的手段來避免尷尬的話題被搬上檯面討論。「這裡有一種根深柢固的『互相幫忙』觀念。」鮑爾在一項聲明中寫道，「澤西島有一群輪流坐在權力高位的上層階級。在這裡，你難以動搖那種抗拒『破壞平衡』的文化。」在他的手下試圖對當地年長者提出的虐童指控展開調查時，政治人物卻要求他中止調查行動，因為他們認為他在傷害這座島的聲譽。「大部分島民都必須遵守法律與義務，但對擁有權力的那群人來說，這根本不適用。」鮑爾寫道。

澤西島菁英充滿彈性的行事作風不是什麼新鮮事（這裡可能是全歐洲唯一在納粹占領期間和其後仍維持同一個政府的地方），但過去從未有人以如此具說服力的方式描述過。鮑爾的副手哈普的指責更是強烈。他在英國一些治安最差的地區建立多年的豐功偉業後，於二〇〇二年來到澤西島。「就很多方面來說，這裡實在太超現實了。我曾任職於佛爾斯路（Falls Road），還有貝爾法斯特（Belfast）的審訊中心，以及倫敦和格拉斯哥（Glasgow）治安最差的幾個地方，」他從位於蘇格蘭的家裡透過電話告訴我，「但那些地方跟我在澤西島工作的日子比起來，根本是小巫見大巫。」

他述說自己是如何被島上的榮譽警察（他們屬於不同的指揮系統）騷擾、被要求中止調查行動、甚至無法開除貪汙的部下，還有其他許許多多的事例，似乎都不該在澤西島這種井然有序、擁有完美形象的地方發生。「你可能再也找不到比我更像共產主義者或社會主義者的人了，」他告訴我，「但澤西島這些狐群狗黨……他們不要公正無私的執法行動，這是他們最不想看到的。他們只要對他們有利的執法行動。」

這種鄙視的態度並不只是單方面而已，澤西島的政治人物也對哈普和鮑爾加以譴責。但是，在這場虐童案發的媒體騷動中，只要看看澤西島的回應方式，我們就難以責怪這兩位警察何以認為澤西島菁英最痛恨的就是曝光。二〇〇八年，澤西島的首席法官譴責那些報導虐童案的媒體，卻沒有譴責那些罪犯犯下罪行。「真正的醜聞，是那些對澤西島和她的人民毫無正義、毫無惻隱之心的詆毀。」菲利普・貝爾哈契（Philip Bailhache）法官在慶祝澤西島自納粹手中解放的典禮中說道。這是他的肺腑之言，但在你讀完下一章、了解澤西島是怎麼協助俄羅斯的圈內人掠奪家園之後，我就不確定你還會不會同意他說的話了。

4 性、謊言、境外工具

九○年代的俄羅斯滿目瘡痍。國軍在與兵力較少的車臣交戰後吃了敗仗，國內面臨經濟崩潰，政府拖欠貸款，男性的預期壽命落到六十歲以下，流行病四處蔓延。這個國度被性情乖戾的酒鬼統治，寡頭政客在欠了國際貨幣基金組織一屁股債後依舊橫行霸道。即便如此，對於標準很低的俄羅斯人來說，一九九九年三月十七日深夜播放的新聞，還是讓這個國家來到了新的低點。

國營的俄羅斯電視台（RTR）播出了一支長達數分鐘的影片片段，畫質雖然粗糙，卻仍清楚呈現了一名大腹便便、皮膚鬆垮、半禿頭的裸體男子正和兩名更瘦也年輕得多的裸女尋歡作樂，而這兩名女子都不是他妻子。她們的身分都沒有曝光，但節目主持人指出這名男子「神似」檢察長尤里・斯庫拉托夫（Yuri Skuratov）。當時他正承受來自總統鮑利斯・葉爾欽（Boris

Yeltsin）要求他請辭的壓力，卻仍堅持留在崗位上。俄羅斯電視台為自己播出這麼折磨觀眾的影片提出辯解，說是為了要保護國家最資深的執法者免於受到黑函勒索。他們發布聲明表示：「全俄國家電視廣播公司（All-Russia State TV and Radio Company）要維護國家的利益，也要防止有人拿這個影像威脅檢察長，進而傷害到國家、社會和檢察長自己。」

斯庫拉托夫本人對這件事的說法還比較令人信服。他認為政府試圖用這段影片來威脅他，因為他當時拒絕中止調查一起牽連了葉爾欽底下所有人的貪汙醜聞，因此他們就要詐來對付他。斯庫拉托夫的調查圍繞在據稱由承包修復政府大樓的瑞士建設公司所支付的回扣，合約中還包含了上議院與下議院的建築。除了這樁貪汙之外，其實還有另一起比較次要的醜聞。在影片引起的騷動中，比較沒那麼多人關注這件事，但它牽涉到了更大筆的金額，也滲透了國家的權力中樞。

二月時，斯庫拉托夫告訴俄羅斯下議院「杜馬」（DUMA）的成員，中央銀行在一九九三年到一九九八年間，匯了三百七十六億美元、九百九十八億馬克、三千七百九十九億日圓、一千一百九十八億法郎和八億六千二百六十萬英鎊給一間來歷不明的境外空殼公司「融資管理公司」（Financial Management Company Ltd）。在那段時間，俄羅斯的財政狀況一落千丈。這些錢大部分都是來自國際貨幣基金組織的貸款，融資管理公司則拿去投資政府公債市場，當時回收了極佳的利潤。這位檢察官指控央行銀行家私自利用這些獲利過上奢華的生活，並藉著融資管理公司的境外保密制度向政府和立法機關隱瞞細節。

人們得知，融資管理公司自一九九〇年十一月起——也就是蘇聯解體前最後的日子——便登記在澤西島，在島上沒有員工、營運地址或任何實體存在。這間公司是由北歐商業銀行（Banque Commerciale pour l'Europe du Nord）所創立，也就是五〇年代為歐洲美元冠上「歐洲」之名的那間總部位於巴黎的莫斯科銀行。但沒人清楚銀行成立公司的理由，因為央行銀行家給出的解釋一直在變：有時他們說融資管理公司是用來確保投資機制是否順暢運作，有時又說這間公司對外匯儲備的持有很有幫助；其他時候，他們則說融資管理公司能提供專業技能。但最後這種說法尤其可笑——這間公司根本毫無專業可言，因為他們根本沒有員工。這就好像美國聯邦儲備銀行（Federal Reserve）決定要偷偷透過開曼群島的空殼公司匯款數億美元，然後聲稱那是有利的例行程序，還能讓他們學到新的技能。

最後，央行董事長維克多．格拉申科（Viktor Gerashchenko）承認融資管理公司是用來向債權人隱藏俄羅斯的資產，而身為債權人之一的國際貨幣基金組織對被欺瞞一事表達了惱怒。格拉申科表示，他擔心萬一俄羅斯輸掉官司，債權人就能取得國家的海外資產。他說，這就是為什麼把這些資產藏在澤西島這個黑洞裡大有助益。這可不是什麼有尊嚴的答案，因為這讓俄羅斯看起來就和把現金藏在尼維斯、讓妻子拿不到錢的出軌丈夫沒什麼兩樣。不過，這答案比替代的說法——被銀行家拿來中飽私囊——好多了。

這個替代說法引起軒然大波。在九〇年代早期擔任財政部長的鮑里斯．費奧多羅夫（Boris Fyodorov）表示，他曾在就任期間提出針對融資管理公司的問題，但卻被告知那不關他的事。他確信這個詭計是讓圈內人士得以收取佣金的手段。「他們就這樣讓親朋好友賺取大筆收益，」他在醜聞醞釀時向記者表示。但斯庫拉托夫性愛影片的曝光，讓這起爭議從未得到最終決議。影片播出不過幾天，葉爾欽總統便將這位愛找碴、愛打官司的檢察官停職。議會被說服將他革職，而取代他的繼任者則明智地決定停止調查瑞士建設公司醜聞和融資管理公司的爭議，因而享有長久而成功的檢察長生涯。這個結果意味了這些弊案從未在法庭上受審，也沒透過電視台或廣播公諸於世。國際貨幣基金組織答應俄羅斯中央銀行對融資管理公司進行委外查帳，但這項行動飽受嘲笑，因為查帳所需的資料只由央行提供，也沒有任何獨立調查機構參與其中。

不過，持續調查這起弊案的記者卻發現許多令人憂心的事。一名記者寫道，俄羅斯央行在一九九九年擁有八萬六千名員工，相比之下，英格蘭銀行只有三千名員工，而聯邦儲備銀行只有兩萬三千名員工。格拉申科不僅在任命權上出手大方，他賺得也比世界上最重要的央行銀行家——聯邦儲備銀行的艾倫．葛林斯潘（Alan Greenspan）——還多了七十％，不僅如此，他還因為身兼央行子銀行的董事而多拿一份報酬。俄羅斯中央銀行看起來完全失去控制，成了一間為了私利而使用政府資金的機構。

「由於俄羅斯央行不必經過議會的同意來取得年度預算，因此高層經理能任意利用歐洲子銀行及透過融資管理公司進行交易活動帶來利潤，顯然他們也確實這麼做了。」美國經濟學家馬歇爾．高德曼（Marshall Goldman）在他二〇〇三年討論俄羅斯改革失敗的著作《海盜國度：俄羅斯》（*The Piratization of Russia*）中寫道：「這不僅僅是常見於非洲、亞洲或拉丁美洲的公然偷竊或洗劫國庫的弊案，而是手法更為複雜成熟的例子，濫用了國內與國際信用，並牽涉到由國家批准的洗錢活動……如果連央行總裁都涉入最高層級的洗錢，他要如何成為國民的典範？」

融資管理公司讓俄羅斯央行——可以說是俄羅斯國家的一部分——得以避稅，也讓此案成為值得關注的案例，用以研究境外保密制度如何讓最不可能做出這種事的機關和個人得以規避審查、避稅與獲利。當俄羅斯老百姓數個月來苦苦等待薪水發放時，這些公務員卻能拿政府的錢透過公債賺錢，還不用向政府支付所得稅，並藉由融資管理公司把獲利藏在金權帝國。這種事打破了西方人的天真幻想，以為在共產黨失敗、蘇聯解體成十五個共和國後，俄羅斯就能成功建立他們史上第一個自由、民主、以法制為運作基礎的體制。到了九〇年代末，只有最固執、無知與執意視而不見的樂觀主義者（其實就是我這種人）才會繼續抱持著這種觀點。在澤西島這類避稅天堂的協助下，這個國家發生的大規模洗劫摧毀了任何發展的可能，而那些搗爛國家的人還能因此得到獎賞。

一九九九年，美國眾議院召開了一連串聽證會，討論來自俄羅斯的贓款流入美國銀行系統所造成的危險。風險是真實存在的，因為紐約銀行（Bank of New York）不久前才被揭露，他們利用迷宮般的銀行帳戶和空殼公司，協助來自俄羅斯的數十億美元神不知鬼不覺流入美國。眾議院金融服務委員會（House Committee on Financial Services）聽取了好幾位專家的證詞，包括一名蘇聯國家安全委員會（KGB）的前情報員與數名專精洗錢機制的專家。但其中由一九九二年至一九九四年擔任中情局的駐莫斯科情報站站長理查・帕默（Richard Palmer）提出的證詞，最為令人吃驚。他說明前蘇聯的菁英分子如何濫用澤西島這種境外中心所提供的隱密性，來竊取任何可以染指的東西。他表示，融資管理公司不過是成千上百個公司組織的其中之一，為了統治階層的私利，破壞俄羅斯的主權。

「透過這些操作而獲得的利益被存放在瑞士、賽普勒斯、加勒比地區、巴拿馬、香港、愛爾蘭和英吉利海峽群島這些避稅天堂中，並準備好將獲益放入『不可歸責』（non-attributable）的公司。」他在給委員會的證詞中寫道，「在這些洗劫國家的步驟中，有一個固定不變的脈絡：其目標就在於把錢送出俄羅斯，安全地存放在那些地方，不讓繼任的政權有機會拿回來。」

帕默提出了大量的證詞，公開在網路上，而那些內容也應當被全數閱讀，因為從後蘇聯國家流出的這些錢，會對美國政治體系的穩定與清廉造成長期的危險——在看過第一章提及的川普、前競選總幹事曼納福特和特別檢察官羅伯特・穆勒後，帕默的警告極具先見之明。除此之外，他的證詞中最為驚人之處，也許就是他大力抨擊許多針對後蘇聯國家轉型的樂觀迷思。

他描述其中一種迷思就是相信俄羅斯正走在正確的道路上，人民的生活就如同艾爾・卡彭（Al Capone）統治下的芝加哥，大家只要等待俄羅斯自己把問題搞定，一切就沒事了。

「如果美國真的要像今天的俄羅斯一樣，」他寫道，「就必須讓大部分的國會議員、司法部和財政部進行大規模貪汙，還有調查局、情報局、國防情報局、國稅局、法警（Marshall Service）、邊境巡邏隊（Border Patrol）、州警和地方警察、聯邦儲備銀行、首席大法官、聯邦地區法官，以及來自組織犯罪家族、《財富》五百強企業領袖、美國半數以上的銀行與紐約證交所的支持。接下來，這一大群人必須取得諾克斯堡的黃金，還有存放在整個銀行系統中的聯邦資產。這個集團還得把持關鍵產業，例如石油、天然氣、礦產、貴金屬和半貴金屬、林業、棉花、營建、保險和銀行業，然後宣稱這些東西都是他們的私人財產。法律系統必須廢除大部分重要的反貪腐、反利益衝突、反犯罪共謀、反洗錢、反經濟詐欺及反逃稅條例。接著，這個邪惡的同盟還必須花費數十億獲利中的一半以上拿來賄賂政府要員，以及成為所有政黨的主要贊助人……美國總統不僅必須知道這些行為，也得提供協助——包括讓自己的女兒和親近的政商支持者牽涉其中。不只如此，他還要主導針對司法部長的抹黑行動、將他革職，就因為他對總統展開相關調查。」

這還不是全貌，因為這個烏托邦並不受國境的限制。

「大部分被竊走的資金、超額利潤和賄賂得送去境外銀行，安全地存放起來。最後，在聲稱國家破產、需要大量外國援助的同時，這個陰謀集團必須投資數十億的資金，將非法活動擴展到其他發展中國家去。」

*

如同融資管理公司的故事與帕默的證詞所呈現的，如果你是掌權者，要洗劫國家實在易如反掌。這就是金權帝國提供的真正力量，而俄羅斯的統治階層正是掌握了這種力量。

在歐洲美元剛出現的那段日子中，金權帝國曾是西方富人用來藏匿現金、不讓政府拿走的手段：有錢英國人把存款放在澤西島、比利時牙醫把錢送到盧森堡、美國人則把現金藏在瑞士。這些花招是由足智多謀的倫敦銀行家所發明，再由蘇黎世和華爾街的聰明人修整、加強，接著演化為數個避稅天堂，直到西方富人能夠確信，即便是世界上財力最雄厚、外交手段最令人畏懼的稅務機關，也動不了他們的錢。我們或許會說這樣做不太好，但很少人會認為這很邪惡。

但是，當這些把戲使用在沒有法治或西方那種強大政治機關的國家時，便產生了真正的變革。

在二戰後的餘波尚未退去、布列敦森林體系限制了資本擴張時，金權帝國於焉誕生，而這也是富人和稅務機關之間長達數百年的戰爭所引致的結果。這場持久戰的目的是控制有錢人的財富，但這也在掠食者和獵物之間演化出一場軍備競賽，激發彼此不斷加強速度、狡詐和靈活度。想像一下，這就和老虎與水牛千年來不斷變得更加適應彼此一樣，只不過這場軍備競賽的武器不是肌肉、角、利爪和尖牙，而是空殼公司、信託、祕密銀行帳戶、無記名證券等等。就連美國財政部都無法輕鬆與之抗衡，不過他們至少還知道自己對抗的是什麼。

但是，當律師和會計師將這些掠奪工具設置在撒哈拉以南的非洲、亞洲和後蘇聯國家時，就成了一場實力懸殊的比賽。這就好像突然將老虎引進一個住滿沒有飛行能力的溫馴大型鳥類的大陸，毫無準備的稅務機關和預算不足的調查人員被要求對抗一群世界上最懂迴避規則的人，他們根本毫無勝算。隨之而來的大肆掠奪，最終產生了亞努科維奇的暴行，以及他在基輔郊區建立的豪華宮殿。不過事實上，這些情事早在西方帝國主義末期的時候就開始了。

境外金融衝擊了撒哈拉以南的非洲和後蘇聯國家脆弱又混亂的政權，就好像用地獄火飛彈射向拿破崙時代的戰艦一樣。沒有任何地方、任何人是安全的，除了那些偷搶拐騙的人以外。

只要看看那些與俄羅斯性愛影片醜聞有關的人士在後來坐上什麼職位，就能了解這場戰鬥有多不平等。斯庫拉托夫試圖藉由在二〇〇〇年競選總統來重振旗鼓，結果淒慘地只拿到第九高票——大約三十多萬票。自那以後，他落入沒沒無聞的境地，大眾只有在偶爾開玩笑時才會提到他的名字。直到現在，網路上還找得到他那不堪入目的影片，而我那一輩的莫斯科記者仍會因「神似」這個詞咯咯發笑。但對比我們年輕的人來說，他的名字根本微不足道。

證實那段影片的人也在二〇〇〇年出馬競選總統，而且成績好上太多了。斯庫拉托夫的醜聞爆發時，俄羅斯聯邦安全局（FSB，是KGB的繼任組織）當時的局長正是普丁。長久以來，輿論皆懷疑提供那段影片給電視台的就是聯邦安全局。普丁在二〇〇〇年贏得總統選舉後，所有被斯庫拉托夫批評貪汙的人，全都沒有面臨起訴。西班牙銀行家費利佩・杜勞菲（Felipe Turover），也是向俄羅斯政府提供債務交易上的建議、並提供斯庫拉托夫和瑞士調查人員使用許多文件的人，他認為普丁因為在克林姆宮擔任負責房地產投資組合的角色，自己也從同等的欺詐騙局中獲得豐厚的利益。

「一九九七年，各式各樣的掩護機構紛紛成立，例如股分有限公司和有限責任公司。大部分的高價房地產和其他海外資產，都登記在這些公司組織的名下。這就表示海外房地產就像完整摘取的果實一樣被把玩於國家的掌中，而摘取的人正是現任總理。」杜勞菲在一九九九年下旬對受敬重的俄羅斯調查性刊物《新報》（*Novaya Gazeta*）的記者說道，當時普丁仍是俄羅斯的總理。記者進一步提出更深入的問題，杜勞菲便回道：「我現在不能回答這個問題，我想你和我都想再活久一點。」（杜勞菲後來否認自己在訪談中曾提過普丁，但《新報》並沒有撤回那篇報導。）

這些資產到現在都還安放在金權帝國，而幾十年來，從世界各個角落搜刮來的財富，也接連加入貯藏的行列。這種事情並非偶然發生。金權帝國之所以能存在，是因為它會替服侍它的管家們賺錢，而只要這些人為帝國的富有國民提供服務，便能獲得豐厚的報酬。所謂的老虎正是指這些人，至於空殼公司、信託和祕密銀行帳戶就是他們的利爪和尖牙。你可能很想稱他們為虛有其表的紙老虎，但我們接下來會看到，他們實際上有多麼令人畏懼。

5 倫敦哈雷街的謎團

在倫敦，有許多住址的意義都不單純只是地圖上的標示而已，例如艦隊街（Fleet Street）一直是報業的代名詞，如同華爾街意味了紐約金融業一樣（儘管記者早就搬離這條街道了。）同樣地，唐寧街（Downing Street）代表了權力，薩佛街（Savile Row）是訂製西服的所在，白廳（Whitehall）是行政機關，而哈雷街（Harley Street）則代表了私人醫療保健公司。這條綠樹成蔭的雅緻街道，北接觀光客與巴士川流不息的牛津街（Oxford Street），南鄰交通壅塞的主要幹道馬里波恩路（Marylebone Road）。超過一個世紀以來，哈雷街一直是英國最有聲望的醫生的首選住所。這裡的房屋華美，離數個主要火車站也距離不遠，居住條件讓那些醫生從十九世紀下半開始便聚集於此。英國國家健保署（National Health Service）在二十世紀中成立時，已經有一千五百位醫療專業人士以哈雷街與鄰近區域為據點。他們的繼任者仍繼續為有足夠財力的人提供私人醫療服務。

靠近哈雷街南端的二十九號，就在離皇家醫學會（Royal Society of Medicine）不到五分鐘步行距離的地方，是一棟正面以石牆裝飾的五層樓高的排屋，座落在兩棟紅磚屋宅中間，一樓暗色木造前門旁則有一扇凸窗。二樓有座精緻的鐵製陽台，屋頂下方則有一排石造欄杆。這棟低調的房子象徵了哈雷街精細慎重的專業水準。生於英格蘭諾森伯蘭（Northumberland）、在蘇格蘭聖安德魯斯大學（St Andrew's University）的薩謬爾．芬維克（Samuel Fenwick）醫生在一八六二年搬進哈雷街二十九號，成為這條街上第二位醫生，開始讓這條街逐漸蛻變為最高品質醫療服務的代名詞。

一八八二年，擁有同樣姓氏的愛德華．亨利．芬維克（Edward Henry Fenwick）在哈雷街二十九號獲得醫生的資格。繼他之後則是眼科醫生雷斯里．帕頓（Leslie Paton），根據紀錄，他在二〇年代早期居於此處。一九四六年，這棟房子再度出售，由羅納德．雷文（Ronald Raven）買下了租賃權。他是一位戰爭英雄、業餘神學家、外科醫生、慈善家和癌症專家，離開英國陸軍時位階是上校。他臨終前拍攝的照片顯示了他是一名灰髮、年長，有著銳利雙眼和鷹鉤鼻的男子。他妹妹在他死後幫他出版了一本回憶錄（她自己也是一位傑出的護士），書中的照片有著一間牆壁鑲著木板的諮詢室，書架上放滿了小牛皮裝幀的書籍，還有精美的瓷器點綴其中。其他照片則是雷文教授和伊莉莎白二世、伊莉莎白王太后、沙烏地阿拉伯國王與各國政要的合影。他最後一次走出哈雷街二十九號，是在一九九一年七月二十三日。那一天，他要參加皇家自由醫院（Royal Free Hospital）以自己命名的臨床腫瘤學講座教授的就職典禮，而主持者是安妮長公主（Anne, the Princess Royal）。幾天前，他才將最後的著作《腫瘤圖譜》（*An Atlas of Tumours*）的原稿送出，三個月後便撒手人寰，享壽八十七歲。皇家外科學院（Royal College of Surgeons）對這位哈雷街二十九號的前住戶如此回憶道：「羅納德・雷文總是衣冠楚楚，對所有人都親切友善，全神貫注地和每個人互動。他擁有驚人的記憶力，一切所作所為在在顯示出他是個觀察入微的人。」

有兩件事必須先說清楚：第一，羅納德・雷文是個極為傑出的人；第二，他和後繼者讓二十九號房在哈雷街這種高水準的地方也能鶴立雞群。因此，當我們知道那位在二〇一四年逃離烏克蘭、既浮誇可笑又糟糕的竊盜統治者亞努科維奇，其實是以哈雷街二十九號作為他祕密房地產帝國的中心時，是有多麼令人難以置信。這就好像發現紐澤西的幫派是以貴格會（Quaker）的聚會所為活動據點一樣。

亞努科維奇那棟森林裡的奢華性愛小屋（有加熱按摩床、水上鴨舍和坐在馬桶上時與視線齊高的電視）是由烏克蘭公司唐・萊斯尼卡所擁有。而這間公司的所有人，則是登記在哈雷街二十九號的精明夥伴公司（Astute Partners Ltd）。精明夥伴公司的擁有人，則是同樣登記在這個住址的布萊斯歐洲公司（Blythe Europe Ltd）。同時，布萊斯歐洲公司的股東是登記在列支敦斯登首都瓦杜茲（Vaduz）的P&A企業服務信託註冊公司（P&A Corporate Services Trust Reg）。瓦杜茲是一個神祕地存活到現代的中歐迷你公國，而它並沒有公開這間公司的所有人是誰。文件上唯一找得到的名字，是列為公司董事的奧地利律師萊因哈德・普克什（Reinhard Proksch）。儘管哈雷街二十九號就位於倫敦的中心，但登記在此的公司就跟註冊在熱帶小島上的匿名境外公司一樣，讓亞努科維奇的宮殿得以建立於烏克蘭，在法律上卻屬於別的地方，而擁有者的真實身分也受到金權帝國的周全保護，不會受到監督。

二〇一三年末，烏克蘭的反貪腐運動人士開始調查這個神祕的房地產帝國，並發現它與哈雷街之間奇特的連結。他們與普克什接觸，想要查明究竟誰才是他管理的公司的老闆。普克什表示他和亞努科維奇毫無關聯：「這只是另一個烏克蘭網路抗議風暴的故事罷了……故事中提到的公司全都存在，但都是由英國、美國與阿拉伯聯合大公國的客戶和外國投資者設立及服務。」他在自己的網站中寫下這段聲明，隨後又自行刪除。

但是，烏克蘭革命後的政權並不相信他這種說法。當亞努科維奇逃亡後，調查行動仍持續進行。二〇一五年，法院宣判他的森林豪宅和其中的豪華設施都要收歸國有，檢察官也繼續調查當初是哪些官員將這些房地產轉移給總統。在烏克蘭打擊貪腐的奮鬥中，這是一場難得的勝利，應當予以讚揚；但是，這件案子仍有許多層面沒有受到調查，包括總統是如何利用這棟位於倫敦的莊重宅邸，來隱藏自己竊走的地產。對他的金融顧問來說，哈雷街二十九號的吸引力顯而易見，因為它能為實際上是身分冒用的行為掩上一層體面的假象。亞努科維奇假裝自己手上什麼財產都沒有，藏身在數家企業體後面，但事實卻非如此。我們從這裡再次回到金權帝國，因為除了那兩間擁有狩獵小屋的公司以外，也有別的公司設址在哈雷街二十九號。截至二〇一六年四月，共有兩千一百五十七間公司登記在哈雷街二十九號，其中許多公司所牽涉的欺詐行為，幾乎跟亞努科維奇不相上下。倫敦市中心的這棟房子，究竟是怎麼從一個傑出醫生診治病人的場所，變成藏匿罪惡果實的藏身處？這個故事其實就是金權帝國起源故事的縮影。

*

哈雷街二十九號裡並非真的有兩千一百五十九間公司在運作。如果這些公司都擁有員工、檔案櫃、飲水機和會議室，就會占據幾乎整條哈雷街的空間，而非只是一棟房子。這棟房子基本上只是一個郵政信箱，公司把地址註冊在這裡，然後在別的地方進行活動。來到前門，你會注意到左側有九個門鈴。頂端的門鈴用淺藍底白字寫著「組建服務公司」（Formations House），他們才是這棟房子真正的租客，從二〇〇一年開始提供成立公司的服務。

英國有數百個提供設立公司服務的代理商（我們不知道確實的數量，因為英國監管體制的漏洞，這些守門人在開門營業時不需任何登記手續），而他們玩的是一種薄利多銷的遊戲。當然，他們會對特別稀有的公司名稱收取較多費用——我撰寫本書時，「蘋果公司」（Apple Ltd）

和「賽克斯公司」（Sex Ltd）正分別以十萬英鎊的價格出售中——但他們主要銷售的「商品」是設立標準的有限責任公司，一次只收費九十五英鎊。只是，你得賣出很多這種商品，才能付得起哈雷街二十九號的租金，而組建服務公司確實也這麼做了。根據公司網站所示，組建服務公司在過去十六年來已無中生有地創立了超過一千萬間公司，而且不只在英國，從德拉威州到塞席爾，任何地方都有。

這個數字比在英國工商局註冊的公司數還多上三倍。就算數量有被稍微誇大，但顯然組建服務公司是以大規模生產的方式不停地成立公司。在我撰寫本書的時候，總共有兩萬五千家現成的公司正在出售中，而這些公司可比「賽克斯公司」便宜多了。你可以用兩百六十五英鎊就買下「金融企業公司」（The Financial Corporation Ltd），或是用極為低廉的五千英鎊買下「美國公司」（American Ltd）。有些公司已經備有銀行帳戶、增值稅登記和所有立即開張營業所需的東西。

組建服務公司不只和英國的同行競爭，也把世界上其他同行視為對手，而哈雷街二十九號這處登記地址能讓它顯得鶴立雞群。只要每月繳交一筆費用，註冊在這裡的公司就能假裝他們的企業總部真的位於此處。接待人員會以任何公司的名義接聽來電、轉寄郵件和傳真，還提供會議設備，讓一家公司看起來既氣派又體面。

以曾經登記在此處的謝文與諾貝爾公司（Sherwin & Noble）為例，這是一家由理查・班森爵士（Sir Richard Benson）擁有的投資公司，而他是一名肥胖、頭髮稀疏的年長金融家，在二〇〇三年到拉斯維加斯參加了一連串會議。那些會議在位於賭城大道（Strip）附近的高級私人社交場所「史特靈俱樂部」（Stirling Club）舉行。其他與會者已經事先接獲指示，在班森爵士這種傑出人士面前該保持什麼行為舉止：他們只有在爵士向他們說話時才能開口；他進入房內時，所有人都要起立；無時無刻都要遵守正確的禮節。班森爵士曾幫助英國女王度過牽涉到一間信託公司的小小財務困難，因此而獲得爵位，也讓他與全球上流社會最高階層的人士有所往來。這些與會者分別是傑瑞・佛羅倫特（Gerry Florent）、拉爾夫・艾伯沙（Ralph Abercia）與其子小拉爾夫（Ralph Jr.）。佛羅倫特想要以五千五百萬美元來買下一處佛羅里達州的土地，並建造一棟旅館；艾伯沙父子則想要一億零五百萬美元，在休士頓建設一處「水族館／娛樂中心」，他們希望班森爵士能提供實現他們夢想的資金。

「在上午的會議裡，班森說他過去擁有一間保險公司，後來決定設立一間替大型計畫提供資金的公司，就像勞合社（Lloyd's of London）[17]一樣。」之後的起訴書中如此寫道，「他和謝文與諾貝爾公司合作，並提供了五億美元，而謝文與諾貝爾則等比出資。現在，謝文與諾貝爾的身價已達數十億。」為了證明善意，佛羅倫特和艾伯沙父子拿到了一本線圈裝訂的亮面小冊

17　編註：勞合社是英國最大的保險交易所（非公司），類似紐約證券交易所，但只提供交易場所和相關服務，本身沒有承保業務。也就是說它提供的是一個市場。

子，裡頭詳列了獲得謝文與諾貝爾公司出資的各個計畫，以及公司令人欽佩的健全資產負債表。

班森爵士對他們的提案抱持肯定的態度，而他們只要預先支付費用（佛羅倫特要支付兩筆各為四十一萬兩千兩百五十美元的款項；艾伯沙父子則要支付兩筆各為七十八萬七千五百美元的款項）以示承諾，就能拿到他的錢。這看起來是個零風險的協議，就算班森爵士最終決定不要出資，謝文與諾貝爾公司也會把這些錢還給他們。佛羅倫特和艾伯沙父子都非常滿意，這正是他們所期待的訊號。回到家之後，他們便各自匯了第一筆費用，等待資金進來。他們等啊等，等啊等，等到忍不住憂愁。他們打電話、傳真給謝文與諾貝爾公司位於哈雷街二十九號的辦公室表達關切，而對方向他們保證一切都沒問題。最後，佛羅倫特起了疑心。他暫緩第二筆費用的匯款，雇用了一名徵信業者，而一切就是從這裡開始崩解。徵信業者很快就發現謝文與諾貝爾公司根本不是什麼身價數十億的投資公司，而是一間空殼公司。那本線圈小冊子的內容是複製自銀行業巨頭蘇格蘭哈里法克斯銀行（HBOS），再修改少部分細節而寫成。徵信業者也查出，謝文與諾貝爾公司在哈雷街根本沒有實體部門，所有電話和傳真都是由位在美國的詐騙分子接聽、回覆。而已經匯款第二筆費用的艾伯沙父子大受打擊。「那可是一大筆錢，」小拉爾夫對當地記者表示，「我們到現在都還在還那筆該死的錢。」

這是一宗手法相當高明的預付款詐騙，就連拉斯維加斯這個地點都讓這起詐騙案帶有電影《瞞天過海》（*Ocean's Eleven*）的氛圍。不只謝文與諾貝爾公司根本沒錢，甚至連理查．班森爵士這個人也不存在——他的真面目是一名事業坎坷的演員亨利・伯傑（Henri Berger）。他從未出手幫助過英國王室，也沒有爵位，甚至連要說上一口有說服力的英國腔都很吃力。謝文與諾貝爾公司唯一擁有的資產，就是讓它看起來有可信度的哈雷街地址，但就算有這個地址，它也經不起檢驗，因為他們唯一的董事是一間登記在英屬維京群島的匿名公司。二〇一一年九月，牽涉其中的詐騙者都被關進大牢，還必須歸還數百萬美元給受害者。

這宗戲劇性十足的詐騙案本可以一舉摧毀哈雷街二十九號的聲譽，卻事與願違。在詐騙案的策畫者拉爾・巴蒂亞（Lal Bhatia）和伯傑雙雙入獄剛過一個月，荷蘭的通海（Allseas）海運公司派出代表團和馬雷克・雷尼亞克（Marek Rejniak）這位生意人會面，討論一項投資提案。通海公司手上有一億歐元，但他們需要更多資金來打造一艘能解體海上鑽油平台的船隻。雷尼亞克聲稱他的團隊能在三十天內將任何數目的投資額加倍，還能在三年內讓初始資金提升到十二億歐元。這聽起來令人難以置信，但雷尼亞克堅持自己說的是實話。二〇一一年十月十六日在馬爾他（Malta）舉行的會議中，他宣稱自己擁有美國聯邦儲備銀行、梵蒂岡（Vatican）和西班牙亞拉岡王室（Spanish House of Aragon）的人脈，讓他得以拿到「中期票據」（medium term notes）[18]——一種神祕兮兮的金融工具——並由倫敦一名「頂尖交易員」路易斯・諾伯瑞

18　編註：通常是指期限在五到十年之間的票據，期限長於商業票據，而短於一般企業債券。

（Luis Nobre）透過拉恩控股公司（LARN Holdings）及厄伯恩財富管理公司（ERBON Wealth Management）來進行買賣。這兩間以諾伯瑞的姓名開頭字母與倒過來拼的姓氏來命名的公司，總部就位在倫敦市中心名聲顯赫的地點：哈雷街二十九號。

很難相信通海海運公司怎麼會相信這麼顯而易見的詐騙，但他們真的買帳了。第二天，通海公司將一億歐元全部匯入雷尼亞克的馬爾他銀行帳戶，再從那裡匯到拉恩控股的倫敦帳戶，諾伯瑞便開始大肆揮霍。他鋪張浪費的細節都在南華克刑事法院（Southwark Crown Court）舉行的審判中被公諸於世（二〇一六年全案定讞，他被判刑十四年，儘管雷尼亞克本人消失無蹤）。諾伯瑞之前都住在五星級的地標飯店（Landmark Hotel），他留下了一百英鎊的小費，使用宴會廳開商務會議之後，就丟下了女友（和他們的小嬰兒）處理帳單，逃之夭夭。

諾伯瑞是葡萄牙人，受審期間，他留著一頭挾雜銀絲的黑色長髮，身穿一套作工細緻的訂製條紋西裝，還不智地決定要為自己辯護。他滿腔熱切、囉唆又完全沒有說服力，讓所有人都深感挫折。法官不時得暫時休庭，讓諾伯瑞冷靜一下，而對方律師還會試著教他該說些什麼。這些都幫不上他的忙，但卻讓審判又再拖延了好幾個月。陪審團認定他有罪之後，法官便終生豁免他們再擔任陪審員的義務，而他們對法官報以熱烈鼓掌。

雖然案情十分離奇，但這兩宗詭異的案件在與跟羅納德·雷文故居有關的一連串犯罪中，只不過是一小部分。土地投資詐騙、增值稅詐騙和分時度假（timeshare）[19]的不當銷售，都可以追溯到哈雷街二十九號。挪威、義大利、羅馬尼亞、英國、烏克蘭和美國的新聞媒體也都詳細報導了與這棟房子有關的犯罪案件。其中一起奇特的犯罪，是由一群拙劣的騙子想要以拍電影為藉口來減免所得稅，結果他們被逮到時，卻又真的把電影拍出來，彷彿這樣可以抹去他們原本的不法行為。這部電影有個出人意料的名字：《謊言的風景》（*Landscape of Lies*），拍攝成本還十分低廉。電影中的中東景色一下就被看出來是在英國東部取景，女主角則是英國早安電視台（GMTV）的前天氣播報員安德莉亞・麥克連恩（Andrea McLean），後來還是脫口秀《大話女人》（*Loose Women*）的主持人。審判開始後，沒拿到錢、曾是夜店保鑣的導演保羅・奈特（Paul Knight）跑到哈雷街要求支付他的費用，但結果可想而知。

「看哪！」二〇一六年，他在電話上跟我說道，「你發現哈雷街那個時髦的地址不過就是一棟有幾個信箱的建築，這就像整件事的最後一根稻草。」奈特從未拿到他的錢，雖然這部電影在拉斯維加斯電影節（Les Vegas film festival）獲得了銀獎（Silver Ace）。不過，主辦方發現自己基本上是在讚揚一個精心策畫但沒得逞的不在場證明之後，就撤回了獎項。

19　編註：所謂的分時度假，是指讓不同的人共享某個度假資產的不同時段。這作法起源於並非每個人都有能力負擔個人的度假資產，又或者買得起度假資產者可能長時間閒置資產，因此分時度假的產生便是讓不同的人共同分擔，以達到各自需求。

這裡應該要強調一下，在哈雷街二十九號成立、註冊的公司，可能大部分都和詐欺無關。但這件事仍帶我們回到金權帝國核心的老問題，也就是將不乖的錢引來的那些元素——隱私性、安全性、推諉卸責性（deniability）[20]——也同樣會吸引邪惡的金錢。任何試圖先「弄假」直到「成真」的新創公司和罪犯，都是衝著同一個理由利用哈雷街二十九號；也就是這個地址能賦予他們的名望派頭，在其他地方都找不到，而且一個月還只要付五十英鎊就好。

不過，雖然這個名聲顯赫的地址確實能促進生意，卻也對組建服務公司造成了始料未及的問題（而對調查人員則是一個良機）——任何與登記在此的公司有關的詐欺審判，都保證登上新聞頭條。記者覺得把哈雷街和掏空侵占的罪案放在一起實在很有趣，而在報紙的犯罪新聞欄位裡，這些案件的下流細節已經被報導了超過十年。只要在網路上搜尋「哈雷街」和「詐騙」，就會跳出一長串清單，任何一件都能讓我寫進這個章節裡。以從事詐騙行為的公司數量來看，組建服務公司可能跟其他英國同行差不多，但那些公司和這個地址卻在新聞報導中留下一條長而明顯的足跡，細細列出了一再發生、經過精心策畫的不法行為。

在下一章，我會更加深入探討這些公司掩蓋個人身分的能耐。多虧相關法規的漏洞，他們此方面的能力極為強大。一間公司需要有股東和董事，常常也需要有祕書。在英國，這些人士的身分必須公開，讓其他人能將公司實體及其擁有者、掌控者串連在一起；如果經營公司的人有所變動，負責人應當要告知英國工商局。但英國工商局並不會查證，因此你完全有可能一路撒謊，隱藏自己的真實身分；而且，如果你想要在不違法的情況下隱藏，的確有些聰明的花招可使。

二〇〇四年，組建服務公司創立了三間公司：企業託管公司（Corporate Nominees）、法定託管公司（Legal Nominees）和專業託管公司（Professional Nominees）。第一間公司是其他兩間公司的老闆，但它自己則是由第二間公司所擁有；第二間公司是其餘兩間公司的董事，而它自己的董事則是第一間公司；第三間公司是另外兩間的祕書，而它自己的祕書則是第一間公司。除非你把這個關係畫在紙上看，否則很難去欣賞它奇特的對稱美。不過這是真正行家的把戲，令人嘆為觀止。這三間公司完全符合法規的所有要求，卻是徹頭徹尾在嘲弄法律的精神。它們是彼此的董事、祕書和股東，又分別是彼此的老闆。如果你沿著這一串環環相扣的所有權一路追蹤，最後就會形成處於中央的三方團體，而所有權關係則是形成優美的圓形架構，而你對他們最多也就是知道他們都擁有、掌控、管理彼此。

為了解決這種問題，英國議會在二〇〇八年通過一項法律，要求公司最少要有一名真人擔任董事，這樣公司在涉入詐騙犯罪時，至少還有人可以聯繫。作為反擊，公司設立代理商紛

20　編註：維基百科另有一個翻法為「似是而非的否認」，更能傳神地表達這個字的意思。用以指（通常是）高級官員推諉自己對某事不知情。

紛找來登記用人頭，支付他們一筆費用，讓他們成為數百間公司的董事。埃德溫娜．柯爾斯（Edwina Coales）連續為組建服務公司的客戶擔任董事，她曾不只一次成為登記在英國工商局的一千五百六十家公司的董事；儘管在我撰寫此書時，她出任董事的公司名單已經大大縮水，剩下一家。即便如此，這還是相當令人印象深刻。當我前往她位於倫敦市中心的辦公室時，接待員告訴我她已經過世五年了。

成立組建服務公司的，正是柯爾斯的女兒丹妮爾．艾登（Danielle Ardern）和丈夫納迪姆．可汗（Nadeem Khan）。他們用自己的名字登記為第一批公司的董事，而可汗有時會使用假名——山姆．索羅曼（Sam Soloman）——他還用這個假名來撰寫部落格。艾登提供的個人地址永遠是哈雷街二十九號，但當我前去拜訪時，她並不在那裡。

門打開時發出嗡嗡聲響，露出富麗堂皇、鋪設大理石地板的大廳，一路延伸到幽暗的彼端。左側有一道樓梯，或許就是當年羅納德．雷文的病人往上走到診療室的地方。一名年輕男子出現，詢問我的來意，然後帶我來到一間會議室，我可以從面街的凸窗看出去。最後，一名年輕女子終於出現，問我想要做什麼，但在我解釋我對這棟房子發生的事頗感興趣後，她便拒絕回答我的問題。「大部分人發表的內容都不太正面，所以我們很謹慎。」女子名叫夏洛特．帕瓦（Charlotte Pawar），不過至少她同意讓我在筆記本寫下她的電子郵件地址。後來我將我的問題寄給她，但她從未回覆，也不曾回電給我，直到我發表了一篇有關她業務的文章。「我們認為這篇文章很明顯對可汗先生懷有偏見（法院從未判決他有任何不法行為），也明顯對組建服務公司這類公司設立代理商——不只英國，而是全世界的代理商——心存成見。」她寫道。

沒錯，可汗並沒有被法院認定有不法行為，但那是因為他在諾伯瑞的案子進入審判之前就死了。根據該案件的檢察官所述，在詐騙行為上，可汗不只是成立公司那麼簡單而已，「他的所作所為……是個關鍵，讓諾伯瑞得以洗更多從通海海運公司偷走的錢。」訴訟律師（barrister）在開庭陳述中如此表示。根據起訴諾伯瑞的刑事案，被竊走的金額中，有十六萬英鎊以著購買四間公司的名義付給可汗，實際上卻是拿去為賽普勒斯銀行的預付卡提供資金，讓他在警方保釋期間還能夠繼續花用偷來的錢。如果此案內容屬實，可汗就是在幫他把錢保存於金權帝國，盡其所能不讓公家機關碰到。但是，可汗已經死了，所以也就沒有任何裁決。

沒有了可汗，那現在擁有組建服務公司的究竟是誰？回到二〇一六年我發表那篇文章的時候，那時組建服務公司是由託管董事公司（Nominee Director Ltd）擁有，而擁有這間公司的則是哈雷街上的法定託管公司，也就是匿名公司三人組的其中一家。專業託管公司和企業託管公司仍是祕書和董事，但他們的組織結構已經改變了。大約二〇一四年時，營業地址登記在香港的西格瑪科技企業（Sigma Tech Enterprises）購得了這三間公司各二十萬張股票。但是，在香港公司註冊處根本找不到這間公司，因此它可能是登記在賽普勒斯——根據公司網站上的聲明，如果有任何關於隱私政策的爭議，都會由印度洋群島的法律來裁定。但以上也只是臆測而已。

組建服務公司的企業魔法師留了最高明的一手，把整間公司都吸入了金權帝國的管線中，沒有人可以追過去。

6 空殼遊戲

問題是這樣的：某人手上握有某些資產，而他希望能好好享用；不過，他得到這些資產的方式令人感到難堪，這些資產也許是偷來的，或是沒有課稅，但這都無所謂，無論如何，如果持有者想要在光天化日之下享受資產帶來的好處，就會落入尷尬的處境，而這可不是他所樂見的。於是機會來了：如果你能想辦法讓這些資產不再令人尷尬、持有者能隨心所欲運用的話，他就願意付你錢。這就是金權帝國的核心產業，在「偷竊—藏匿—花用」這條路上，提供藏匿服務。

放眼整個世界，許多冰雪聰明的人都在收取費用，替客戶尋找創新的洗錢方法、搜索法律漏洞，讓他們的資產得以進入金權帝國的虛擬世界中。解決方案越是複雜，就越有價值，而某些方案的確相當有創意。二〇一六年，一家日本報紙的報導指出，中國的高官會取出妻子的卵子，成功受精之後，再拿去植入日本女性的子宮裡。日本法律的漏洞在於並未對代孕行為進行管制，也會在孩子的出生證明上將代理孕母登記為生母，如此一來，孩子就能拿到日本的公民身分。一位貪汙的官員因此而能將財富轉移給看似毫無關係的日本小孩，也沒人會發現那其實就是他的兒女。這個方案的運作方式與叛逃十分相似，只不過沒有任何風險——你不需要在深夜從國境潛逃，也不需要申請庇護。這個叛逃的「人」還只是個受精卵而已。

根據揭露這個故事的《每日新聞》（*Mainichi Shimbun*）記者所參閱的檔案所示，一名代孕中介人至今已安排過八十六名中國小孩在日本誕生。他們的父母有些是國營公司的董事，有些則是在重點大學有相關人脈，有些甚至是中國共產黨的資深要人。「共產黨高官的富有親戚之所以想要讓孩子擁有日本身分，是因為它能提供匿名性。就算中國的調查機構煞費苦心追查資產的流向，也只會找到一堆毫無關聯的帳戶，以及一群表面上是日本公民的人。」報導如此寫道。

記者採訪了一名三十多歲的女性，她在丈夫的舅舅——一位共產黨高官——的指示下，接受了代孕的程序。他們在香港進行採訪，條件是不能讓她的身分曝光。「如果家裡有人是日本公民，當中國崩潰時，我們就比較容易逃走，」這名女性說道，臉上帶著「諷刺的微笑」，並補充：「共產黨裡階級越高的人，就越不可能為國家犧牲自己。」

當然，這種洗白資產的方式，對中國官員來說確實有不利的地方。整個程序不僅要價一千五百萬日圓（大約十三萬美元），更嚴重的或許是幾乎無法和孩子有所連繫。另一名受訪的中國家長在二〇一四年八月透過代理孕母產下一子，住在關東地區的托育中心，而父母一個月只能見到孩子兩次。這對親子關係可能會有負面影響，但顯然對家族的財富管理策略來說好處多多。記者看了那名嬰兒的銀行對帳單，發現裡面有二十億日圓，全部都是乾淨的錢。

中介人對這項服務的成功顯然很驚訝。一開始他只是要服務無法生育的夫婦，但只要貪汙的官員和其親友有需求，他便很樂意繼續提供服務。「要怎麼使用代孕，是由客戶來決定。我們可不是在經營協助叛逃的生意。」中介人如此表示。

當然了，這種反烏托邦式的洗白工具不是每個人都可以使用，也還有許多低技術含量的方法可以使用。奈及利亞調查人員談及了某些大型弊案——將貪汙收來的鈔票，先藏匿在安全的地方好幾個月，再把錢放在手提行李中，訂一張前往希斯洛機場的機票，接著鎖進倫敦某間銀行的金庫裡，最後再交給不會問太多問題的房地產經紀人——調查起來是多麼困難。如果是以現金完成整起交易，就沒有可供追查的電子紀錄，能把在倫敦購置的房子與犯罪行為的發生地連結在一起。但這種方法也是有其不利之處。

第一，手上握有大把現金，本身就是件容易引起懷疑的事——奈及利亞的州長蒂普耶．阿拉米耶塞亞（Diepreye Alamieyeseigha）在二〇〇五年於希斯洛機場被逮捕時，才發現到這個事實。警察突擊搜查了他在倫敦的住所，從屋內沒收了價值一百五十萬美元的各國貨幣，再歸還給奈及利亞。第二，鈔票是很脆弱的：如果你的房子失火，錢就沒了；如果航空公司將你的行李送到巴塞隆納，錢就沒了；如果你的信差起了貪心，錢也沒了；但如果你能找到保險公司願意賠償裝滿一百美元鈔票的遺失行李，那就算你走運。

而這就是企業工具（公司、基金會、信託、合資公司）發揮作用的地方。只要擁有一間公司，讓這間公司擁有你的資產，就能把你和難堪的處境分隔開來。這就如同用塑膠袋包著手去撿狗屎一樣，能讓你的雙手保持乾淨。每個針對大型弊案或避稅案例的研究，都顯示出空殼公司在洗白資產的過程中扮演了多麼關鍵的角色，而這可不是什麼新鮮事。早在一九三七年，美國財政部長小亨利．摩根索（Henry Morgenthau）就對羅斯福總統抱怨過當時的避稅天堂紐芬蘭（Newfoundland）——現在是加拿大的一部分——讓美國人可以藏身在島上的企業組織背後。「股東無所不用其極，就為了不讓別人拿到跟公司有關的資訊。」他這麼抱怨道。不過，就如同組建服務公司和哈雷街二十九號的例子所示，快速又廉價的現代通訊技術讓創立這些公司變得極其容易，但對試圖調查它們的執法機關來說，卻是帶來了毀滅性的後果。

*

在邁阿密，國土安全調查處（Homeland Security Investigations）的副特別探員約翰．托邦（John Tobon）針對這個主題毫無保留地闡述著。他個頭高大，頭髮梳向一側。我在二〇一七年上句與他見面時，他手上戴了一只鑲著綠松石的金色手指虎戒指，上面有著正義女神的天秤圖樣，身上則是穿了一件有著淡紫色細直紋的藍色襯衫。邁阿密吸引了來自世界各地的贓款，而他就坐在最前線，打擊來自中國的黑金、毒梟販毒的數十億所得，或是美國人透過避稅天堂而持有的財富——巴哈馬、開曼群島、英屬維京群島、聖克里斯多福及尼維斯——而這些天堂就位在藍色地平線的另一端。

他的工作因為網路的存在而變得更加困難。約莫十、二十年前，如果一個騙徒想要在太平洋上建立一家空殼公司，就得親自跑去太平洋處理才行；而現在他們只需要在客廳上個網，就可以完成了。「透過網路，任何一個司法管轄區，即便是紀錄保存良好的司法管轄區……都還是很脆弱。真正的挑戰在於層層掩飾的移轉（layering，或譯分層化）[21]和嵌套（nesting）[22]。」他說，「一間公司可以成立在非常透明的司法管轄區，再窩藏在更隱密的司法管轄區，然後依此類推下去。這對我們來說才是真正的挑戰。」

在不同的司法管轄區之間創造這種公司架構的巢狀長鏈，就能有效隱藏資產的來源和擁有

21 編註：意指將犯罪所得轉化為其他形式，以建立層層掩飾，比如將金錢轉換為支票、債券、股票、貴金屬、物業等。在此處應指於不同地點建立不同公司來層層遮掩。

22 編註：意指銀行利用與其他銀行間直接委託的關係，透過該銀行的通匯關係進行交易或其他金融服務。

者的身分。你在狗屎外面套上越多層塑膠袋，旁邊的人就越難發現裡面裝的是什麼。而如果最外層的袋子寫著蒂芬妮（Tiffany & Co.）的商標，也許永遠都不會有人發現裡面其實裝滿了狗屎。

托邦說，他得透過司法互助協定（Mutual Legal Assistance Treaties）向塞席爾這類地方送出請求，並仰賴美國外交官確保這些請求都有被好好遵循，然後花上好幾個月等待回覆，而這一切都只為了調查位於佛羅里達州的房地產。但不是只有大型詐騙案不斷增加，小型犯罪同樣也是。「這比較像零售市場，而不是高階市場。二十年前，如果你要創造這樣的公司架構，就像是得去哈洛德百貨（Harrods）購買高級品；但現在，你只要去街口的便利商店就可以買到了。我們可以看到就連缺乏經驗的組織，使用的手法都越來越巧妙。」

如果有可能徹底破壞空殼公司，會造成什麼差別？如果他能輕易找出房地產擁有者是誰，他的工作會變成什麼樣子？

「或許能讓我調查所花的時間少一半吧，這可是很大的差別，我們能集中心力將碎片拼起來，而不是試圖找出那些碎片。」他說，「大部分的時間我們都得花在尋找碎片上。等到我們準備好要將拼圖拼起時，就會有各種各樣的事情發生，比如等到我們拿到資訊時，訴訟時效早就過了，你也沒戲唱了……就此面向而言，如果能消滅空殼公司，那就太棒了。」

多虧有托邦這類調查人員和他的團隊，我們有越來越多的資料展示公司到底是如何被濫用的。世界銀行的遭竊資產追討倡議（Stolen Asset Recovery initiative）、美國參議院的常設調查小組委員會（Permanent Subcommittee on Investigations）、英國的金融行為監理總署（Financial Conduct Authority），以及由美國的海外反貪腐法（Foreign Corrupt Practices Act）及英國反賄賂法（Bribery Act）送上法庭的案件，還有澤西島、瑞士、法國和其他國家已進入訴訟程序的案子，這些都包含了過去幾十年來複雜詐騙案的重要細節。這些原始資料的出處予人一種強烈的印象，會覺得這是英美兩國造成的問題，但也反映出這兩國至少願意針對弊案和詐騙案提出訴訟（或至少願意討論）；儘管這同時代表了他們對黑錢的開放程度。有許多寶貴的資料則是來自非政府組織，例如國際透明組織、租稅正義聯盟、貪腐監控組織（Corruption Watch）、夏巴（Sherpa）與全球證人組織（Global Witness），他們做得比大部分國家都還要多，揭露有錢人是怎麼為了私利而濫用全世界的金融組織。

二〇一六年一月，全球證人組織發表了一項精心策畫的臥底行動成果。他們偽裝成非洲政治人物的顧問，並和紐約十三家法律事務所接觸，詢問想將明顯可疑的資金帶進美國的方法。只有一位律師直接回絕他們的要求，而其他律師全都建議利用匿名公司或信託來掩蓋資產的來源。其中一名律師是詹姆斯．希克納（James Silkenat），當時是美國律師協會（American Bar Association）的主席，而他的建議正是國土安全調查處的托邦所擔憂的那一種。「甲公司是由乙公司擁有，乙公司則是由丙及丁公司共同擁有，而你這方將會擁有丙公司和丁公司大部分的股分。」希克納對臥底調查人員如此說道。他的同事休．費尼根（Hugh Finnegan）則補充：「許多外國所有人不想讓任何人知道他們是誰，就會成立有限責任公司，通常還會在上游設立一到兩間公司，讓他們的真實身分更難以追查。」

當然了，這兩位律師都沒有違法，和臥底調查人員討論那位虛構非洲首長的其他律師也是，並且也沒有一個人真的實行自己提出的建議。不過，全球證人組織在報告結論中表達了擔憂：「潛在客戶能輕易得知將可疑資金搬運至美國的方法。法律制度有必要進行改革，增加搬運可疑資金的困難度。」

尚比亞（Zambia）前總統弗德烈克．齊魯巴（Frederick Chiluba）在倫敦受到起訴，法官在判決中提到，若沒有透過這類熟知如何操作西方法律制度的律師協助，齊魯巴犯下的罪行一開始就不可能發生。「這是典型的視而不見與不誠實，」法官彼得．史密斯（Peter Smith）總結道，「律師並沒有提出疑問，因為他對實情心知肚明——他知道這是個詐騙陰謀，還自願參與其中。另一個可能性則是他不想知道答案，才沒有提出質疑。在我看來，不用找出兩者何為實情。不過我很確信，只要是正直的律師，就不會和他一樣做出這種事。」

英國律師管理局（Solicitor's Regulation Authority）後來除名了這位律師，但事情並非只有律師心術不正、視而不見這麼簡單。成立公司之所以那麼容易，不是靠居心不良的倫敦事務律師或不誠實的紐約律師，而是因為政府的作為。企業工具最關鍵的特性，就是擁有者在法律上和公司本身是分開的，因此擁有者對其債務的責任也是有限的。也就是說，如果你透過公司來運作，那整個社會就需要對你的債務負責；如果你生意失敗，便只有有限責任公司的資產會遭遇風險，但公司擁有者的資產卻不會。

這是一件極為有力的工具，但它的力量卻不能被公開讚揚。想像一下：如果註冊一個「人」就和註冊一間公司一樣簡單——你只要上網填寫表格，支付十三英鎊，在最多幾天內就能拿到身分證明——那詐騙行為就可能源源不絕、毫無限制地增加了。你的這個「人」可以申請補助、從事商業協議、開設銀行帳戶；當陷入困境時，你就可以把這些東西一口氣抹消，把爛攤子留在身後，拍拍屁股一走了之。

英格蘭和荷蘭在十七世紀創造了第一批現代公司，但就算是這兩個在歐洲屬於異數的國家，也只有議會可以給予成立公司的許可，因此公司的數量一直不多。「公司並沒有可供懲罰的身體，也沒有可供降罪的靈魂，因此它們可以為所欲為。」十九世紀末的大法官愛德華．瑟洛（Edward Thurlow）如是說道。這句引言在別的地方有更口語的版本：「如果公司沒有可以懲罰的靈魂、沒有可以踢打的身體，你還會期待它擁有良心嗎？」

歐洲瀰漫著對公司的強烈不信任感，因此真正的革新就只能發生在美國了。一八一一年，紐約立法允許創立有限責任公司，接著這個構想便擴散開來——一開始還很緩慢，但從一八五〇年代開始，傳播的速度就越來越快。一八五五年，英國也通過了同樣的法律，而成果十分驚人。一八六〇年，在倫敦交易的抵押品有一半都是政府債券。到了一九一四年，公司發行的股票占了超過市場的九十五％。根據《經濟學人》（*Economist*）所說，有限責任是「工業資本主義的關鍵」，公司是個好東西，沒有它們，就不可能有現代的繁榮景象。

世界銀行每年都會發表影響力舉足輕重的《經商環境報告》（*Doing Business*），依照十種商業活動，將一百九十個國家排名後打上總分。二〇一七年，最不適合經商的國家是索馬利亞，排在它前面的則是委內瑞拉、利比亞和厄利垂亞（Eritrea）。對想要吸引外國投資的國家來說，在這份評比中拿到好名次至關重要，而許多政府會刻意制定有利的政策，讓自己的名次上升。這十種商業活動的其中一種是「開辦企業」。成立公司越是容易，分數就越漂亮。「在許多國家，官僚制度造成的障礙以及缺乏效率的工商登記部門，會使有好點子的人不願成為企業家。」二〇一五年的報告解釋道。

根據最新一份《經商環境報告》，紐西蘭是世界上經商最便利、也最容易成立公司的地方。以下案例就是這種便利性造成的後果：二〇〇九年下旬，曼谷機場的士兵突擊搜查一架據稱載運了石油探勘設備的伊爾七六運輸機（Ilyushin IL-76），結果機上根本沒有什麼探勘設備，而是三十公噸來自北韓的武器，包括炸藥、火箭筒和導彈，準備運往伊朗，違反了聯合國的武器禁運令。這架運輸機由一間叫做SP貿易（SP Trading）的紐西蘭公司承租，但當調查人員試圖查出幕後黑手時，只找到一位生於中國、在奧克蘭（Auckland）的漢堡王工作的二十八歲女子張露（Lu Zhang）。

她在法庭上供稱，只要她同意擔任董事，就能以一間公司二十紐元的費用獲取報酬。當她看到查獲武器的報導時，才發現自己可能鑄下大錯。直到現在，這樁武器走私交易背後的真正罪犯究竟是誰還是無人知曉，而這一切都多虧了在紐西蘭取得匿名公司的便利性。SP貿易公司不過是整個掩護公司（front company）[23]網絡的冰山一角，這些公司掩蓋了洗錢、毒品走私、採購詐騙、哄抬股價，也包括二〇〇八年爆發的馬格尼茨基事件——從俄羅斯國庫竊走的兩億三千萬美元，部分贓款流經由尼維斯控制的銀行帳戶。就此角度而言，很難想像世界銀行的《經商環境報告》怎麼會不明白，將設立公司的門檻降到最低並非總是百利而無一害，畢竟猖獗的詐騙行為只會讓經商環境更為不利。

*

《經商環境報告》將美國評定為遠比紐西蘭更難成立公司的地方。事實上，名列第五十一名的美國甚至落後埃及和哈薩克（Kazakhstan）——這兩國都不是以開放活絡的經濟聞名。但是這個排名其實會誤導人，因為美國各州都有不同的體制，而有些可是相當狡猾。

23 編註：這類公司通常用以隱藏實際公司／母公司的身分，以規避法律責任。

凱倫．格林威（Karen Greenaway）是聯邦調查局國際反貪腐小組（International Corruption Unit）的特別探員。我們在華盛頓特區的調查局辦公室聊了一個小時，期間她不時調整繫在臀部上的佩槍。她對我說明，當外國執法單位請她取得某間德拉威州公司的擁有者身分時，她有多麼尷尬。在德拉威州，只要花一個小時就可以創立一間公司。如果買下公司的人位在美國以外的地方，她根本不可能取得任何資訊。「你如果認為我可以到一間德拉威空殼公司，替你拿到銀行紀錄和合約，那你就錯了。那些東西根本就不可能存在，因為這並非空殼公司設立的目的。」她說，「我只能回去告訴他們，銀行帳戶不在美國。你想知道那間公司的資訊嗎？讓我幫你拍一張德拉威州某間店面的照片吧。」

許多公司設立代理商——就是坐在德拉威州店面裡的那些人——非常提防和記者說話。但有一個人不是，此人叫做羅伯特．哈里斯（Robert Harris）。他住在內華達州（Nevada）的小鎮芬利（Fernley），離八十號州際公路上的雷諾市（Reno）有四十分鐘的車程。卡車和休旅車在這條平凡無奇的公路上來回穿梭，路邊不時點綴著律師、素食和上帝的廣告。他住的小房子位於公路旁的新建住宅區，由一道牆遮蔽起來。為了向附近的高爾夫球場致意，這裡的街道都是以高爾夫球用語來命名——狗腿路（Dog Leg Drive）、挖起巷（Wedge Lane）和草痕路（Divot Drive）。

我前去拜訪時，才知道他其實是個友善、風趣、個性奇特的七十歲老人。他在過去十六年間成立了三千家公司，靠收取各種行政費用來過活。他年輕時就來到雷諾市，想要在鎮上的賭場大賺一筆。「但我對賭博不是很在行。不，應該說一點天分都沒有。」他微笑地聳聳肩。結果在接下來三十年裡，他都做服務生的工作，替其他想在雷諾賭場大賺一筆的人送上食物和飲料。「但後來我的年紀太大，找不到工作。他們只想要年輕女孩，漂亮的女孩，因此我跑去求助一位律師朋友，在那裡學到如何成立公司的生意。」

他以兩百四十九美元的價格賣你一間公司，如果再多付一百五十美元，就可以獲得一位「內華達州託管員」，確保你的名字不會出現在任何文件裡。他最昂貴的商品是「豪華私人公司套裝」，只要花九百四十九美元，就能擁有附帶銀行帳戶的匿名公司。那麼，他會檢查客戶有無濫用他售出的工具嗎？

「我不會調查別人。這不是必要規定。我負擔不起在成立公司前做身家調查的金額，況且那也沒什麼利潤可言，無論如何我都不能那麼做。所以你也只能相信對方說的話了。」他告訴我，「這比較像是去雜貨店買東西。他們不會問你的名字或銀行裡有多少存款等等，你只是去買點日常用品。成立公司也是一樣的道理，你付錢就可以擁有，就這麼簡單。」

我們的對話被一通電話打斷。來電者是一名叫做娜塔莉（Nathalie）的女性，顯然正在用擴音器說話。她想知道是否能藉由成立公司來增加自己的信用評分。哈里斯認為她可以，但並沒有真的大力推銷，也許是因為我在場的緣故。「我通常都是不帶壓力的推銷，不會使用強硬的銷售方法。」他在她掛斷電話後說道。「如果他們想買，那很好；如果他們不想也沒關係。我並不想靠這門生意變成百萬富翁，也不想欺騙任何人。我一直維持低廉的價格，做生意也很直接。我對別人很好也很友善，這是基督徒精神，我都是這樣做生意的。」

哈里斯自行出版了幾本關於基督教教義的書籍，主題著重在「被提」（Rapture）的本質和其與「大災難」（Tribulation）的關聯。比起內華達州的公司法規，他更有興趣談論這些話題。哈里斯替他的牧師架設網站時，才學會怎麼使用網路，因此得以在網路上提供成立公司的服務。在他的網站 www.nevadaincorporate.com 上，他的著作《準備好！上帝來了》（*Get Ready! HERE I COME*）被放在內華達公司的商品選項旁邊，一起出售。

我問他，他會擔心有人們利用他販售的公司進行詐騙、違背他的基督徒使命嗎？

「不會擔心，我和這種事沒有關係。」他說，「我只是把成立公司的文件交給他們，就這樣。如果我預先知道對方是犯罪組織，那就不一樣了。但人們不會跑來跟我說：『喂！我是犯罪組織或黑手黨的人喔！』他們不會承認這種事。」

二〇一四年，一本精心規畫的學術刊物以《全球空殼遊戲》（*Global Shell Games*）為名出版，其內容指出，就是因為有哈里斯這樣的人，美國的公司設立代理商被證明是全世界最不嚴謹的代理商，會提供公司給任何有需要的人。這份研究的作者寄了數千封謹慎寫成的電子郵件給一百八十一個司法管轄區內的代理商，信中使用的字眼只有些許差異，暗示他們可能會將這間公司當作詐騙或恐怖行動的工具。他們將收到的回覆互相比對，看看哪個司法管轄區的代理商會要求索取他們的身分證明。美國各州之間呈現了巨大的差異。德拉威州的達標率是最低的，甚至比世界上其他地方都來得糟糕，再來則是蒙大拿州、阿拉巴馬州、內華達州與懷俄明州。一名代理商的回信如下：「我們有許多外國客戶也對保密性十分關心，我很高興能告訴您，您找到對的服務供應商了！」

聯邦政府課責審計署（Government Accountability Office）在二〇〇六年的報告中，詳述了這種作法的不利之處。這份報告指出，美國空殼公司協助了牽涉數十億美元的犯罪行為，且已被證實無法調查。「一間設立於內華達州的公司在約莫兩年間共收到了三千七百七十四筆可疑匯款，總金額為八千一百萬美元。」報告中寫道，「但本案並未受到起訴，因為美國移民及海關執法局（ICE）無法查出公司受益所有人的身分。」二〇〇六年，一家登記在美國的公司於幕後主導某個「有毒管制物質」在兩個歐洲國家之間的走私交易。另一案則是俄羅斯官員在賓夕法尼亞州（Pennsylvania）及德拉威州成立公司，並透過公司竊取原本用做升級核能基礎設施的一千五百萬美元。其他案例則牽涉到藉由設立在佛州的公司來避稅、違反制裁令與其他不法行為。

這是另外一個顯示金流可以在邊境間（在此處則是州境）自由來去、法律卻無法追著跑的案例。在美國各州成立公司是如此容易，申請過程完全不需要你出示身分，因此根本沒必要跑去門檻較高的地方創立公司。對門檻較為寬鬆的州來說，也沒有任何動機需要洗心革面。就像澤西島和尼維斯一樣，這些州都迷上了金權帝國帶來的收入。「一名德拉威州官員表示，該州有二十二％的收入來自協助成立公司的生意。內華達州和奧勒岡州官員也表明，這些事業帶來了收入。」美國政府責任署的報告寫道。金權帝國的棘輪效果[24]再次浮現。

此種現象帶來的結果，對國家安全產生了明確的威脅。二〇一七年，聯邦政府課責審計署斷定，由美國總務署（General Services Administration）承租、作為高度機密用途的建築中，美國政府根本不知道其中的三分之一到底是由誰所持有。課責審計署的報告引用聯邦探員提出的警告，指出這會讓那些機構暴露在「諸如間諜活動、未經授權的網路存取與物理入侵」的風險之中。

對執法單位來說，要看穿空殼公司的把戲或沒收透過企業工具持有的資產，並非不可能的事，但卻要付出大把的金錢、勞力與時間，就算試圖抄捷徑也一樣。從二〇〇四年到二〇〇七年間，儘管公司所有權受到層層疊疊的境外公司所保護，俄羅斯調查人員還是成功控制了獲利頗豐的石油巨頭尤科斯石油公司（Yukos）。在西方國家，如此複雜的組織架構，多半會阻礙檢察官或調查人員查明持有者是誰，但俄羅斯官員可沒那麼擔心——他們就像駕駛推土機衝進迷宮一樣，一路推倒法律上的障礙。這麼做確實讓俄羅斯將尤科斯石油成功收為國有，卻讓整個國家陷入與國際法庭及仲裁機構長達數年的訴訟之中。二〇一四年，設立在直布羅陀

（Gibraltar）的GML公司贏得了五百億美元的賠償，因為他們的資產被不法占用。俄羅斯後來藉由上訴推翻了這項判決（另一個法院裁定前一個法院並沒有裁判權），但GML公司又對第二次判決提出上訴，這個案子就這麼拖延下去——證明了層層套疊的空殼公司挫敗政府意志的本領（無論是出於善意或惡意）。

出於顯而易見的理由，西方執法機關無法炮製俄羅斯的作法，因為它們的行動都處於監管之下，也不能控制管理它們的法院。這種情況有時會令調查人員感到挫敗——畢竟他們是在傾力調查那些從某個司法管轄區偷走他們資產的人，以及濫用本該保護無辜人民法律的人。

調查局的凱倫．格林威說，外國官員通常只比銀行搶劫犯好一點點。不過至少銀行搶劫犯在接受調查時，贓款都會遭到凍結，但竊盜統治者卻能拿偷來的財富支付律師的費用，讓他們保護那些財產。「他們帶著一票律師走進門，為財產權提出辯護，讓我們調查人員和遭到偷竊的國家都處於不公平的劣勢。」她說，「『正當法律程序』（due process）不應該讓你能用偷來的錢買到最好的律師。這件事本身就是不對的。如果他真的想要有人來替他的財產權辯護，我們會給他一名律師。他喜不喜歡我們提供的律師，一點都不重要。」

這其中最驚人的部分，是保護被竊資產、不讓調查人員接近的那些公司完全都是虛構的，

24　編註：指人的消費支出會逐漸上升，一旦向上調整之後，就很難向下調整。也就是由奢入儉難之意。

是律師憑空想像出來的產物。你可以花一個下午的時間用一串剪紙圍住整個世界，而調查人員就得充滿耐性地花上數年來偵查，拆解這些紙，再花上數年的時間起訴。

不過，如果你想洗白資產、盡情享用，光靠空殼公司是不夠的。企業工具的有用之處在於能把東西包覆起來，不讓它捲入法律案件，不被調查和監管，或只是不讓它被公諸於世；但企業工具是靜態的，它無法讓你恣意搬運資產，好讓你享樂。為了要達成這個目的，你需要的是一個銀行帳戶。只要你將一個銀行帳戶連接到你的空殼公司，你享受這些洗白資產的機會就會向四面八方無限延伸，接下來你就能上街購物了。

*

古爾娜拉·卡立莫娃（Gulnara Karimova）是個購物狂。她父親是烏茲別克（Uzbekistan）的總統、後蘇聯時代的獨裁者，強迫童工摘採棉花賣給政府，而政府會再次出售這些棉花來營利。她多年來擁有許多不同身分：駐西班牙大使、駐聯合國代表、哈佛大學學生、服裝設計師和慈善家。她曾以古古莎（Googoosha）為藝名推出音樂作品，唱著一口經過音準校正的英文或俄文，搭配平庸無奇的流行歌節奏，包括一首與曾紅極一時的法國演員傑哈·德巴狄厄（Gerard Depardieu）合唱的歌曲——他常讓後蘇聯國家的有錢人來沾沾他所剩無幾的明星光環。來自烏茲別克國內的報告指出，她會藉由竊取吸引她注意的成功生意來賺錢。「大部分人民都認為卡立莫娃是個貪婪、渴望權力的人，」美國大使喬恩・普內爾（Jon Purnell）在一封二〇〇五年的電報中寫道，後來這封電報被維基解密（WikiLeaks）公開，「她是整個國家最受痛恨的人（評註：我們沒有實際的民調數據，但我們都支持這個說法）。」

烏茲別克並不是一個可以讓記者和調查人員自由工作的國家（就算可以，也維持不了太長時間），因此許多針對卡立莫娃的指控都沒有被證實。直到一連串外國電信公司遭到起訴，她藉由政府人脈中飽私囊的情事才被揭露出來。卡立莫娃利用直布羅陀的塔基蘭公司（Takilant）的銀行帳戶搬運了超過一億一千四百萬美元，而這些錢是來自溫佩爾電信公司（Vimpelcom）的賄賂。從二〇〇六年到二〇一二年，該公司由俄羅斯人持有、成立在百慕達（Bermuda），總部則位於荷蘭。塔基蘭公司的銀行帳戶分別來自拉脫維亞、香港、荷蘭和紐約的銀行，而賄賂金則是偽裝成顧問費，由位於英屬維京群島的公司匯出。這些賄賂的金額龐大，甚至讓溫佩爾公司出現營運困難，導致許多司法管轄區的帳目餘額對不上。美國檢察官因此展開調查，結果寫成了長達三十八頁、罪狀鉅細靡遺的起訴書。另一起調查行動揭發了第二位電信巨頭特莉亞公司（Teliasonera）的賄賂行為，該公司向卡立莫娃行賄，藉此進入烏茲別克市場。卡立莫娃收受的賄賂總額可能超過十億美元。

沒人確實知道她究竟把錢花在哪裡，但她在二〇一二年開設了自有品牌古立（Guli）的新化妝品生產線，因此這可能是某部分錢的去向。不過，這些案子確實揭發了一件事：直布羅陀的空殼公司只要和世界各地的銀行帳戶結合，就能成為斂財的好武器。在她父親生病後（他死於二〇一六年），她被捲入接踵而來的權力鬥爭，結果卡立莫娃現在被軟禁在烏茲別克的家中。針對卡立莫娃的刑事偵查已經擴展到了瑞士，檢察官已凍結了八億瑞士法郎，正對一間被指控替她洗錢的私人銀行展開調查。隆奧銀行（Lombard Odier）成立於一七九六年，而他們自行舉報了這筆可疑的款項——但是是在卡立莫娃的貪腐調查行動於二〇一二年開始時才這麼做。

不過，這類情事不只發生在避稅天堂或提供保密服務的司法管轄區。一九九二年，花旗銀行的私人銀行部門替墨西哥總統的哥哥勞爾．薩利納斯（Raul Salinas）開戶，全數免除了財務背景調查、就業紀錄和資產調查。美國參議院的調查人員在一次剖析入微的偵查行動中，發現花旗銀行替薩利納斯在開曼群島及其他地方成立空殼公司、擁有倫敦與瑞士的銀行帳戶。花旗的一名員工解釋：「這位客戶『極為介意』自己的名字被如何使用，也不願讓姓名在銀行內部公開。」因此，花旗內部將薩利納斯稱為「機密客戶二號」（Confidential Client Number 2）或「CC-2」。到了一九九四年中，這些帳戶裡的金額超過六千七百萬美元，讓花旗銀行在四年內賺取了超過兩百萬美元的手續費。艾咪．艾略特（Amy Elliott）是負責薩利納斯的銀行行員，她在一封寄給同事的電子郵件中解釋道：「這個帳戶將會為我們帶來巨大的獲利。謝謝你們讓我很有面子。」

接著事情出了岔子。一九九五年二月二十八日，墨西哥警察以謀殺嫌疑逮捕了薩利納斯，讓倫敦、瑞士和紐約的銀行行員匆忙互通電話，雖然他們擔憂的不是你我想像的那樣。「私人銀行最初的反應不是協助執法單位，而是決定是否要將薩利納斯的帳戶移至瑞士，讓執法單位更難找到他的資產和銀行紀錄。」美國參議院根據電話的自動錄音內容如此斷定。銀行行員也手忙腳亂地填寫本該在多年前就寫好的客戶檔案，讓他的資產有可追溯日期的來源細節。

同年十一月，薩利納斯的妻子在瑞士被逮捕，放在不同銀行裡的一億三千兩百萬美元則遭到凍結。瑞士法院後來將錢還給了墨西哥，而後墨西哥法院將薩利納斯以謀殺罪定罪，成為墨西哥最大的政治醜聞案件。不過，很多人都懷疑調查人員為了把薩利納斯送入監獄而不擇手段，儘管這個懷疑從未被證實。薩利納斯的謀殺罪在二〇〇五年的再審中獲得無罪釋放。瑞士檢察官雖然耗費了數年精力來調查，但從未成功地以洗錢罪起訴他。二〇一四年，墨西哥法院駁回了對薩利納斯的貪腐指控。花旗銀行從未盡調查的義務，即便銀行內部的作業標準明明有此要求。為什麼美國最重要的銀行未曾質疑墨西哥總統的哥哥會收到這麼龐大的金錢？借管理他帳戶的行員艾略特的話來比喻，那是因為這根本沒什麼大不了的。

「在我經手的帳戶中，勞爾・薩利納斯並不是最大、最能獲利或最重要的帳戶。」她在寫給參議院調查人員的聲明中表示，「事實上，那屬於最小、活動最少的帳戶。以我們個人的角度來看，那些金額看似很大，但和私人銀行的客戶——墨西哥的有錢生意人——相比，根本稀鬆平常。」

也許是這樣沒錯，但一項在二〇一一年由英國金融服務管理局（Financial Services Authority）針對私人銀行進行的研究點出了更為令人不安、也很有金權帝國作風的原因，解釋銀行行員為什麼沒有針對客戶的資金來源進行審查。在金融服務管理局發表全部報告的十年前，一項類似的調查揭露了英國銀行嚴重的瑕疵行為，持續接受奈及利亞軍事獨裁者薩尼·阿巴查（Sani Abacha）的錢。在面對高階外國人時（產業術語叫做高知名度政治人物〔Politically Exposed Persons〕），這些銀行還是會犯下同樣的錯誤：整整四分之三的銀行沒有妥善調查帳戶裡的錢來源是否合法；其中一半的銀行也沒有確認客戶的不利資訊；其中三分之一的銀行忽視針對客戶的嚴重指控，也沒有進行適當的調查。

「有些銀行不願拒絕或終止非常有利可圖的商業關係，就算有經手犯罪收益的風險也一樣，」金融服務管理局總結道。以白話文來說，如果客戶夠有錢，銀行就會為他違反規定。報告中引用了一個匿名案例：一間大型銀行替來自極為腐敗的石油國家的一名富有客戶開設帳戶。雖然那名客戶與該國的政治菁英關係密切，銀行卻沒有把他標示為高知名度政治人物，也就是說，銀行沒有對這類人執行規定要求的審查。金融服務管理局質問洗錢防治專責主管（Money Laundering Reporting Officer）為何怠忽職守，而這位銀行雇員表示，他的團隊沒有找到任何客戶有罪的資訊。「就算只是用Google搜尋，第一條檢索結果就有這位客戶與嚴重的貪腐指控有關的報導。」報告的陳述雖簡潔，但不帶感情的文字還是洩漏了作者的不可置信。

另一間銀行的洗錢防制小組批准了一個重要政治家族的申請，無視他們正遭到國際制裁，以及侵占政府數百萬美元的指控。「以我來看，有足夠的生意量能夠合理化這個風險，因此我很高興地建議我們繼續進行下去。」這名行員寫道。

這一切又再次顯示出，只要你口袋夠深，規則都是可以協商的。如果你能付得起八千美元在開曼群島開戶的手續費，就不需要擔心向美國繳稅的問題；如果你是有錢外國官員的家人，倫敦和紐約的私人銀行就會放寬規定，確保是由他們經手你的錢，而不是其他的競爭銀行。他們這麼做已經行之有年了。如果大家都遵循法律，那對於不遵守法律的銀行來說，就有賺錢的機會，而這可是促使大家做事不要太嚴謹的強烈動機。金權帝國的棘輪效應向來都讓施加在有錢人身上的規範更為寬鬆，而絕頂聰明的銀行行員、會計師和律師會持續搜尋管道，讓客戶的錢得以流通。

X財富顧問公司（Wealth-X）記錄了超級富豪的動向，就像研究非洲大草原上的牛羚一樣。根據他們的統計，在二〇一六年，世界上共有二十二萬六千四百五十人擁有超過三千萬美元的資產（他們被稱為超高淨值資產人士〔ultra-high-net worth people〕），比前一年還多了百分之三點五。在十二個月中，這些人士的財富合計共增加了一・五%，也就是二十七兆美元，大約是中國和美國相加起來的經濟產出。而他們的資產看來也會在未來持續增加：「富豪族群的資產將會穩定成長，」X財富顧問公司在二〇一七年的《全球富豪報告》中如此宣稱，「根據預測，全球富豪人口將在二〇二一年成長至二十九萬九千人，比二零一六年增加了七萬兩千五百五十人。超高淨值資產人士的財富預計將增加至三十五點七兆美元，意味著在未來五年，會有八點七兆美元的財富被創造出來。」如果這個預測成真，超高淨值資產人士的財富就會在五年內再加上相當於日本和德國的國內生產總值（GDP）。

X財富顧問公司將他們的洞察賣給全球負責管理這些財富的律師、銀行家和專業人士。只要富豪的財產越多，這些人就能賺到更多錢。他們不只需要洗白資產，現在還得要管理、保護，並讓這些資產增值，讓這些錢在世上任何地方都可以取用。從第一批經過精心設計的歐洲債券開始，這世界走過了一條漫漫長路，世界經濟的大油槽從那時起就被鑽了好多個孔，還能讓避稅人士和竊盜統治者可以藉此發財致富。

這是一門利益可觀的生意，也是諸如瑞士、倫敦、曼哈頓、開曼、英屬維京群島和世上許多地方的經濟基礎。它們越是善於保護客戶的財富，就越能創立一個又一個王朝，讓某個家族的暫時優勢永遠不會消失，並受到保護，而不平等就會永恆保持下去。

美國學者布魯克·哈林頓（Brooke Harrington）針對這種財富管理產業寫了一本名為《無國界資本》（*Capital Without Borders*）的書，她參加會議、訪問許多從業人員、並研讀專業資料，讓這本書顯得既慎重又嚴謹，而這也是為什麼當哈林頓在書中針對這些金權帝國協助者提出警告時，會有多麼令人吃驚。「這些人的工作徹底破壞了現代稅收國家的經濟基礎和法律權威。」她總結道，「這些專業人士利用信託、境外企業和基金會，確保不平等的狀況持續下去，如果缺乏革命性的變化，這個狀況會不斷成長，直到難以逆轉。」

我們現在要回到烏克蘭，看看一個解釋了她話中含義的特定案例。

7 癌症

二〇一四年二月四日，亞努科維奇總統造訪了烏克蘭的癌症研究中心。他身披白大褂，對著因化療而頭頂光禿的年輕病患露出虛情假意的微笑。他和病患的父母握手，贈送他們白色禮盒，攝影師則拿著相機和攝影機四周奔走，忙著尋找最佳拍攝角度。研究中心的主任伊果·謝波汀（Igor Shchepotin）介紹各個設施的特色，都是用來治療全國病症最棘手的患者，而總統承諾要提供改善治療和診斷方法的新設備。根據新聞報導，這整趟行程本該是紀念世界癌症日（World Cancer Day）的例行視察，實際上卻是一場政治宣傳活動，將這位腐敗又自私的統治者包裝成一個好人、一位關心自己人民的統治者——儘管在他的漫長政治生涯中，他不斷從這些人民身上竊取財富。

至少在場的醫生並沒有買他的帳。他們忙碌的工作被總統的維安人員打斷，還有那些拍攝人員和巴結逢迎總統的跟屁蟲。早上七點，警衛就已經在研究中心就定位，檢查每個訪客，就連固定進出的人員也不放過。他們在建築裡查看懸吊式天花板上的空隙，派出嗅探犬到處嗅聞，還拿走廢紙簍，以免有人在裡面放炸彈。位於基輔邊緣的研究中心由三個六層樓高的灰色大樓構成，四周豎立著柵欄。大樓外牆嵌上了磁磚，不時會看到有些地方的磁磚已經脫落，露出底下的磚頭。建造大樓的蘇聯工人用不同顏色的磚塊在其中一棟大樓上留下了完工日期——一九六八年——看來從那時起就沒有進行固定的維修工作。麻醉顧問康斯坦汀．西多連科（Konstantin Sidorenko）辦公室所在的大樓，距離大門有段距離，因此總統造成的干擾讓他十分惱怒。

「他們甚至不准我們開車，」他告訴我，「我前面有一輛車是運送食品給病患的，我猜裡頭是牛奶和其他東西，但他們也不准那台車通過。駕駛大概求了警衛有十來分鐘。我們的工作不能因此停擺，但他們對病患、員工和任何進出研究中心的人都帶來極大的不便。最糟的是，到處都有狙擊手。一整天都這樣。我想那天結束之後，大家只是對他更加憎恨。」

當時亞努科維奇正力圖維持自己搖搖欲墜的事業。他的內閣請辭了，成千上萬的抗議者擠在基輔市中心冒煙的路障後方，他的政治盟友也紛紛離他而去。不過，就算他心懷憂慮，他也沒表現出來。「我很感謝您的蒞臨，」面帶笑容的謝波汀對總統說道，「整個機構提供的治療都是免費的。」

但這並非事實。不管是機構裡面的人、還是電視機前面的觀眾，所有關注這件事的人肯定都知道這一點。儘管烏克蘭憲法保障了免費醫療，但實際上病患幾乎要為一切付費。研究中心的預算本該足以支付所有開銷，但醫生的薪水微薄，不得不要求病患支付自己的藥物，甚至捐錢維護設備。娜塔莉亞・奧尼科（Natalya Onipko）是目睹這一切的觀眾之一，她經營的慈善基金會「薩波魯卡」（Zaporuka）幫助孩童在研究中心接受治療。來自基輔以外的病患可以和家人住在她經營的旅舍，讓這些人長期旅居首都時，能保有一絲正常生活。她每天都會和客人聊天，因此非常清楚他們被要求支付的醫療費用。平時她是個謹言慎行的人，但看見總統聽聞機構的一切都很美好、並露出滿臉笑容時，她再也受不了了。「真是個無恥的豬，」她在臉書上寫道，「任何病毒對那些孩子而言都足以致命，而大家還被迫拿下醫療口罩。五十個孩子的性命被拿來冒險，就為了一個混蛋。」

結果她的指控並非真相（其實是那些孩子的父母要求他們把口罩拿下來，在電視上看起來比較體面），但她的批評還是在一夕之間爆紅，而全國最大的媒體都在報導，總統拿五十個孩子的命來宣傳自己。這跟亞努科維奇自我中心、毫無道德的形象不謀而合，也讓這場拜訪可能帶來的公關價值毀於一旦。總統的威信更加受到重創，兩周之後，他就逃到俄羅斯，把烏克蘭留給他的對手。這讓研究中心的主任謝波汀落入為難的處境。這位滿臉疤痕、有著棕黃色頭髮的男人，不幸就在革命發生之前，為了讓一個不受歡迎的總統得利而說謊。

革命之後，身上刻意不帶標記的俄羅斯軍隊占領克里米亞半島的那段時間，烏克蘭軍的火力不足，謀略也略遜一籌，因此烏克蘭的愛國者們便著手募款，打算恢復平衡。謝波汀便公開宣布要機構的員工捐出部分薪水，引來了大量的媒體關注。但是許多員工早就這麼做了，而很多人都覺得老闆是在利用他們的錢來討好新政府。其中一名員工，年輕的外科醫生安德烈・賽米沃洛斯（Andrei Semivolos），透過革命分子選中的媒介——臉書——公開抱怨。

作為反擊，謝波汀公開訓斥了賽米沃洛斯，並找來電視媒體拍攝整個過程，重現了人稱「集會」（the collective）的蘇聯時期慣例。「集會」原則上來說是個公開集會，任何人都可以發表任何意見；但是，由於出席人數和議程都控制在管理人員手中，因此這種集會實際上是用來羞辱和控制下屬的工具。有著運動員身材和蒼白皮膚的賽米沃洛斯木然而立，同時間，他的同事在旁邊說他破壞了機構的名譽，而他應該以自己為恥。作為懲罰，賽米沃洛斯被迫替同事值外科醫生的班，讓他失去和病患會面並得到捐款的機會。而若失去這種會面，他根本不可能以兩千三百赫夫納（hryvnias，烏克蘭幣，約等於兩百美元）的月薪養家，因此這個懲罰實際上是要逼迫他自行離職。

接下來發生的戰鬥，不只反映了整個國家的革命行動——一方透過電視，另一方則透過社交媒體——也一併揭發了醫療體系的貪腐，以及要解決這種貪腐行為有多麼困難。有一小段時間，癌症研究中心成了整個烏克蘭的縮影。

由於極高的抽菸人口、嚴重不足的基礎醫療和後期診斷，還有車諾比核災的後果，癌症成了烏克蘭的第二大死亡原因（第一名是心血管疾病）。多年來，醫生們都很憂慮國家的醫療條件沒有改善，也無法控制結核病、愛滋病、肝病的流行，以及其他因生活條件差、賣淫和注射毒品等四處傳播的病症。二〇〇八年，先前的反貪腐革命過後，總統要求他的政府找出究竟是哪裡出了差錯，而部長要求國家安全局去找出答案。國安局要其中一位探員針對國內的醫療狀況寫下他的發現，而這份調查的結果十分驚人，他描述了醫療體系根本沒有好好治療患病的人民，而是從特權人士身上賺錢。

這位探員說自己並非「喜歡公開露面的人」，但他同意在不公布姓名的前提下和我談話。於是，他花了大把個小時告訴我烏克蘭有多麼病入膏肓，無法阻止政府官員掠奪自家的醫療體系。

他說，蘇聯時期的政府嚴重低估醫生的價值，因此他們的待遇很差。但平民老百姓卻十分感謝治療他們的醫事人員，會贈送糖果或酒。與其說這是賄賂，不如說是真心的禮物。但這些種表達感謝的方式最終卻成為一種規範。就算醫療是免費的，你去看醫生時還是會帶點東西送給他。一九九一年蘇聯解體後，情況改變了。烏克蘭的醫生發現他們西方世界同僚收穫頗豐，也察覺到自己位處多高的地位。他們切切實實地握有病患的生殺大權。如果一位資深的醫生決定不要讓團隊為你提供治療，你就會死。

「當我們變成市場經濟時，甜食或白蘭地就沒什麼吸引力了。」這位探員說道，「醫生想要錢，真實的鈔票，而人們便開始給他們錢。現在的醫療體系對醫生來說非常好，他們根本不想改變。如果你是個資深的醫生，你就擁有一間醫院。雖然條件可能很差，還會漏水，但那是免費的，國家提供了一切。而且，你不需要把賺來的錢分給任何人，也不需要繳稅。你經營一家醫院，賺個兩、三千美元，塞進自己口袋，輕輕鬆鬆。」

烏克蘭的醫療支出都來自公費，政府會替所有設備、建築物和基礎建設付錢；但利潤卻是私有的，醫生可以留下所有賺到的錢。對資深醫生來說這是天大的好事，但對整個國家來說卻並非如此。

「我不認為烏克蘭有貪腐的情事，讓我來跟你解釋原因。」這位探員說，「只有在健全的國家裡才會有貪腐，大約也只占了整個國家十%，最多十五%的錢。但如果占了九十九%呢？那就不叫貪腐了，因為整個國家就是這樣運作的。你能理解這個邏輯嗎？全部都是這樣，遍及所有層面。就連賣葵花籽的老婆婆也都有份，因為經過她身邊的警察會跟她收取五或十赫夫納。她給，他拿，對他倆來說再適合不過，因為她知道現在有人會罩著她了。」

這位探員的故事又長又複雜。窗外夜色漸落，到了蝙蝠在夜空中盤旋時，他還在說個不停。他的故事的基本原則就是，所有實行過的改革都被拿來作為剝削的手段。如果哪裡有漏洞，就會被找出來，並拿來獲利；如果沒有漏洞，議會就會修改法律，直到有漏洞出現。當烏克蘭設立了採購胰島素的機制，以確保所有糖尿病患能得到確實的治療時，醫療體系的大佬便看到了一座金礦。他們高報糖尿病患的人數，讓胰島素採購量的預算提高，然後再把多出來的錢放進自己口袋。

不過，其他疾病就沒那麼容易拿來獲利了。結核病需要特定的化學藥品，劑量也很明確。但即便這樣還是有得利的辦法：醫療體系人士假造了病患的平均體重，把數字降低，讓他們可以把每一劑藥品的份量減半，省去採購藥品的費用。這導致的結果就是藥物無法發揮效用，讓多重抗藥性結核病的病例數節節升高，成為一大威脅。「問題出在哪不重要，這群黑手黨只有一個答案：越多越好。」探員說道，「生病的人是誰不重要，不管是小孩、老奶奶還是成人都沒差。誰在乎呢？越多越好。」

不同領域的醫療騙局都有專門的團體進行詐騙，但大致來說都是相同的模式。衛生部的官員和私部門公司聯手支配某一部分的預算，可能是藥品或設備的供應、建築維護，或控制新的立法是否可以通過。各個企業透過賽普勒斯的空殼公司營運，不讓騙局受到監督，數十億美元就這樣被吸出這個國家。二〇一二年，反貪腐運動人士查出烏克蘭衛生部為愛滋病和結核病藥物多付了很多錢，和購買相同藥物的慈善機構相比，高出了一百五十到三百%，而當時根本沒有足夠的錢可以將抗愛滋病病毒藥物提供給所有需要的人。同一群經銷商躲在不同的空殼公司後不斷冒出來，他們和自己人競爭，過程看似透明，但實際上都是一場騙局。整個過程由高層政府官員掩護，每個人都可以分一杯羹。

用臉書貼文破壞總統公關表演的奧尼科告訴我，要在被創造來掩護騙徒的法規和例外中理出頭緒，可是份全職工作，因為那些法規是故意被設計得過分複雜。事實上，法規的複雜程度之高，讓你除了遵守之外，什麼也沒辦法做，而這也是他們的用意。任何參與騙局的人都可以無視法規，這就是他們獲利的基礎。與此同時，極端複雜的法規可以防止圈外人涉入，尤其是執法部門也受到同一群不誠實、中飽私囊的官員所掌控。「我處理癌症也幾乎有十年了，相信我，所有荒唐的事情我都聽說過。但我可以告訴你，過去十年，沒有一個住在這裡的母親願意談論這些事。」她說。我們坐在她經營的旅舍的小小辦公室裡。「所有家長都希望孩子能接受治療，所以他們害怕發聲、害怕自己做錯事，因為醫生有權隨時將他們的孩子趕出醫院。」

這是完美的權力不對等。資深醫生可以賺大錢，而病患和親友完全無能為力。奧尼科說話的時候，有六個母親（其中有些人帶著孩子）在旅舍廚房放鬆歇息。奧尼科問她們是否準備好要和我聊聊，而她們同意在不公開身分的情況下和我談話。一開始，她們看似支支吾吾，不太情願承認有向醫生行賄，彷彿她們為違法行為感到羞恥。但並不是因為猶豫而讓她們無法開口，而是居然有人天真到不知這個系統是怎麼運作的。

「我們當然可以抱怨啦，但這樣他們就不會治療我們了，」其中一位母親撫摸著小男孩光禿的頭頂，「你得付錢才能進到一間地區醫院、付錢才能轉到研究中心、付錢才能接受手術。如果你提出抱怨，他們就會把你送走，說他們無能為力。你有孩子嗎？有？那你就知道了，你不會拿他們的生命冒險，對不對？」

其他母親也點頭同意，開始活潑地爭相比較哪個醫生要求收賄的方式最為惡劣。一個母親說某位醫生在紙上寫下「100」，然後指向上方，確保她明白那是指美元，而非烏克蘭幣。另一個母親說某個麻醉師是用手指比畫出來的。

「兩根手指代表兩百。」她說，而其他母親不可置信地笑了出來，「噢對，抱歉，是兩千。兩根手指代表兩千，三根手指就是三千。」

大家繼續輪流發言。驚人的是，她們沒有流露出憤恨之情。這些父母接受了這一切，知道他們沒有其他的辦法，只能盡可能得到最好的結果。最後，奧尼科開口插話。

「一方面來說，我能理解，沒錯，他們在收賄，這很糟糕。你怎麼能從罹癌的孩子身上收賄？但另一方面來說，我心想：『好吧，他們拿了一百歐元，但他們也是要生活的呀。他們也需要去很多地方，需要很多東西。』你應該能理解我在說什麼，這就是整個體制。一切都環環相扣。我非常肯定烏克蘭的每家醫院都用同樣的方式運作。」她說道。後來，在我們離開廚房後，她做出了略為嚴厲的評斷：「我試著不要在父母面前批評醫生，因為他們信任他。」她說的有理。批評這些醫生貪汙腐敗，就好像在批評烏雲下雨一樣，這不過是他們本來的樣子。最好還是把時間花在去找一把雨傘來擋雨。

不過，癌症研究中心的麻醉顧問西多連科卻否認他有中飽私囊的行為。他從白大褂的口袋拿出一個小方盒，舉起來給我看，裡面裝了一個氧氣探測儀。他在加護病房裡的機器一年就要用到十個氧氣探測儀，總價四萬赫夫納。沒有這東西，他無法知道病人的呼吸是否正常，病人可能會因此而喪命。過去兩年，他完全沒有任何錢可以購買新的氧氣探測儀，也無法幫高度專業的醫療設備更換零件。

這表示他得自己想辦法找錢。他有時找得到贊助人，其他醫生也都解囊相助，但他從未募到足夠的金額過——醫生的薪水就是不夠高。這表示他的病患也得伸出援手。「我們沒要求任何東西，也沒跟他們要錢。但病人都很清楚狀況，也了解整個體制，」他說。他走向一個靠在辦公室牆邊的高聳櫃子，整個櫃子都覆上一層深色的木紋貼皮。他打開門，拿出一疊厚到得用雙手穩住的信封袋。有些信封袋厚達半英寸，全都裝了鈔票。這些都是他收到的錢，而他會用來讓自己負責的部門維持運作。這些錢全都沒有記在帳上。謝波汀主任聲稱的免費醫療也不過如此。

對西多連科來說，最令人挫折的是，他其實身兼機構內採購設備委員會的一員。他告訴我，他看到了系統性的超支現象，包括用遠超出市價的十三萬歐元購買一台人工呼吸器。他只能為這個現象找出一個解答：當他的病人被迫替自己的醫療付費時，研究中心的管理階層卻透過對採購程序的不正當控制，不斷將現金放入自己的口袋。

在美國證券交易委員會（Securities and Exchange Commission）控告全球最大的學名藥製造商「梯瓦製藥」（Teva Pharmaceutical）一案中，這個體制的運作方式被公諸於世。二〇一六年十二月，總部位於以色列的梯瓦製藥被控在俄羅斯、烏克蘭與墨西哥行賄，以取得國家健保體系的生意（獲得了兩億一千四百萬美元的不法獲利），並為依據海外反貪腐法（Foreign Corrupt Practices Act）提起的刑事並行民事訴訟支付了五億一千九百萬美元的和解金。根據美國證券交易委員會的指控，梯瓦製藥總計向一位烏克蘭官員支付了二十萬美元，並替他的度假行程買單。這位官員的姓名沒有公開，但他在二〇〇二到二〇一一年間於烏克蘭國家醫學科學院（National Academy of Medical Sciences）工作，擔任總統的顧問，並主持制定醫療用品價格的委員會。「（這位官員）對我們在烏克蘭市場推動可舒鬆（Copaxone）和胰島素上提供了很大的幫助。我們跟客戶協調的其中一種方式，是替他出資每年的以色列之旅。」一份梯瓦製藥的內部通訊內容如此寫道。

梯瓦製藥將這些款項列為行銷費用，而顧問費則是由烏克蘭政府以浮報的發票金額來支付。這現象導致了支付醫生薪水和運作醫療體系所需的預算變得更少。這些醫生因此被迫靠病患來補償不夠的薪水和處在金字塔底層的維護費用。與此同時，金字塔頂端的管理階層透過對採購程序的支配，把錢——來自梯瓦製藥或其他爭相在烏克蘭銷售產品的醫療公司——都放進自己口袋。這個金字塔是讓人民納貢的一種方式，管理階層根本不需要親自處理鈔票，也不需要和病人打交道，他們只需從預算中拿走自己那一份就得了。也許最聰明的部分是烏克蘭的醫生不得不以赫夫納幣來募款，但管理階層卻可以拿到美元，放在境外。這套竊盜統治系統會自動將支付款匯到金權帝國裡。

「你也許可以在烏克蘭老老實實地盈利，但整個體制設計的方式讓你很難這麼做。如果你用這種方式建立事業，申請營業稅退稅時就會遇上問題，但同時間你的競爭者卻都早就拿到退稅了。如果你需要取得土地權，就要花上好幾年的時間，而其他人早就在幾星期內就拿到了。而如果你想在法庭上捍衛自己的權利、不想付那些錢，你也會遇上麻煩。」奧列格·馬爾錢科（Oleg Marchenko）告訴我，他是在基輔執業的律師，常常會有客戶來找他抱怨政府的貪腐行為。「在烏克蘭，當個正直的人是要花很多錢的，我只是想告訴你這一點。」

有這麼多事情被隱藏在境外系統不斷變幻的帷幕之後，根本很難確知真正的情況是什麼。馬爾錢科說他知道歐洲的大型製藥公司害怕烏克蘭經銷商有貪汙行為，因此與他們解除經銷關係，尋找新的烏克蘭生意夥伴。但馬爾錢科驚訝地發現，這個新的經銷商其實是由同一群人所持有，只是表面上重新組合了一番，用空殼公司作為掩護，讓美國檢察官無法追蹤大公司的行跡。

一位西方投資者樂於在不公開身分的前提下討論這個狀況，因為他害怕會違反英國和美國的反賄賂法規範。他說這個狀況在許多方面都比身處在清廉正直的司法管轄區來得方便——例如，他很欣賞的一點是，如果他被抓到超速，就能立刻用錢收買警察——但這個狀況同時也難以捉摸、令人懊惱。你永遠不會知道對手付的錢是不是比你多，因此不可能確定官方究竟會做出什麼決定。除此之外，就算你只付過他們一次錢，他們還是會回頭向你要求更多。「你得和警察建立關係。他們要你付錢，你就得付，不然你會被逮捕。或是消防隊會來逼你不得開門做生意，因為你沒有通過消防檢查。關鍵的祕密就在於要談妥一個比較低的價錢。」他說。「不過，如果這裡不是一團混亂的話，我就不會待在這裡了。正是因為這裡一團亂，像我這種可以忍受的人，就能過上體面的生活。」

他描述的這一切就是國安局探員在二〇〇八年調查報告中的主旨——只是範圍擴及整個國家，也載明了姓名、數據和各種細節。調查的結論和結果如此具有爭議性，因此探員寫下了兩份報告。經過潤飾的那一份是要公開給民眾閱覽的，裡面的內容仍然十分可怖，但省略了資料數據。第二個版本則只限政府內部人士閱讀，其內容將整個體制攤開來檢視，沒放過任何一個名字和罪狀。那位探員判斷，如果公開了詳細的版本，將會造成難以挽回的後果。他想得沒錯。有人將這份報告外流給蘇聯時期的異議分子塞米恩．格拉斯曼（Semyon Gluzman），他是一名醫生，也是烏克蘭精神病學協會（Ukrainian Psychiatric Association）的主席。格拉斯曼將這份報告洩露給了媒體。「我樂於批評總統和總理，我樂於做的事可多了，」格拉斯曼說，「但我要坦白說，這件事嚇壞我了。我知道這些強盜沒有任何政治信仰。他們唯一信仰的就是金錢。」

烏克蘭人對自家政府官員的惡形惡狀已經習以為常，但就連最憤世嫉俗的人，在聽到社會弱勢族群被拿來不斷用系統性的方式剝削，也會感到震驚。而在調查報告中被提及的人也一樣。二〇〇八年十月十六日，這位國安局探員在基輔市中心的塔塔斯加街（Tatarska Street）從車上走下來時，有人向他丟了一枚手榴彈。爆炸碎片毀了他的本田車，整條街的建築牆面和車輛也都傷痕累累。國安局探員活了下來，但需要在以色列的醫院接受大規模治療。「那次攻擊是製藥公司黑手黨下令的。」這位探員說道，「調查行動從來沒有完成過，有人付錢中止了調查，因此沒有任何結果。直到今天，就算我有這麼多人脈和技巧，我還是不知道幕後黑手究竟是誰。任何一個還在體制內運作的幫派，都跟這件事有利益關係。」

民眾因著對亞努科維奇總統的怒火而走上街頭抗爭，而他們對腐敗醫療體系的憤怒，也成為這股怒火的一部分。總統逃之夭夭後，臨時政府成立，在二〇一四年二月，一位革命分子中的要角成為衛生部長。奧雷格．穆斯（Oleg Musy）是位身材瘦削、棕色皮膚、有著滿嘴花白鬍子的醫生。在基輔市中心長達數月的示威行動中，他負責帶領抗爭者的醫療團隊。穆斯決心要完成遲遲沒有下文、讓那些犯罪集團大發不義之財的改革，並為醫療體系提供資金，讓烏克蘭的平民百姓能得到良好的治療。這是一個雄心壯志的計畫，但他或許正是可以推動真正改革的那種外來者。

他毫不停歇地工作，極少停下來休息，因此要找到談話的時間實在困難；但他偶爾會答應能在很晚的時間於衛生部見面，那是一棟議會後面的獨立大樓，就位於市中心。他會詳細告訴我國內發生的所有貪腐情事，也總是在最後提及，衛生部有三分之一或更多的預算被偷走，而老百姓就得用付給醫生的現金來彌補這個損失。「對過去的管理部門來說這簡直太方便了，因為他們無法直接拿走預算的錢，所以他們利用中介人，這個中介人可以拿到預算，再轉傳出去。」他於二〇一四年夏天的一次談話中對我解釋道，「有許多人想要加入這個過去存在於衛生部的祕密黑暗陰謀，但我絕不會讓他們這麼做。」

他的改革計畫非常具有野心。他想像了一個支出完全透明的醫療體系，國家不得再壟斷醫療服務，而是由一般人、非政府組織和醫生自己來管理。一種類似法國、擁有多個利益相關團體和受到全面監督的健保體系，會取代原本由國家支付所有開銷——或該說是國家「本該」支付所有開銷，但事實上錢都被偷走了——的體系。他也對主要機構展開調查行動，包括癌症研究中心，找出被濫用的數百萬美元資金的去處，包括那些根本沒被拿來使用、塞在地下室生灰塵的昂貴設備。他懷疑癌症中心主任謝波汀也有份，但無法開除他。根據烏克蘭勞動法的規定，你不能解雇身體不好的人，而謝波汀在那之前就因病入院了。

穆斯面臨的麻煩在於，人們不會因為他要改革醫院，就不再上醫院看病。在他試圖改變醫療體系運作方式的同時，這個體系還是必須要繼續發放藥物、診治病患，以及維護設備。他的任務就像是要重建一架還在飛行中的飛機，同時間要面對其他機組員不斷的抗議。在他上任的幾個月內，議會成員就已經開始鼓譟要他下台，媒體也開始報導他的負面新聞。情勢越來越明顯，他不可能以一己之力完成醫療體系的改革，而衛生部的其他職員已經在過去的系統中陷得太深，結果不是他們還沒準備好要和他合作，就是他還沒準備好要和他們合作。

到了十月，也就是穆斯就職部長的七個月後，他沒能完成藥物的採購安排。就連他在政府內的盟友也紛紛轉為敵對。「這可是個大問題，」一位支持改革的官員在那年秋天共進午餐時告訴我，「你想要什麼樣的人？一個愛國的管理者，但管理技巧差到不行？還是一個疑點重重但管理有方的人？」

這位官員正在吃一個夾心可頌，看著電視轉播今天的議會現場。「我們把亞努科維奇和他的人馬趕走，但要把他們的陰謀全部換掉，就完全是另一回事了。每個人都準備好要著手改革，讓一切透明化——除了那些會影響到他們自己的部分以外。」

總理在十月讓穆斯停職，接著指派了一位新部長，突然之間，這位前革命分子有大把時間可以和我說話了。他安排我們在基輔市中心的一棟建築會面，那裡過去曾是抗爭者的總部。儘管過了這麼多個月，空氣中仍殘留當時他們連日未洗澡的氣味。自他被踢下部長大位的幾周以來，衛生部完成了大部分他拒絕執行的採購項目。「所有過去的中介人和公司贏得了這些投標。這才不是什麼反貪腐戰爭。」他露出疲憊的微笑，「我和昔日的體系戰鬥了七個月，但我一走，過去的系統就馬上回來了。要從政府內部打贏這場仗，已經證明是不可能的，因為真正想改變的人少之又少。」

慕斯下台之後，謝波汀就從神祕的疾患中康復，並回到癌症研究中心工作。他拒絕回答任何我寄給他的問題，也拒絕討論穆斯對他和他的醫生提出的指控。「我不想討論你提出的主題。在我看來，你不是什麼正經的人。你感興趣的是八卦謠言、暗諷影射那類東西。那些都是黃色新聞（yellow press）[25]，而我不跟黃色新聞媒體打交道。」當我在二〇一四年下旬試圖到他的辦公室進行訪問時，他遠遠看到我，便匆匆往反方向離開。

不過，謝爾蓋・卡普林（Sergei Kaplin）的運氣就比較好了。他是烏克蘭議會的議員，主持一個叫做《人民的檢察官》（*People's Prosecutor*）電視節目。他在節目上與被控貪腐的官員對質，並要求他們對那些指控做出評論。在攝影工作人員的注視下，他問謝波汀是不是真的擁有一棟價值兩百五十萬美元的房子，和一只五萬美元的手錶？謝波汀否認了那些指控，但在那之前，卡普林就注意到他擁有一支威圖（Vertu）的手機——那是奢華手機品牌，機身在英國手工製造，還附有私人助理服務按鈕，不管你身在何方，都能提供你全天候的服務，滿足你一切需

25　編註：黃色新聞這個詞始於一八三三年創立於美國的《紐約太陽報》，以煽情化、諷刺上流社會的醜陋行徑為賣點包裝，在現在則主要指以羶色腥為賣點，渲染關於犯罪、醜聞、性、八卦，以吸引讀者目光為主的報導方式。

求（「只要是合法的」）。對一個醫生來說，擁有這種東西相當引人注目，就算它不能當作任何非法行為的證據也一樣。也許正是這個電視節目引起的爭議讓穆斯下台，但最終謝波汀也被撤換掉了。二〇一五年二月，他的主任職位合約沒有獲得延長，衛生部長也公開招募新的首席腫瘤學家。革命政府花了整整一年，才有辦法開除一名醫生。

謝波汀臨走時也不忘回擊。根據烏克蘭官員的說法，他在合約結束的四天後回到研究中心工作，要求進行手術，讓準備接受手術的病患家屬十分不悅。不過，他告訴俄羅斯媒體的故事可是大相徑庭：他說賽米沃洛斯——那位指控他在革命餘波做出不愛國行為的醫生——和其他人在手術進行到一半時衝了進來，不顧病患的安危，強迫他離開。究竟要相信誰的話呢？衛生部嗎？還是一名醫生？還是誰都不信？這個羅生門的結局是，沒有任何外部人士知道真相。這場癌症研究中心的戰鬥，究竟是針對一個打劫脆弱病患的貪汙主任，還是其實是一群腐敗的醫生共謀陷害一個正直的管理者？最後一則跟謝波汀有關的媒體報導是他在莫斯科附近拿到了一份工作，而賽米沃洛斯則去了一間基輔市的私人診所。

這場關於謝波汀在癌症中心最後那段時間的媒體風暴，以及針對所有相關人士的動機所產生的質疑，都是非常合理的，因為貪腐最具侵蝕力的部分，正是它破壞了信任。當貪汙腐敗遍及各處，人便無法再相信任何人，因為金錢會影響國家與社會的每一個層面。每篇新聞報導都可以被批評是收了錢才寫出來的，每個政治人物都可以被指為貪官，每個司法判決都能引起質疑。寡頭集團成立慈善機構，為自身利益遊說政府，因此讓其他所有非政府組織都受到懷疑。如果連醫生都貪贓枉法，你還能信任他們的診斷嗎？他們聲稱你需要接受某種治療，但那是不是因為他們可以藉此獲利？如果警察心術不正，法庭也收受賄賂，那那些受審的罪犯真的有犯罪嗎？還是他們其實不過是一群妨礙了罪犯的老實人而已？一旦不知道誰可以信任，你就只會信任身邊最親近的人——至交好友和親戚——而這會促使一個貪腐猖獗的社會進一步分裂。如果社會成員無法打從心底信任彼此，就不可能建立一個繁榮的經濟體或健康的民主體制。如果你把信任拿走，就只剩下更為黑暗、更唯利是圖的事物。

8 如響尾蛇般狡詐

英國作家弗瑞德里克・福賽斯（Frederick Forsyth）於一九七四年出版的驚悚小說《戰爭猛犬》（*The Dogs of War*），故事背景設定在一個名為贊加洛（Zangaro）的虛構非洲共和國，統治者是一位偏執的自大狂簡・金巴（Jean Kimba），他把國內受過高等教育的人都殺了，並對剩餘的人民施行恐怖政治。套用其中一名角色的話來說，這位總統「瘋瘋癲癲，如響尾蛇般狡詐」。贊加洛是個「腐敗、邪惡、野蠻的國度。近海有豐富的魚資源，但人民卻不能捕魚……因此當地人民都缺乏蛋白質，也沒有足夠的雞和山羊可以滿足需求。」

總統不知道的是，這個國家的一座山蘊藏了價值一百億美元的鉑礦。一名邪惡的英國工業家於是決定煽動政變，推翻金巴，然後扶植一個同樣狡詐但能任他擺布的傀儡領袖。贊加洛的國情一片混亂，只需要一打傭兵，分別乘坐三個充氣艇，就打下了總統官邸、殺死金巴、擊敗他的三腳貓軍隊，控制住一切。隨著故事發展，傭兵隊隊長橫渡七〇年代搖搖欲墜但堪用的境外世界，把他的錢藏在瑞士，透過盧森堡建立他的公司。《戰爭猛犬》是個節奏明快、引人入勝的小說，也許是福賽斯最好的作品，儘管是虛構的，但讓我們得以一窺金權帝國早期的模樣。不過，現實生活中很難出現書中描繪的共和國吧？

說也奇怪，還真的有。贊加洛是赤道幾內亞極為相似的複製品。那是一個西非小國，在一九六八年從西班牙手中獨立。福賽斯花了許多時間報導鄰國比拉法亞（Biafra）發生的衝突，也親自前往赤道幾內亞查明該國的政治環境。他和軍火商、傭兵交談，請他們提供如何策畫一場政變的建議。他這部作品根本就是推翻一個國家的完美計畫藍圖，因此在出版超過四十年、他本人也多次否認後，還是有人認為他其實屬於一個本想執行這個計畫的團體，在失敗之後才把它寫成小說。福賽斯在撰寫這部作品時，赤道幾內亞當時的統治者是法蘭西斯科．馬西埃．恩格瑪（Francisco Macias Nguema），他以民族主義者之姿參與該國第一次、也是最後一次的自由選舉。照片上的他看起來完全是個矜持的政治家，素色的領帶上有兩道細條紋，一枝筆插在胸前的口袋。但在現實生活中，他就和福賽斯筆下的金巴一樣是個糟糕透頂的狂人。

赤道幾內亞之所以沒人捕魚，是因為他禁止人民使用船隻，防止有人逃跑，但這並沒有阻止三分之一的人口向海外尋求庇護。他殺死了成千上萬名公民，坐上大位不久後便宣布自己是終身總統。他禁止宗教信仰，還頒布了一個新口號：「沒有上帝，只有馬西埃．恩格瑪。」

他最終也向自己的家人下手，激使他的侄子提奧多羅・歐必昂（Teodoro Obiang）著手策畫政變，並判處他一百零一次死刑，在一九七九年雇用了摩洛哥行刑隊來執行槍決。歐必昂從那年起接下統治大位，成為世界上在位最久的非皇族領袖。二〇一六年四月，他在三十萬選票中拿到九十四％的得票率，再次當選。其他候選人獲得的選票都不超過五千張。「不當管理公共基金，嚴重的貪腐與其他的濫權行為，包括施加酷刑、任意拘留、強迫失蹤、壓迫公民社會團體及政治對手，還有不公正的審判非常普遍。」人權觀察組織（Human Rights Watch）在二〇一七年的評論報告中形容。赤道幾內亞在自由之家（Freedom House）年度世界排名中是倒數十名的國家之一，甚至沒有被國際透明組織納入清廉印象指數的計算裡，因為根本沒有足夠的資料可供評估。

在赤道幾內亞從西班牙手中獨立的前夕，它是非洲最繁盛的國家。國民普遍識字，平均人口的病床數甚至比西班牙還要高，出口作物如可可和咖啡也十分良好。簡單來說，赤道幾內亞是個極端但並不反常的例子，顯示出——就如同我們在許多前殖民地國家看到的——自由的甜美果實是如何腐壞發臭。

每個前殖民地國家的狀況都不太一樣，而那些成為窮困獨裁政權的國家都各有自己的理由。但轉變為獨裁的過程本身，其實就是殖民地的本質。殖民地之所以誕生，就是要為殖民勢力帶來財富，不管被派來管理殖民地的官員有多清廉正直，他們的工作就是要榨取殖民地的價值，送回母國。舉例來說，國家出口管理機關負責替所有非洲殖民地的農產品訂定價格。設立機關的本意在於幫助農夫（起碼他們自己是這麼說的），但這些機關很快就被用來從農民身上榨取金錢：他們用低於市場價格的金額購買作物，再轉售給國外，讓外國人變得更為富有。五〇到六〇年代之間，飄揚在首都的國旗逐一更替，但政府所作的決策卻明顯沒什麼變化。

獨立之後，赤道幾內亞的新政府保留了出口機關，名義上是要為工業化的轉型籌資，實際上卻是要繼續行使謀財的騙局。如今貿易的盈餘被分到裙帶團體的口袋，而不是昔日的西方主子。而這不過是顯示新政府有多快就學會老把戲的其中一個案例而已。「嶄新的非洲國度在希望之中紛紛誕生。現在已經難以重現當時的情懷，但那種情感的深度、充盈感、以及它帶來的希望，都在被觸動到的人們身上留下痕跡。它被稱為新的黎明、新的誕生、新的再覺醒。」羅伯特・貝茨（Robert Bates）在他一九八一年出版的著作《熱帶非洲的市場與國家》（*Markets and States in Tropical Africa*）中寫道，「那個時期誕生的夢想都破滅了……公共機關再也無法體現全體人民的憧憬，而是為了鞏固往往對社會造成傷害的私人利益而存在。」

這不只是非洲才有的問題，放眼整個世界，在二戰後光榮誕生的新國家，最後都出了驚人的差錯。許多趨勢觀察者往往都不太樂意指出這一點，而這可能是因為他們和我一樣抱持著同樣的樂觀或愚昧的態度，認為那些國家就像九〇年代的俄羅斯，只不過是正在經歷一點成長痛。也或許他們是出於恐懼，害怕自己的批評會被解讀為種族歧視（往往確實如此）。在許多案例中，外國人都知道貪婪和不當治理的存在，但他們並不在乎，只要牽涉其中的相關人士是可靠的支持者、或是在冷戰中跟自己站在同一陣線，就都無所謂。總之，無論動機為何，國際間的緘默讓許多新獨立的殖民地統治者得以肆無忌憚地剝削自己的人民。

不過，拉惹勒南（Sinnathamby Rajatnaram）不是個會讓事情就這樣默默過去的人。他是一九六五年帶領新加坡獨立的團體成員，也成為新政府的一分子——雖然是專制政體，他們對民主體制沒什麼耐心——而這個政府要求所有公務員和各個機關首長都要保持清廉，因此造就了驚人的經濟成功。拉惹勒南接受的是律師訓練，但當他於二戰期間困於倫敦時，他轉而學習新聞學。他曾替喬治．歐威爾（George Orwell）負責的英國廣播公司印度專欄撰寫過幾篇文章，並在戰爭結束後擁有自己的專欄，名為「隨我所寫」（I Write as I Please，為了向歐威爾致敬而取），在英國勢力仍留在東南亞的最後那段時間，產生了極大的影響力。一九六八年十一月十四日，時值拉惹勒南成為新加坡外交部長的第三年（他的任期長達二十五年），他發表了一場演說，表達對同為前殖民地的某些國家遭到掠奪的憂慮。他指的可能是菲律賓，因為性喜奢華的第一夫人伊美黛．馬可仕（Imelda Marcos）從那時起，就開始蒐集她後來揚名世界的鞋履收藏。不過，身為新加坡的首席外交官，拉惹勒南十分謹慎，沒有指名道姓，並強調他在說的是一種「無處不在」的現象。

他所描述的是一種道德逐漸墮落的過程，剛獨立頭幾年的理想已然凋零，再也不見政府高層與官員以清心寡欲的生活方式為傲。他說，如今政治人物都過著光靠公務員薪水根本不可能維持的豪奢生活，而他們的妻眷身穿著本應負擔不起的綾羅綢緞，珠光寶氣地出席正式場合。

拉慈勒南聲稱，用數字來計算，得出的結果是絕對的、無須質疑的——如果一個不正直的政治人物想變得越來越富有，他一定會偷得更多，讓他的人民憤怒。這表示他得花更多錢來收買更多官員，勢必做出更多偷竊行為，激起人民更大的怒火。「他必須取得所有國家權力的工具——軍隊、警察、企業家和官僚。如果他得用偷拐搶騙的手段，那他就必須允許所有的下屬，從常務次長到辦公室打雜小弟，都加入這場遊戲。」他寫道，「在大多數開發中國家，只要讓這種毫無節制的富貴現象持續個幾年，就會導致經濟混亂和政治動盪，最後將使民主體制被文官或軍事獨裁所取代。」

拉慈勒南否定了當時普遍的學說，也就是貪汙可以加速貿易、幫助經濟發展，並確保商業受到的干預能夠最小化。相反地，他認為貪汙完全沒有任何益處。「很多人都主張，一個沉溺於貪汙、且貪汙者猖獗的社會，是一個啟發自對人性的通盤瞭解而形成的自由、成熟的社會，但並非如此。」他在出版的演講稿中表示，「相反地，社會學家替這種社會取了一個非常貼切的稱呼：『竊盜統治』——一個主於貪汙者、出於貪汙者、為了貪汙者而存在的社會。」

他提及的這位社會學家是斯坦尼斯拉夫・安德烈斯基（Stanislav Andreski），一位走南闖北、見多識廣的波蘭人。他創立了雷丁大學（University of Reading）的社會學系，寫了《非洲困境》（*The African Predicament*）一書，在拉萘勒南發表演說的前幾個月出版。他在書中寫道，問題不只是出在殖民地政府的榨取性本質，而是整個國家的每一層結構都有問題。這些新國家大多是由歐洲強權所扶植，他們不在意當地的政治現實，也不清楚當地的歷史，對當地居民是否對一個共有的國家抱有歸屬感，更是一點都不好奇。因此，這些官員普遍缺乏能防止貪汙行為的愛國心，實在不意外。因為官員和國家沒有產生任何連結感，只對自己的家人或民族同胞懷有感情，因此他們會採取相應的行為。

「在一個被灌輸以政治協議為信仰的國家，所有不正直的行為看似都符合道德，因為在這種國家裡，親屬關係的羈絆十分強大，而對『國家』的概念仍然視為很新、人工的事物。」安德烈斯基如此寫道。他是第一批理解貪汙的金字塔型結構的思想家之一；統治階層在最頂層榨取大筆財富，而位於底層的公務員則需要收取賄賂以養活自己。從人民手中收取的賄賂，被拿來彌補統治階層偷走的錢，意即政府將不法獲利的行為「外包」給了所有替政府工作的人。安德烈斯基並沒有譴責身在金字塔結構裡的低階官員，他認為他們別無選擇，只能順從一個旨在強迫他們貪汙的體制。但是，他明確地指出，當貪汙遍及全國上下，就會造成災難性的後果，也只會危及任何公平或健全發展的可能性。

「貪汙行為扭曲了整個國家的經濟。許多重要的決策被別有居心的動機所破壞，不顧對廣大社群造成的影響，」他寫道，「竊盜統治的精髓在於，政府機關的運作是由供需機制所決定，而非法律規範；一個行使竊盜統治的國家，雖然名義上是採行社會主義經濟，實際上從廣義而言，卻是一種自由放任經濟的古怪模式。」

他表示，最能精確反映非洲政治現實的描述，往往出現在小說裡，而非教科書；部分原因是大家不喜歡看到有人質疑一個新獨立國家的政府是否正直清廉，主要原因則是如果要對竊盜統治的國家提出批評，就很難不被排擠。他並沒有特別點明是哪些小說家（「不要讓這本書給他們惹上麻煩」），但他指的可能是奇努瓦·阿契貝（Chinua Achebe）。這位奈及利亞作家在一九五八年出版了傑作《分崩離析》（*Things Fall Apart*），讓他成為世界上最重要的作家之一——更不用說在非洲也是。而阿契貝在一九六〇年出版的第二本小說《動盪》（*No Longer At Ease*），出版年正好與奈及利亞獨立同年，因而能呈現出對一個前殖民地國家來說，要建立清廉正直的政治文化有多麼困難。故事圍繞在一位名叫歐比（Obi）的年輕人身上，他住在烏姆奧菲（Umuofia）鎮，拿了鄰居給的獎學金，被送到英國唸書。

當他回到奈及利亞後，鄰居想要他進入政府工作、照顧他們的利益，以作為投資他出國念書的回報。但歐比可不這麼想。他要成為公正無私的官僚，以法律作為一切決策的準則。小說鉅細靡遺地描寫了他在一個扭曲的體制中嘗試當個正直的人所付出的努力（最終導致了災難性的結果），也呈現了主人公對靜靜收賄、為親友而非國家圖利的官員、警察和其他人所作的觀察。他在某個時刻思忖，要怎麼做才能讓奈及利亞回到正軌？「要從哪兒著手？大眾嗎？教育大眾？這樣成功的機會微乎其微，要花上好幾個世紀才行。那就是從最頂層的那一小群人開始了，甚至是一個懷有夢想的人——一個開明的獨裁者。如今人們都很害怕這個詞。但什麼樣的民主能和這麼多貪汙和無知並存？」這是個文筆優美的案例研究，呈現出貪腐造成的困境。在一個不正直的體制中，要以行得正坐得直來改善整個體制是徒勞無功的，不僅如此，你的行為還會帶來反效果：你會因此而受到懲罰，因為你威脅到了同事的利益。

獨立之後，奈及利亞每下愈況。官員利用權勢影響選民登記制度，浮報實際的人口數，讓他們得以聲稱自己拿到了更多選票，或是要求更多錢，形成了一場驚人的貪婪狂歡會。軍方在一九六六年發動政變，原本應該要讓政府回到清廉的正軌，但實際上卻讓貪汙變得更加嚴重。只要有人試圖抗議，就會遭到起訴或騷擾，而阿契貝也因為自己高調參與針對奈及利亞內戰（Biafran War）的抗議活動，最後流亡到了美國。

一九八三年（這年又發生了一場軍事政變），阿契貝發表了〈奈及利亞的麻煩〉（The Trouble with Nigeria）一文，嚴厲批評了領導國家的文官和武官，因為他們沒能樹立一個清廉政府的典範，以迫使底下的人能夠跟進。在石油價格劇增、為他的母國賺進數百萬美元之後，阿契貝哀嘆地寫道，這些錢足夠改善所有國民的生活，卻就這樣被偷走了。

某次阿契貝和妻女從恩蘇卡（Nsukka）開車到奧吉迪（Ogidi）的途中，目睹了一個事件，後來成了他口中一切的比喻。他們當時聽到了一聲警笛，而路上所有汽車都停到路邊，讓一個警察車隊通過。那個車隊有一台吉普車、一輛轎車和貨車。「貨車上，有個警察正在朝路面上的所有車輛撒尿，」他寫道，「你可能無法置信，但我清楚地看到了他打開來的褲檔、他的生殖器和灑落的尿柱。要是我沒親眼看到其他乘客也露出了驚恐的反應，我也不會相信。」

*

不管研究者的目光放到哪裡，都會看到貪腐和不幸之間的關聯。貪汙越是嚴重，菁英階級賺的錢就越多，讓不平等現象加劇，並使將社會連結起來的羈絆不斷被磨損。以經濟學家的枯燥語言來說，比起把錢放到境外、或是花在鴕鳥皮鞋上，將錢投資在學校、醫療、道路與安全的錢能有更高的乘數效應——意即你所花的每一塊錢，都能為經濟帶來更好的回報。治理有方的國家的生活水準較高，國民也比較健康、壽命更長，教育成果也較佳，經濟表現也更好。

拉惹勒南和安德烈斯基都使用了「貪汙」和「竊盜統治」兩個詞，很明顯他倆都不認為這兩個詞可以互相替代。安德烈斯基從波蘭學到了貪汙是怎麼回事，在那裡，貪汙被稱為「社會主義者的握手」（the socialist handshake），表現了在非正式的商業交易中，藉由握手將手上的鈔票交給另一方的情景。但是，竊盜統治是個新的現象，牽涉其中的竊盜金額更為龐大。「許多人單純只是把大筆金額從國庫轉到自己的私人帳戶，但不法獲利的主要根源，是從政府合約中大撈一筆。在奈及利亞，習慣上會瓜分走的份額是十%，因此『十分人』（ten-percenter）這一詞往往會被用來稱呼任何在政治上很活躍的人。」安德烈斯基如此寫道。

這樣大筆的錢不可能藏在床墊下，也不可能在握手時塞在手裡。要處理這麼多錢，勢必需要願意接受這些錢的銀行來協助，也需要能被四處搬運，但身在波蘭的官員是無法這麼做的。安德烈斯基知道自己正在目睹一件本質上與過去的貪汙大不相同的現象，他看到的是全球金融在非洲社會造成衝擊的第一個景象，也是金權帝國通道的開啟（雖然他沒有理解到這一點）：「偷竊—藏匿—花用」。境外系統正肆無忌憚地發揮力量，而奈及利亞從未從中復原過。

「我們已經太習慣把數百萬、數十億這種數字掛在嘴邊，使我們對這麼龐大的數字失去了該有的敬意。有時我告訴學生，從耶穌基督誕生到現在，還過不到一百萬天，他們都會大吃一驚。」阿契貝寫道，「奈及利亞人的腐敗是因為他們身處的體制讓貪汙變得輕而易舉，還能藉此獲利。如果貪汙是個困難、不方便的行為，他們就不會再貪汙了。」

七〇年代，發展專家開始擔憂起世界上正在發生的狀況。替美國參議院外交委員會（Foreign Relations Committee）調查企業界賄賂的美國律師傑克．布倫姆——也就是在第三章告訴我跑一趟尼維斯一點意義也沒有的那位——以顧問的身分被聯合國雇用，協助起草反貪腐協定。布倫姆是個很有遠見的觀察者，他對貪腐、竊盜統治和透過境外世界得以實現的貪婪所作的分析極其重要；但是，他卻對聯合國的政治泥沼完全束手無策。

二〇一七年，他坐在安納波利斯市的一間咖啡館裡，對我描述他在一九七五年時如何寫出長達二十頁的草稿，交到外交官手中。「他們看了一下，開始大笑，然後說我們得用聯合國的語言來寫。」布倫姆以一種饒富興味的語氣回憶，但當時的他想必不會覺得有趣，「阿拉伯陣營想要把猶太復國主義（Zionism）視為貪汙行為；非洲陣營想將種族歧視視為貪汙行為；蘇聯陣營想要將資本主義視為貪汙行為。你可以想像，這份草案根本不可能有任何進展。到了他們終於搞定用語問題時，這份草案已經長達九十幾頁，而且根本毫無用處。這在跟聯合國有關的年分中，被稱為一九七六年的災難。」

這裡的關鍵問題在於如何精準定義貪汙行為，因為對許多政治人物來說，貪汙不是一個有明確意義的概念，而只是用來侮辱敵人的一個詞而已。由於對貪汙這一詞沒有固定、具體的理解，我們就會看到一種詭異的狀況：國際透明組織把索馬利亞列為世界上最腐敗的國家，而研究義大利黑手黨的作家羅貝托・薩維亞諾（Roberto Saviano）則是將英國視為世界上最腐敗的國家。前者的評估方式是基於哪裡的行賄行為最多，而後者則是看這些賄賂是在哪裡進行洗錢。國際透明組織和薩維亞諾的評估標準都有其道理，因為這兩種毫無疑問皆屬於貪汙行為。但這個詞包含了各式各樣的行為，例如向海盜支付贖金以釋放被俘擄的船隻，或是那些錢之後被用來購買位於倫敦騎士橋（Knightsbridge）的一套公寓——這表示這個詞彙的意義已經廣泛到幾乎失去了意義。

如果在分析全球最貧困的國家究竟出了什麼差錯時，仰賴的是「貪汙」這種不精確的詞彙，就會非常令人挫折。舉例來說，想像一下基輔癌症研究中心的腫瘤學家們試著進行專業上的討論，卻沒有可以具體指出病症的詞彙可用——淋巴瘤、黑色素瘤、癌瘤、血癌等等——只能用「癌症」來充數；或是想像在一場英國人的晚宴中，賓客試圖深入討論天氣的話題，卻只能用「降雨」一詞來描述所有雨水從天空落下的方式。在這兩個例子中，顯然都不可能對相關現象的本質提出任何精確的分析。貪汙的問題正是如此，缺乏具體且詳細的詞彙定義，而這也代表我們對這些問題所知甚少。

我們對貪汙的運作方式無法有足夠的認識，其實還有另一個原因，那就是西方人往往沒意會到，生活在一個正直、繁榮的民主體制下的人是多麼稀少，或是從歷史的角度來看，是多麼獨特。許多西方政治思想都把「已開發」國家的自由民主體制，想像為歷史發展過程的自然終點，並將其他社會視為「開發中」，彷彿它們是行駛在一條軌道上的火車，最終這列火車將會來到我們現在居住的終點站。政治理論家法蘭西斯・福山（他後來放棄了歷史已經終結的說法）在二〇一一年的著作《政治秩序的起源》（*The Origins of Political Order*）中主張，這是一種錯誤、有害的看世界觀點。西歐、美國和其他西方國家的自由資本主義不只極其反常，還只是諸多政府類型的其中一種而已。他在書中寫道，當西方式的國家和經濟結構，被無知或傲慢地強加在一個擁有完全不同傳統的社會時，往往就會出現貪汙的現象。

「許多非洲國家目前運作不良的狀態，某種程度上是起因於西方人沒能理解他們財產權習俗的本質，以及財產權是如何鑲嵌（embeddedness）在擁有親屬關係的群體裡。」他寫道，「歐洲人刻意賦予一群貪婪的非洲強人（African Big Men）權力，讓他們能對同族人施加恐怖政治，手法和傳統完全不同——因為歐洲人想要製造出一個現代的財產權制度。於是他們促成了獨立後一個新世襲制（neopatrimonial）的政府。」

本質上而言，這意味了前殖民地國家得到的是一個雙重性政府：一種是奠基於親屬基礎的結構，另一種則是歐洲式的結構。無論是要讓自己致富，還是懲罰他們的敵人，獨立後的統治階層可以隨時選擇對他們有利的形式，想要多常切換都可以。

對許多西方人來說（或至少是擁有電子郵件帳號的西方人），這種貪腐最常見表現出來的形式就是「預付款詐騙」（advanced fee fraud）。這種類型的詐騙已經存在了數個世紀——就像哈雷街二十九號有關的那起拉斯維加斯詐騙案，騙徒會要求你先支付一筆費用，允諾之後會給你一大筆錢，結果那些錢從未出現過。但這類詐騙是從傳真機和其後的電子郵件出現後，才廣為盛行。這種詐騙行為的大師一直以來都是奈及利亞人，而因為觸犯了奈及利亞刑法第四一九條，奈及利亞人便稱之為「四一九詐騙」。如果各位讀者從未收過四一九詐騙犯的信件，我來解釋一下：你會收到一封郵件，寄件人聲稱他有辦法拿到一筆被盜用的資金，需要你協助他們把錢從奈及利亞取出來（或是俄羅斯、巴西或隨便什麼地方。我的詐騙郵件資料夾目前收到兩封信，一封聲稱有位伊拉克的將軍要給我錢，另一封則是聯邦調查局要給我錢）。這種詐騙方式最早的案例，或許是聲稱寄件人為瑪麗安・阿巴查（Maryam Abacha）的信，她是奈及利亞前總統薩尼・阿巴查（Sani Abacha）的遺孀。信中寫著：「我將一千五百萬美元存入了一間海外保全公司，在我們開始通信之後，我才會告知你這間公司的名字。如果你能收下這筆資金，保管在你的帳戶裡，我會非常感激……」等等的內容。富有創業精神的奈及利亞人寄出數百萬封這類郵件，如果有收件人中了詭計，詐騙犯就會要求對方在那筆錢匯出前先支付一小筆費用，如此一來，詐騙犯就能賺得一份收入，再消失無蹤。在拉哥斯（Lagos），傳說這類詐騙手法精巧到甚至有整套辦公大樓和一整批臨時演員，就為了唬弄親自飛來支付大把鈔票的西方人——接著他們才會發現，打從一開始，那些要給他們的錢就不曾存在。四一九詐騙的主要人物日進斗金，同時許多奈及利亞年輕人也藉由和潛在受害者通信而過上舒服的日子。

當然啦，這種詐騙之所以能成功，是因為奈及利亞有著——借用一位作家的話來說——「儲藏貪汙的倉庫」這種形象。大家比較容易相信一個奈及利亞人有辦法拿到這種來源的現金，而不是某個斯堪地那維亞半島（Scandinavia）國家的官僚。不過，還有第二個讓這種詐騙看似可信的理由存在，而且極少有人認知到，也很少受到檢視：如果詐騙要產生作用，受害者必須先相信，對奈及利亞人來說，將來源不正當的現金託付給一個西方人，是習以為常的事。奈及利亞的貪汙現象受到十分廣泛的討論，但少有人關注西方人在其中扮演的協助角色。四一九詐騙的大獲成功導致了一個無可避免的結論，也就是所有上當的人都知曉奈及利亞的貪汙現象，同時也知道（就算只是潛意識裡知道）西方國家扮演了協助貪汙的角色：那些被盜用的錢，最後總是會去到瑞士、倫敦或類似的地方。這也表示，長久以來大部分的人都接受奈及利亞人（或任何現代竊盜統治者）在掠奪自己的家園時，都有來自其他人的協助。西方的專業人士、甚至是官員，都會熱心地與他們合作（直到二十一世紀初，在許多西方國家，從海外支付的賄賂還可以扣稅）。

從這裡開始，貪汙根本就是像長出了翅膀一樣。現代竊盜統治帶來的問題，不僅僅只是把所有沒牢牢固定的東西偷走，同時也如同魔術般，把那些資產變到晦明晦暗的境外世界，在那裡，一切的律法都是可協商的，而警察永遠追不過來。對竊盜統治者而言，把偷來的錢放到金權帝國，便意味著你永遠不用再擔心是否需要把錢還回去。

經濟學家羅伯特．柯立特嘉德（Robert Klitgaard）在八〇年代時，替赤道幾內亞擔任了兩年半的經濟顧問。在他一九九〇年出版的回憶錄《熱帶幫派》（*Tropical Gangster*）中，柯立特嘉德以迷人、輕鬆的嚮導之姿，描述他在遙遠海岸的衝浪之旅、和當地音樂家的即興合奏，以及為了讓當地會計師學會華盛頓的嚴謹作風而付出的努力。他描述這個國家在馬西埃．恩格瑪的瘋狂統治下變得一片狼藉、飽受創傷（「評估這類影響的非洲文化研究者將恩格瑪評比為一個比烏干達的獨裁者阿敏（Idi Amin）更糟的統治者，也比中非共和國（Central African Republic）自封皇帝的博卡薩（Bokassa）還糟」）。他看過的報導指出，在過去二十年來，赤道幾內亞老百姓的收入下滑得比世界上任何其他地方都劇烈。

有些官僚是真心想創造一個穩定繁榮的國家，但政治人物卻不這麼想。他們貪贓枉法到了極致，把任何產生改革的機會都用來中飽私囊。當世界銀行試圖重建可可產業，政府高官便將所有最好的可可種植場「國營化」；當外國慈善機構試圖建立一個專為營養不良者提供雞蛋的計畫時，政治人物便奪走了大量的雞隻，迫使農場關門大吉。

一個主題在柯立特嘉德的回憶錄中不斷出現，那就是各個國際發展專家和外交大使都不約而同對赤道幾內亞的政府高官展現出鄙視的態度。一位名叫嘉布里拉（Gabriela）的國際貨幣基金組織官員說明她使用的是什麼談判技巧：「你絕不能做出絲毫讓步，否則他們就會開始偷雞摸狗。你得把他們當作小朋友來對待，必須對他們非常嚴厲。」一位西班牙外交官更是直言不諱：「這些野蠻人不過就是剛離開叢林生活、剛從樹上爬下來而已。」而美國大使基本上已經放棄了，接受一切都沒有改善的事實：「這裡就像倒退了幾百年。你同他們說話的時候，他們可能根本聽不懂你或我在說什麼。」

實際上，赤道幾內亞的統治階層懂得似乎比他們表現出來的多，他們不過是依循不同的遊戲規則罷了。遠在柯立特嘉德來到這個國家以前，石油探勘者就已經發現了第一個海上油田，並繼續一路搜索到赤道幾內亞附近的海床，看看這裡是否跟奈及利亞與更北方的海洋一樣蘊藏了豐富的石油。到了九〇年代中期，石油的大規模生產於焉展開，錢開始源源不絕湧入。根據

《富比士》（*Forbes*）雜誌報導，歐必昂總統的個人財富高達六億美元，在二〇一六年最富有的國王、女王和獨裁者中名列第八，比英國女王還多了一億美元的資產。對一個無法聽懂美國大使在說什麼的人而言，這個表現還不壞。

歐必昂的兒子提奧多林（Teodorin）也賺了不少，並把其中一億一千萬美元送到了美國。從一九九七年開始，總部設在華盛頓特區的里格斯銀行（Riggs Bank）裡，就有數十個銀行帳戶跟他有關，而這些帳戶都有數百萬美元的存款。根據參議院的調查，他把這些錢拿來購買高價房地產、車子和奢侈品，以及開派對、帶著眾女友尋歡作樂。一份美國司法部的備忘錄說明了提奧多林對林木業和其他工業課以「革命性的稅金」，並要求收來的稅金要以現金直接支付給他，或是付給由他管理的空殼公司。他聘請了美國律師、銀行業者、房地產經紀人和代管人，協助他搬運金錢。而如果有哪個專業顧問對這些錢的來源提出質疑，他隨時都可以找到替換的人。

他的律師麥可・伯傑（Michael Berger）成立了空殼公司，讓提奧多林在購買一輛瑪莎拉蒂（Maserati，十三萬七千美元）、一輛法拉利（Ferrari，三十三萬兩千美元）、又一輛法拉利（二十八萬美元）、一輛藍寶堅尼（Lamborghini，二十八萬八千美元）、又一輛藍寶堅尼（三十三萬美元）時，得以隱藏自己的身分，並開出三百三十萬美元的現金支票。某一天，提奧多林看到有人穿著一對「彈跳龍」（jumping stilts）在街上跑，立刻也想要一副，便要伯傑幫他用空殼公司的名義開設Paypal帳戶，讓他能在網路上購物。伯傑雖然是拿錢辦事，但看來也享受了不少提奧多林的帳戶帶來的好處。「非常謝謝你邀請我去花花公子別墅（The Playboy Mansion）參加年度萬聖節派對（Kandy Halloween Party），讓我享有VIP待遇。我玩得很開心，遇見了許多美女，我可以拿照片、電子郵件地址和電話號碼來給你看。」伯傑在一封給客戶的信中寫道，讀來特別令人尷尬。

問題就在於，西方人不只是被動地觀察發展中國家的貪汙現象，更是積極的協助者。在國際發展專家輕蔑地批評歐必昂家族不過是「剛從樹上爬下來」之後，才過了十年多一點，就看到提奧多林一派輕鬆地在境外世界的迷宮中穿梭——如果沒有伯傑這種人的協助，他不可能做到。律師和會計師看守著金權帝國的通道，他們能夠打開門鎖，帶領任何支付入場費者跨過那道鍍金的門檻。

在許多案例中，他們完全清楚自己經手的錢是贓款。九〇年代的花旗銀行為奈及利亞、加彭（Gabon）和其他地方的竊盜統治者在私人銀行部門開設帳戶（我們要再次感謝參議院小組委員會不眠不休地調查，才能讓這些事情揭露出來）。易卜拉欣（Ibrahim）與穆罕默德・阿巴查（Mohammed Abacha）是奈及利亞總統的兒子，一九九七年花旗銀行在他倆的客戶檔案中大刺刺地寫道：「資產皆來自於他們的父親在擔任主要石油生產國的元首時所搜刮而來的財富。」一九六七年到二〇〇九年在位的加彭總統奧馬爾・邦戈（Omar Bongo），花旗在他的一九九六年客戶檔案甚至更加直接地寫道：「財富來源：藉由職位自行賺取。國家為石油生產國。」當監管機構要求銀行針對流入邦戈帳戶的數百萬美元提出更多資訊時，一名銀行職員寫道：「我和比爾（Bill）從未過問這筆錢的來源。我和比爾猜測那是法國政府／法國石油公司（Elf）給他的『捐款』。」另一名銀行職員表示，出於「禮貌和外交禮節」，他不太願意詢問邦戈的錢究竟從何而來。但據其他職員估計，這位總統每年都會收到國家預算中八．五％的金額，作為個人使用——而他們似乎都對這點沒什麼意見。邦戈家族在巴林（Bahrain）、澤西島、倫敦、盧森堡、紐約、巴黎和瑞士的花旗銀行都開設了帳戶，有些是以巴哈馬空殼公司的名義來管理。而一點也不令人意外地，私人銀行說這些帳戶對花旗而言「是一種極為有利可圖的關係」。

這些西方專業人士把多不勝數的錢變到境外世界，根本不可能計算出確切的數字。二〇〇〇年，樂施會（Oxfam）發表了一篇驚天動地的報告，全球最窮困的國家每年都會被盜用五千億美元——大約等同於所有富裕國家發出的援助預算總和。當提奧多林把錢揮霍在跑車、交際花和高檔房地產時，他的國家民不聊生，愛滋病感染率排名世界第十一，登革熱、瘧疾和營養不良的發生率也居高不下。

提奧多林顯然嚴重違反了法律，但實際上這卻是一個複雜的主題，並沒有第一眼看上去那麼簡單。如果這個人沒有在母國被起訴，甚至沒有受到調查，那他還是個罪犯嗎？這是一道形而上、甚或是哲學上的問題，與法庭上的實際情況有著天壤之別。「顯然違反了法律」肯定不能當成正式的犯罪理由，西方法律制度採用的是無罪推定原則，除非被證實此人有罪——但這衍生出另一個問題：如果有人能控制國家的法律制度，還能藉此中飽私囊，再把搜刮而來的財富走私到別的地方，在那裡有坐擁高薪、擅長在公平審判中捍衛被告權益的律師幫忙打官司，而那人還可以透過對自己國家的支配，決定什麼證據可以呈交法庭——如果是這樣的話，法律有辦法起訴這個人嗎？我們開始見識到金權帝國的防護有多嚴密。

一九九九年，國際貨幣基金組織的非洲部門拿出了一份引人入勝的報告：〈制度化的貪汙與竊盜統治國家〉（Institutionalized Corruption and the Kleptocratic State）。這份報告對上述問題提出了分析，描述現代透過境外手段的貪汙現象，不再是外於政治制度的存在（例如紐約的黑手黨家族），反而成為政治制度的核心：「在一個毫無法治的世界中，行使有效率的掠奪行為，就會導致這樣的結果。」這份報告的作者探討了安德烈斯基提出的金字塔型貪汙結構，將其描述為榨取人民生產利潤（rent，又稱經濟租）極為有效率的手段。如果你能說服所有公務員替你工作（藉由支付低廉的薪水，迫使他們收取賄賂），就能有效地把自己的賄賂需求外包出去，同時還能把這些公務員當作人質；任何敢跳出來發聲的人，都和你有同樣的罪，因為他們也都拿了不法之財。這不是政府搞砸一切，而是一個政府迫使職員對一切課以未經許可的稅金，再藏放到一個難以到達的地方。他們都是境外強盜。

「針對『貪汙』一詞而產生的混淆，起因於現代社會多將政治的正當性視為理所當然，並任意將這個詞彙套用在目標與架構全然不同的社會裡。」這份報告如此總結，「當獨裁政權以尋租（rent-seeking）的方式行使，『貪汙』便成為了一個系統性的現象。」

而這個系統漸漸逃離原有的邊界。為什麼不呢？反正所有的必要文件都準備就緒了。

9 販賣護照的人

倫敦市中心的薩伏伊飯店（Savoy Hotel）深處有間寬敞的房間，有著白金相間的牆壁。身為英國第一家奢華飯店，薩伏伊飯店在十九世紀建造時，這間房也許是用來當作跳舞或用餐的地方；但如今這裡成了會議室，而這也是為什麼在二〇一六年十二月時，房裡放滿了長桌，桌邊坐了數百位男女，大多都是四十來歲的白人，但也有幾張亞洲和加勒比人的臉孔點綴其中。他們都是律師或其他領域的專業人士，專精於替富豪客戶服務，而他們那天聚集在此，是為了要討論他們生意的具體面向。

不久之前，他們還在會議室外的走廊和樓梯間互相交換名片、建立新人脈，而現在，他們都默不作聲地面向講台，一位瘦削、身姿筆挺的男子在上頭踱步。台下的男人都穿著西裝，但這位講者卻穿著輕鬆的深藍斜紋棉布長褲，身上雪白的襯衫在喉頭處敞開，一條棕藍相間的手帕塞在胸前口袋裡。他頂著一頭銀白的髮絲，額上的鬈髮抹了某種髮品，梳向後方，看起來晶亮晶亮的。他名叫克里斯汀・卡林（Christian Kalin），他今天來到這裡是要告訴所有聽眾，他們和他們的客戶現在都應該要嚇得半死。

他說，他們的問題在於透明性。這個世界已經變了，有錢人必須交出更多財富資料給稅務機關，而執法機關也逐漸能跨越國境來去。在接下來的世界裡，不只是富人，任何人都可以使用金權帝國的通道——這真是令人憂慮。卡林假設，一旦官僚能拿到他們資產的詳細資料，是不是可能有外洩的疑慮？如此一來，就連罪犯、恐怖分子或貪官也可能拿到他們的資料？這些可能性都非常可怕。

「世界各地將會發生越來越多綁架案和勒索贖金，也會發生更多身分冒用和資訊系統遭駭的情事。從委內瑞拉到英格蘭，從南非到越南，從義大利到墨西哥，個人安全議題將會成為熱門話題，」卡林用短促的瑞士混德國口音說道，底下的觀眾鴉雀無聲，全神貫注地聆聽。「我不知道我們是不是真的想要這種世界。但不幸的是，我認為我們別無選擇。因此，富裕人士和他們的家人，都越來越需要保護自己。」

光從卡林的開場白來判斷，他可能是一名軍火商、傭兵團指揮官或替富豪在家裡建造緊急避難室的人，不然該怎麼解釋這些坐領高薪的觀眾會乖乖安靜地聽他說話？不過，卡林賣的不是武器、護身商品或防爆門，他賣的是價值遠超過這些東西的商品：公民身分。

卡林是恒理環球顧問事務所有限公司（Henley & Partners）的董事長，這間公司自稱（它也有很好的理由這麼稱呼自己）「居留權與公民身分規畫的全球領導者」。讓觀眾陷入顫慄的沉默後，為了平撫他們的緊張，卡林列出了一張願意將護照出售給他們客戶的司法管轄區名單（他喜歡用更為巧妙的說法：「投資型公民」，但基本上兩者的意思是一樣的）。他首先舉出馬爾他的例子，截至目前為止，該國已經透過這項計畫籌得了二十億歐元的資金，接著他提到了賽普勒斯、蒙特內哥羅（Montenegro）、南非（那裡有個國家明顯是在策畫一種新騙局，但他沒講明是哪一國），和加勒比地區。他每講完一個段落，就會停下來，用古怪的腔調高聲唱出「別轉台，後面還有精彩內容」（stay tuned）這句老哏。他第一次說的時候，大廳裡只有幾個人吃吃竊笑，第二次的時候，全部人都發出咯咯的笑聲，最後一次時，觀眾都在期待他開口。他們放聲大笑，開始鼓掌。

我來這裡是參加「全球居留權與公民身分會議」（Global Residence and Citizenship Conference），恒理環球顧問公司已經固定舉辦超過十年了。這次的講者包括一位英國國家廣播公司的首席記者、前英國內閣大臣、哲學家艾倫．狄波頓（Alain de Botton），以及來自六個國家的代表，所有人都是來說服有錢人投資自己，而不是其他人。恒理環球顧問公司喜歡將客戶（也就是那些買護照的人）稱為「全球公民」。該公司每年都會頒發一個獎項：「全球公民獎」（Global Citizen prize），由一個包含了約旦（Jordan）王后的審查小組所授予。二〇一五年的獎牌由哈拉德・霍普納（Harald Hoppner）拿下，他創立的組織在地中海救援那些困在已不能再航行的船隻中移民。一年後，一位南非慈善家伊姆提亞茲・蘇利曼（Imtiaz Sooliman）博士獲得了這個獎。

周遭環繞著高尚情操的氛圍，也許還有那麼一點兒自鳴得意，但參加者似乎都滿喜歡這樣的。卡林的演說結束後，對透明性帶來的威脅而產生的憂慮，都已經煙消雲散。一切都會沒事的——他們的客戶有很多選擇，而且之後還能有更多。從現在起，有錢人都不必再困在國境之內了。

「世界強權在彼此爭鬥的時候，要是沒有規畫自己未來的能力，是非常令人憂慮不安的事。」同樣參與這場會議的俄羅斯頭號律師德米特里・阿法納謝夫（Dmitry Afanasiev）告訴我，「我們的客戶不斷地和這一個最根本的風險對抗。」他說，俄羅斯和其人民在併吞克里米亞半島後受到的國際制裁，讓他的客戶非常擔憂，許多人發現他們需要採取措施，以免受到普丁的外國政策威脅。根據阿法納謝夫的說法，擁有額外的護照對客戶來說是一種保險，因為他們永遠無法確定克里姆林宮的下一步會是什麼。在保險箱放入第二本護照絕對是明智的選擇，如此一來，你就隨時能丟下一切，跳上飛機，逃向遠方。你的錢都已經放在境外了，只要拿到新護照，就能讓自己也成為境外世界的一員，讓母國的執法單位抓不到你。「他們害怕選擇性起訴，也害怕一旦揭露了境外資產，就會被追查，或是追查他們的妻子和已經成年的孩子。」阿法納謝夫說，「人們陷入非常為難的處境，必須在家人的安危和違法行為之間選擇。大部分的人處理這種壓力的方式，就是選擇離開。」

恒理環球顧問公司一直以來都在利用這種恐懼，並定期發布新聞稿，聲稱某些新聞頭條事件讓額外護照的需求水漲船高。二〇一六年美國總統大選結束後不久，該公司堅稱「對川普的恐懼迫使美國有錢人尋求替代的公民身分」。英國公投脫歐後，恒理的公司雜誌警告英國的公民身分會「阿根廷化」（Argentinasation），並建議英國人，或許是時候從馬爾他或賽普勒斯取得旅遊證件，以維持他們在歐盟的權益了。

薩伏伊飯店巨大的會議室可以通到位於樓上的展示中心，裡頭的展示架陳列出每個販售簽證與護照的國家。由美麗的年輕女子發送的小手冊裡，不時可見遊艇、餐廳和攜手走在沙灘上的中年夫婦照片，這些歐盟國家在手冊中宣傳奢華房產——「坐擁無敵海景，享受尊榮不凡、稀世罕有、安全的投資，利馬索一號大樓（ONE）是賽普勒斯最炙手可熱的房產」——和他們優秀的法律制度。

許多展示架宣傳的並非公民身分，而是居留權。自八〇年代開始，由加拿大、美國和英國帶頭的富裕國家便開始向有錢人出售特別簽證。但是，人群都聚集在推銷護照的攤位，因為那些宣傳資料的內容就是比較吸引人。以加勒比小島聖露西亞（St Lucia）為例，手冊上宣傳了蔚藍大海、翠綠山丘和直接送達你遊艇的新鮮水果，為該國最近啟動的護照計畫打廣告——「公民身分能讓你得到回報」。真希望我也有一艘遊艇。

不同的護照各有標價，也有不同的優勢。顧問公司熱心地出版了「公民身分指數」（Citizenship Index），列出哪一本護照能讓你不需拿到簽證，就能進入多少個國家：德國護照是最棒的，阿富汗護照則最沒用。這些資訊都會由在場數十位恒理公司的熱心經紀人為你詳細說明。

幾個小時後，整場會議開始變得令人難以招架。對大部分人來說，公民身分是自我認同的一部分，也是生而具有的事物，或至少是從祖先輩傳承下來的東西。把護照和簽證當作頭等艙機票一樣來出售，感覺有點像是在販賣你的家族身分；但那只是感性在作祟，只要不抱個人情感來檢視這件事，你就會發現這不過是境外世界的另一種表現形式。就像各個國家利用自己的主權來降低租稅、彼此競爭，他們也利用主權來爭相吸引有錢人成為公民。畢竟這可是二十一世紀。

只要哪裡有漏洞，金權帝國就會出現在哪裡，還有專業人士確保世界上最富有的人能得到其他人都碰不到的特權和可能性。就某方面而言，恒理公司販售公民身分和居留權，就如同在賣進場金權帝國的門票；但問題是這門販賣護照的事業並非因此而誕生，事實上，一開始這根本就不是一門事業。那是從一九八四年開始，在當時才剛獨立的聖克里斯多福及尼維斯聯邦的一條新法律中出現。卡林向富豪兜售護照的這門生意，正是濫觴於聖啟茨島破爛的首都巴士底。這是一個古怪的故事，調查過程也十分波折。但我想你會喜歡。

聖克里斯多福及尼維斯島嶼上的總人口數約比五萬人多一點點。從地圖上看，這兩座島的形狀看來就像一隻往西北方游去、正在遠離一顆網球的魚。本書第三章中我們已經造訪過尼維斯了，而尼維斯就是那顆網球，也是兩座島中比較小的那一座。聖啟茨島則是那條魚，國內大部分人口都住在這裡，也是首都巴士底的所在地。巴士底規模很小，人口只有一萬三千人，意味著可以輕易在不同的政府建築物之間走來走去。但是，要在這些建築物裡找到願意開口跟我談話的人可就難多了。

我從聖啟茨島的投資型公民處（Citizenship by Investment Unit）展開旅程，嘗試揭露世界上第一個護照販賣事業的歷史起源——那裡就是實際在做這門生意的政府單位。投資型公民處無人和我搭話，於是我打去總督辦公室碰碰運氣，但在那裡也碰了壁。接下來我聯絡總理辦公室，他們要我去找國家安全部，而國安部的總機則要我去找內閣祕書——在她告訴我去找媒體室的瓦倫西亞．格蘭特（Valencia Grant）之前，掛了我三次電話；但我早在這之前就寄過三封電子郵件給格蘭特，而她一封也沒回。最後，我終於透過電話聯繫到她，而她拒絕談話：「我非常明白地告訴你，這裡的人都不想和記者說話。他們手頭上有一大堆事情要忙，以讓這個計畫更好，而他們不想讓下流骯髒的記者來搞砸一切。」（考慮到多年來這個計畫沾滿了什麼樣的泥汙，被稱作下流骯髒的記者還真是有點屈辱。）

現在事態已經很明朗了，如果我想要揭露任何事，就得自己動手查，而這就表示我必須找到檔案庫去。我找到了首席檔案管理員維多莉亞·歐弗萊荷蒂（Victoria O'Flaherty），她被一堆堆文件和書籍所包圍，辦公室奇亂無比。另外還有十幾個裝滿文件的大箱子堆在外頭的走廊上，旁邊還放了一個綠色的煤氣罐。不過，如果這就可以稱為一團混亂，那當她打開通往檔案庫的巨大綠色防火門、揭露門後的景象時，剛才的雜亂根本就不值一提。

這間沒有窗戶的房間瀰漫著濃濃老舊書籍散發的香草味。裡面放了一排排鋼製的灰色組合式檔案架，上頭滿是線圈裝訂的文件，紙張從淺褐色的檔案夾裡爆出來，還有文件盒、皮革裝幀的大書等等。架子和門之間的地板上堆放著更多文件箱與一個文件櫃，又長又淺的抽屜裡裝滿了卡式錄音帶。我從未見過這種程度的雜亂無章，顯然在她來到這裡工作前就是這副模樣了。和我遇到的那些政府員工完全不同，歐弗萊荷蒂非常樂於幫助我，但由於現場一片狼藉，因此她能提供的協助非常有限。她解釋道，這裡沒有立法通過投資換護照相關決議的議會文字紀錄，若我要的話，可以聽聽看檔案櫃裡的議會會議錄音帶，但我得自己找來音響設備，因為檔案庫裡沒有。我跑去找音響，中間卻得知其實根本沒有任何錄音帶——全部都不見了，彷彿打從一開始就不存在。簡而言之，沒有任何議會討論的紀錄留下來，也沒有任何方法能明確知道為什麼這個小國家要開拓販賣護照的事業。

歐弗萊荷蒂指引我去附近一間音響零件專賣店，店主是一位八十四歲的紳士理查·凱恩斯（Richard Caines），他在聖克里斯多福及尼維斯獨立時，正好在政府中任職。這意味了他曾參與過當時的內閣討論。儘管歐弗萊荷蒂不斷懇求他把當時的文件交給檔案庫管理，但他還是堅持要自己留著。也許他會願意讓我看一看。

凱恩斯的店後方房間有更多組合式檔案架，放滿了輪胎、電燈泡和汽車相關設備。一個沾滿灰塵的灰色檔案櫃上，三個抽屜都貼上了「機密」的標籤，裡頭是他的舊政府文件。他揮手要我過去，並指示我不要弄亂。這些檔案沒有依照任何順序排列，裝在粉紅色或黃色的紙文件夾裡，再用緞帶綁起。我大致整理過後，發現這些資料顯然並不完整。凱恩斯手上的內閣會議紀錄缺少了一九八三年到一九八四年這段關鍵的時間，也就是討論那項新法的時候。唯一提及這件事的是一場一九八三年十一月十六日的會議，根據紀錄內容，各部長大臣同意一本護照應以五萬美元加上一筆「鉅額費用」的價格出售給潛在投資者。

「有人想來這裡做生意，而我們認為應該要找出能吸引他們的方法。」我問凱恩斯他記得些什麼時，他這麼告訴我。我繼續追問，他們究竟賣出了多少護照，他回答：「我不記得確切的數字了，但肯定沒有很多。不過賣出多少其實沒有什麼差別。第一，你賺到了一筆收入，而不透過這個方法，你不可能賺到這筆錢，這點毋庸置疑。第二，這些人為了在我國得到那種程度的自由，而進行某種生意。這對雙方來說都是雙贏。」

但是，購買這些護照的生意人究竟是誰？他們在做的是什麼生意？吸引他們來到這個國家，又能讓誰從中獲利？凱恩斯無法回答這些問題。不過，他堅稱有一份完整的內閣和議會的紀錄——雖然可能不是實際的逐字稿——就放在政府檔案庫裡面。因此我又回去找了歐弗萊荷蒂，她打電話給政府的法務部門。她聽了一會兒，問了幾個問題，接著掛上電話。法務部手上確實有那些文件，但我拿不到它們。

「不，那些不是機密文件，只是因為文件被放在塞滿其他檔案的房間，而通往那裡的走廊也被塞滿了文件檔案。你是真的連碰都碰不到。」她露出悲傷的微笑說道。不過，她告訴我另一個可能的線索。我們再次穿過那道防火門，她拿出兩個巨大的文件夾，裡面放著政府在一九八三年到一九八四年發行的官方報紙。雖然我可能找不到部長和議員的言論，但至少能看到當時記者所做的報導。

八〇年代早期，聖克里斯多福及尼維斯的兩大敵對政治陣營是工黨（Labour Party）和人民行動黨（People's Action Movement）。兩黨的政策通常沒有太大的不同，治理方式也大同小異，但雙方各自的領導團體性格卻大相逕庭。它們都有自己發行的報紙，而兩份報紙針對各個主要議題的立場幾乎完全相反。不過，在讀完之後，確實有可能約略理解為何聖啟茨決定要出售公民身分。這國家在一九八三年獨立時，人民行動黨是執政黨，它們推動相關的立法議程，定義這個新國家該如何面對整個世界，並透過《民主報》（*The Democrat*）提出解釋，內容則充滿了針對工黨及黨主席費茲羅伊・布萊恩（Fitzroy Bryant）的謾罵。「在盲眼王國（也就是工黨）裡，獨眼國王（也就是布萊恩）……極為驕矜自負。天知道他到底在自滿什麼。」

布萊恩和同事在《工黨發言人報》（*The Labour Spokesman*）中反擊，不斷譴責人民行動黨將聖啟茨出賣給外國人，為了私利破壞這個國家才剛獲得的獨立地位。因此反對黨集中火力，攻擊人民行動黨的公民身分法，尤其是針對第三節第五條，也就是允許政府販賣護照的條款。「內閣可以把聖克里斯多福及尼維斯護照隨心所欲賣給全世界——罪犯、毒梟、殺人犯、小偷、叛徒——只要他們拿得出錢來就可以。」一九八四年二月二十二日的報紙頭版如此宣稱，也就是議會辯論該項動議並通過的那一天。

三天後，布萊恩寫了一篇名為〈聖啟茨的男女老幼——通通可出售〉（For Sale–St Kitts with every man, woman & child in it）的社論，聲稱這項護照政策只是一連串腐敗的私有化交易中最新的一個舉動，欲剝奪聖啟茨人民與生俱來的權利。「政府高官藉由協助躲避自家法律的國際幫派分子，得以賺進數百萬美元的獲利……住在聖啟茨島、紐約和其他地方的人民行動黨，將在黑市兜售聖啟茨公民身分和護照，藉此大賺一筆。」

同一天，《民主報》也刊出了通過新法的報導，並否認人民行動黨是在剝奪聖啟茨人民的權利，更反過來對工黨做出貪汙的指控。「當你發現工黨……早就印了一大堆護照藏起來，打算賣給外國人時，就會發現這個狀況荒誕無比。」這份報導在另一頁刊出了照片，堅稱那是反對黨準備出售的假護照。

總的來說，這些報紙只呈現了當時的激動氛圍，無法提供進一步的細節，但報導確實指出雙方陣營都堅信腐敗的官員會把護照賣給外國罪犯，讓他們藉此規避自己國家的法律。儘管這個可能性令人擔憂，但這項計畫在島國之外卻沒有引起太多注意，只有當聖啟茨公民身分在香港宣傳時，才造成了短暫的騷動。當時許多香港人都對於一九九七年將回歸中國抱持憂慮，而聖啟茨不是唯一一個出售公民身分的國家，許多小國也採用了販售護照的點子，包括鄰近的多明尼加（Dominica）、東加（Donga）和其他幾個國家，都把目光放在香港市場。《南華早報》（*South China Morning Post*）在一九九一年報導了一間私人公司正在出售聖克里斯多福及尼維斯的護照，一人要價五萬零五百美元，五人家庭則要價九萬六千五百美元，六十天內就可以收到相關文件。「任何人只要有足夠的經濟能力、身體健康、奉公守法，聖克里斯多福及尼維斯政府就會納入考量。」報導如此引述一位相關商務人士的話。

儘管登在香港報紙上的廣告指出，不需要親自跑一趟聖啟茨島也能領取文件，但看來這項計畫並沒有吸引到太多買家。「申請數字相當令人難堪，」出身人民行動黨的總理甘迺迪・西蒙斯（Kennedy Simmonds）在一年後向《南華早報》表示。有位名叫道爾・阿斯塔芬（Dwyer Astaphaan）的資深媒體人兼律師賣出了自己的護照。二〇一六年下旬，我和他在修士灣（Friars Bay）的一間酒吧見面，這個海灘很受當地人歡迎，但大多數觀光客都忽略了這個地方。

他穿著一件藍色的短袖T恤，點綴了蠟染蜥蜴圖案，看起來仍一如過去身為加勒比政治人物時的風光模樣。八〇年代時，他將護照賣給了一位義大利人，對方希望不讓稅務機關知道他和蘇聯之間的祕密交易。「他想要一個位在不同司法管轄區的不同居住地址。」阿斯塔芬告訴我，「他只是想避稅，這個理由完全沒問題。避稅雖然不是件好事，但你不需要做出違法或不道德的事，也還是可以讓自己少繳一點稅。」

他說，真正想出這個出售護照計畫的人是威廉·「比利」·賀伯特（William 'Billy' Herbert），他是人民行動黨的創黨元老之一，而他的事業也證實了，當初擔心政治人物會從販賣護照中得利的憂慮是有遠見的。不過，若要了解這件事是如何形成的，就必須往前回溯一點時間，看看英國人在放棄殖民地的主權時，處置手法有多麼失當。

要讓隸屬英國的加勒比地區殖民地獨立，相對來說比較簡單，因為它們都是面積大、人口多、地理位置彼此接壤（例如蓋亞那〔Guyana〕或牙買加）的地方。但對於數十個小島來說就比較困難了。有些島（例如尼維斯）只有稀少的人口，要作為一個獨立國家生存並不容易。一開始，英國人試圖將所有加勒比地區的領土統統連結在一起，但最終因為較大的島嶼爭執首都設立地而作罷。後來，英國人試著把較小的島嶼和大島連在一起，好創造出更可行的基本單位。但有些島其實不太適用這個作法，尤其是與荷屬／法屬聖馬丁島（Sint Maarten/St Martin）毗連的安圭拉（Anguilla），更惱人的是它離任何英屬殖民地都非常遙遠。那裡的人口只有一萬五千人，無法真的作為獨立國家存在，這也是為何倫敦的官員決定要把它加進聖克里斯多福及尼維斯，成為可怕的三頭聯邦政府，不顧它們之間相隔了約九十七公里的大海。

當時聖啟茨島是由工黨執政。工黨與蔗糖工人工會結盟，輪流主導聯邦政府，因為他們的人數比其他兩座島的總和還多。六〇年代早期，比利．賀伯特在倫敦完成法律博士學位後返鄉，希望為工黨政府效力，卻吃上了閉門羹。他和一些朋友創立了人民行動黨，在一九六六年初次參與競選，獲得了三十五％的得票率，工黨則是四十四％，但人民行動黨只獲得了兩個席次，工黨則是七個。這就表示政府是由工黨所組成的，即便他們在尼維斯島或安圭拉島沒有贏得任何席次，甚至也沒有得到任何一票。在安圭拉島民看來，他們幾乎成了聖啟茨島的殖民地，而他們可一點都不想要這樣。

他們起身反抗，包圍了政府單位的警察，把他們都送上開往聖啟茨島的船，然後宣布獨立。而工黨政府則做出過度的反應，逮捕了人民行動黨的領導階級，送上法庭（他們後來被無罪釋放，但這或多或少解釋了兩黨之間的嫌隙）。英國人派了軍隊和警察來恢復秩序。他們原先預期會碰上麻煩，但結果卻是受到熱烈歡迎，讓整件事情成了一場鬧劇。（一九六九年，《每日快報》〔*Daily Express*〕刊載了資深漫畫家吉爾斯〔Giles〕的一幅插畫，描繪了一隊穿著制服和頭盔的男性警官與當地美女在棕櫚樹成蔭的海灘戲水。其中一名警官看向陸地，有一架海軍直升機正在把一群拿著手提包、身穿大衣的女人放下來。「當我自願參加安圭拉的特殊任務時，他們可沒說會把太太一起送來，」他在畫面中十分不悅地向同事抱怨道。）

對英國人來說這可能是個笑話，但對當地人來說可是十分嚴肅的事情。安圭拉和聖啟茨島從來沒有和好過。而這兩個完全分開的司法管轄區——但使用同一套法律制度——正是金權帝國最愛的那種漏洞，也讓比利．賀伯特得以藉此發展事業。藉由在巴士底的政府部門友人與同事提供的協助，他得以同時身兼聖克里斯多福及尼維斯在聯合國的大使，以及安圭拉的境外律師兼銀行家。他們給予他外交豁免權，讓他擁有很多可以拿來好好利用的機會，也得到了很多可以兜售護照的客戶。「他的名聲很響亮，」道爾．阿斯塔芬嘲諷地說，「他是倫敦警察廳眼中的嫌疑犯。」

唐．米契爾（Don Mitchell）是安圭拉一名資深律師，和賀伯特交情甚篤，兩人已經一起工作了幾十年。他說在七〇年代和八〇年代，由於廢除了許多聖啟茨的法律，也沒費心立下新法，因此安圭拉成了地位古怪卻獨一無二的自由港（free port，自由經濟區）。這就表示，儘管世界其他地方都有進行資本管制，不讓現金在各司法管轄區之間自由流動，但在安圭拉卻完全沒有任何限制。「有英國人、美國人、瑞士人，更不用說不計其數的西印度群島（West Indian）商人，拎著一箱箱現金飛到這裡存錢，讓安圭拉的銀行生意興隆。」他回憶道，「這裡沒有相關法規，也沒有洗錢或資助恐怖分子這種現代的思維。他們認為那不過就是客戶和行員私下進行的銀行業務而已。」

他和賀伯特一起經營島上六家法律事務所的其中兩家，但他說他們只是過於天真，在收錢時沒有考量到錢的來源，而非存心圖謀不軌。「在那個年代，欺騙稅務人員幾乎是一種公民常態，從未被視為真正的犯罪。」米契爾說道，「他們給什麼你就簽什麼，之後你才發現他們在偷你的錢，用各種欺騙、不合法的手段拿走。」賀伯特則是負責骯髒活，米契爾解釋道。

他的其中一名客戶是肯尼斯・瑞卓克（Kenneth Rijock）。瑞卓克曾在越南為美軍效力。七〇年代晚期的古柯鹼熱潮帶動了許多洗錢的機會，而瑞卓克便參與了替毒品走私者洗錢的活動。他在二〇一二年的自傳《洗錢男》（*The Laundry Man*）中提及了這個故事，但書中把賀伯特的名字改掉了，意味著過去從未有人將護照工業和這位傑出的聖啟茨律師聯想在一起。瑞卓克有張坦率的臉，臉上掛著大大的笑容，握手的方式十分熱情。二〇一七年，我和他在佛羅里達州比斯坎灣（Key Biscayne）的一家星巴克見面，聊聊他和比利・賀伯特的過去。

瑞卓克解釋道，賀伯特的主要武器是保密關係條例（Confidential Relationships Ordinance）。依據這條法規，就連詢問公司所有人是誰都是一種犯罪行為，讓外國執法單位不可能窺見這塊英屬領土內的公司隱藏了什麼祕密。這條法規對瑞卓克的客戶來說很有用，對賀伯特的事務所來說更是有利可圖。

「對任何想要處理髒錢的人來說，他基本上就是一座指路燈塔，」瑞卓克說，「我第一次到那裡時是透過別人的介紹——我們稱之為『祕密握手』（secret handshake）——因為律師通常不會在沒有介紹的情況下，告訴別的律師他正在進行某些犯罪活動。於是，在合法的介紹下，我到那裡開了一大堆公司，接著他帶我過街到加勒比商業銀行（Caribbean Commercial Bank），他是握有十%股分的股東。他說，就開一些公司帳戶，開始搬錢吧。於是我就這麼做了。我開始常常和客戶搭里爾噴射機（Learjet）到這裡，搬運數百萬美元。」

等賀伯特把錢安全放在他的銀行裡後——他和安圭拉政府領袖聯合持有這間銀行——瑞卓克就會使用複雜高超的方法把錢弄回北美洲，再送到巴拿馬，然後是臺灣，再來是倫敦，再到邁阿密或加拿大。他在這些地方的毒品走私客戶會拿這些看似正當的錢去買購物中心和公寓大樓。「他非常成功、情緒激昂、也非常專注。」瑞卓克說道，「他刀槍不入。他可是聯合國大使，也可以說是他們的季辛吉（Henry Kissinger），沒人動得了他。」

護照生意就是從那時候開始的。毒品走私者擔心自己會被警察追捕，於是想要新的身分和新的旅遊文件。瑞卓克是法國古柯鹼走私者吉喬斯（Georges）的代表律師，此人和哥倫比亞惡名昭彰的麥德林集團（Medellín cartel）一起共事。吉喬斯從巴拿馬帶回來一只裝滿集團成員照片的信封，「他說：『給他們聖啟茨的護照，我也要一本。』」瑞卓克回憶道，「當時我已經開始處理申請了，錢也已經匯到我的託管帳戶，但不久之後，傳來整個幫派被抓的消息。吉喬斯逃到了中國……他們有空白表格（blanks），有人在賣空白表格。」

最後，比利．賀伯特做得太過火了。根據聯邦調查局的調查，賀伯特透過安圭拉空殼公司為一幫波士頓大麻走私者洗錢，對方接著拿這些錢購買軍火，協助愛爾蘭共和軍（IRA）對抗英國。這已經超出容忍範圍了。一點毒品還可以睜一隻眼閉一隻眼，但走私軍火可是越了界。英國和美國的警察聯手，在一九八六年突擊了賀伯特在安圭拉的辦公室（這場行動最終也讓瑞卓克鋃鐺入獄），幾個月後，那群波士頓毒品走私者也被逮捕歸案。

賀伯特在幾天內就請辭聯合國大使，卻從未被以任何罪名起訴——多虧了他的外交豁免權。不過，七年之後，就在他例行地偕同家人於周日坐船出遊後，他就消失了。曾和賀伯特一起駕船出遊多次的西蒙斯堅稱，單純只是因為賀伯特從來不在意救生設備，才會發生憾事。儘管如此，陰謀論廣為流傳，外界懷疑他的船被裝了炸彈，以報復他害警察循線找上愛爾蘭共和軍。（另外一種陰謀論指出，他其實是被埋在一座游泳池下面，把船弄沉只是在聲東擊西；還有一種說法是他根本沒死，而是故意製造假意外，然後逃到貝里斯〔Belize〕——一個髒亂不堪的加勒比地區國家，大約是從那個時間點開始成為避稅天堂。）

「他們本該回到這個海灘的。」阿斯塔芬望向沙丘陡峭的修士灣，輕柔的海浪正平穩地一波波拍擊在彼此身上。

這是個宜人的一天，微風輕拂，正是那種吸引人來加勒比地區的和煦天氣。兩罐加勒比啤酒（Carib）擺在我們面前，旁邊還有幾個已經喝完的空罐。賀伯特失蹤那天的天氣卻和這一天截然不同，颳大風起大霧，海上充滿了白色的碎浪，讓搜救行動變得極為困難。「他們再也沒有回來。一九九四年的父親節，倫敦警察廳來了，展開了調查。」阿斯塔芬說。英國警方的調查報告沒有太多收穫，除了沒人想和倫敦警察廳的警官說話（看來這個習慣已經在聖啟茨人的生活中根深柢固），而背後也許是有充分的理由的。賀伯特消失五個月後，島上的警長在去見他的英國同行時，在路上被槍殺身亡。

賀伯特這種人和聖啟茨護照計畫的關聯，讓這項計畫不至從地下犯罪世界浮上檯面，還在八〇及九〇年代獲得了尊敬。這項計畫確實讓政府拿到了一點錢，但沒人知道確切的數字，看起來也並非是國家財政的主要來源。總理提摩西．哈里斯（Timothy Harris，他的政府包含了人民行動黨，雖然他自己是隸屬於一個工黨分支團體）在二〇一五年表示，政府完全不曉得在二〇〇五年以前究竟賣出了多少本護照。他說，任何釐清的嘗試都是「一件艱鉅的任務」。在看過政府檔案庫的景象之後，我完全可以相信他這句話。

*

要不是因為糖價，或許這項護照計畫就會一直是這個腐敗、遭到世人忽略的國家中，一項源於貪婪但沒什麼人記得的法律。二〇〇五年，歐盟總算屈服於巴西、泰國和澳洲對它們提出的上訴，指控歐盟刻意為自己的農夫維持糖價，因而破壞了國際市場，違背了歐洲人簽訂的貿易協議。布魯塞爾同意降低補助，而對許多歐洲農夫來說，這可不是件好消息。

對二十多個小國來說，這更是個天大的壞消息。這些國家大多都曾是英國或法國的殖民地，長久以來都享有進入歐洲市場的特權。聖啟茨生產的糖再也無法享受到歐洲的補助制度，使得該國最重要的產業一夕之間崩潰，政府急需用其他方式來提高歲入。

當時只有三個國家在販售護照：奧地利、多明尼加和聖克里斯多福及尼維斯聯邦。奧地利的計畫一直都採少量、高價、量身定制的作法，而多明尼加和聖啟茨一樣，都為了少數圈內人士的利益，向任何想要護照的人便宜出售。

恒理環球顧問公司的克里斯汀．卡林則是想要不一樣的東西。他想要放大規模，讓護照變成一個聲望更高的商品，一個能吸引金權帝國人士、而非罪犯的金融工具。聖啟茨政府眼睜睜地看著國家即將破產，而此時卡林看到了一個機會。「當時在聖啟茨，你會遇到……非常麻煩的處理過程。有時候需要三個月，有時又要等上兩年，完全無法預測，沒有任何適當的管制，十分馬虎。」他對我這麼說。我們在一家時髦的西倫敦飯店喝茶時，旁邊還有小提琴樂手在演奏法蘭基．維里和四季合唱團（Frankie Valli and the Four Seasons）的曲目。「我告訴他們要改革整個架構，成立一個好好處理這事的中央單位，不要再讓政府官員經手。而且，我必須說，這要歸功當時的總理。他能理解這件事的重要性，做出這個決定也相對容易。」

當時的人認為買下一本聖啟茨護照，要不可以購買政府債券，要不就是投資在房地產開發上。卡林提出了第三種選擇：給政府錢，政府會把錢放到透明化管理的糖業多樣化基金（Sugar

Industry Diversification Foundation）裡，該基金的角色就像一種國家信託基金。政府能拿到錢，投資者也會覺得自己做了件有品德的事，而各個世界社群也會滿意地看到那些錢並沒有被盜用，投資者還能拿到全新的旅遊文件。為了消除政府在國安上的顧慮，卡林提議引進私營公司來執行申請者的背景調查。

「在二〇〇七年以前，基本上根本沒有盡職調查（due diligence）[26]，他們只會跟國際刑警組織（Interpol）確認，然後就完事了。」卡林告訴我，「要吸引正經的申請者，這項計畫本身也要足夠正經才行。就這麼簡單。而一個計畫越是正經，就越成功。」政府答應了卡林所有的提議，而整個計畫的成果就像火箭般一飛沖天，十年來幾乎每年的銷售成績都差不多會加倍。

二〇〇五年，聖啟茨賣出了六本護照；二〇〇六年賣出了十九本；二〇〇七年賣出了七十五本；二〇〇八年賣出了兩百零二本；二〇〇九年賣出了兩百二十九本；二〇一〇年賣出了六百六十四本；二〇一一年賣出了一千零九十八本；二〇一二年賣出了一千七百五十八本；二〇一三年賣出了兩千零一十四本。銷售數字從那時起便趨於持平：二〇一四年賣出了兩千三百二十九本；二〇一五年賣出了兩千兩百九十六本（這些數字並未包含隨著申請者一起拿到護照的

26　編註：為了降低風險、避免損失而做的事前調查，包括對員工／客戶的背景審查、人際間的利益迴避、企業併購之間的資產調查等，都在此範圍。

親屬，因此實際數字會遠高於此）。原先這項計畫一年只能賣出六本護照，在卡林與恒理環球顧問公司參與之後，十年後一年能賣出超過兩千本。

恒理環球顧問公司可說是創造了全新的事物，而卡林的介入就和五十年前在倫敦誕生的歐洲債券一樣富有遠見——他把一本護照變成一種可以放在架上出售的商品。聖克里斯多福及尼維斯的「經濟公民計畫」（Economic Citizenship Programme）的成功改變了整個世界運作的方式，也讓恒理名利雙收——每次有人成為聖啟茨公民，恒理就能拿到兩萬美元。

「經濟公民計畫帶來的大量金流協助國家經濟恢復，改善了總體經濟的平衡，促進了銀行流動性。」二〇一五年，三位國際貨幣基金組織的分析員在一篇報告中寫道。這份報告旨在分析這個金權帝國的新化身會造成什麼結果。「財政平衡獲得了極大的改善，二〇一三年的貿易順差就占了國內生產總值的十二%，儘管總支出增加到了國內生產總值的二%。」

這些錢被用來在巴士底東南方的觀光飛地（enclave）蓋整個山丘的房子，還有十幾家飯店及一座高爾夫球場（如果你還是把聖啟茨島想像成一條魚的形狀，那就是在魚的腰部）。有資金蓋一整個全新的聚落，也對國家經濟有所幫助。這個被稱為克里斯多夫港（Christophe Harbour）的地方，因此有了奢華觀光的收入，而過去這一部分可是杳無人煙。整個房地產開發的面積高達一千公頃，大約占了聖啟茨總土地面積的六%。一位行銷業務帶我參觀這項開發計畫。他有著一口美國人的潔白牙齒，一身金黃色的皮膚，開著一輛寬敞的黑色運動型休旅車。

在不久之前，這趟旅途可是相當顛簸波折，但有了一條南北貫穿整座島的嶄新道路之後，路程就輕鬆多了。

聖啟茨島的植被在有水源的地方蒼翠茂盛，在無水的地方則是充滿了低矮的樹叢。這裡就是長滿矮叢的部分，道路在彷彿西西里島的景色中蜿蜒。接著，路面向下傾斜，露出了非常壯觀的度假勝地。過去在島的這一端有座鹹水湖，但開發商切穿了這條狹窄的土地，將湖跟海分開，並把湖床挖深，建造了一座豪華遊艇碼頭。我造訪的時候港口還沒建好，但已經有一艘遊艇停泊在水泥碼頭旁了。這艘遊艇是頭龐然巨獸，讓我花了點兒時間才注意到船尾停了一架直升機。消逝號（Vanish，取這名字好像不太恰當）總長六十六公尺，可容納十二位乘客和十七位船員，能一路從倫敦航行到開普敦（Cape Town），不需中途補充燃料。船上配有兩座直升機停機坪，在二〇一六年從一間荷蘭造船廠下水。

「老兄，這才叫做船嘛。」行銷業務說道，「我知道船主是誰，但我不能告訴你。你可能會知道和他們有關係的人是誰，但你不會真的聽過那些人的名號，就像世界上大部分的有錢人一樣。最有錢的人都不是名人，而是巨型企業或家族企業的金融界人士。他們極為低調，而這也是我們的專長。」

依照船隻大小的不同，遊艇碼頭的船位售價在一百八十萬到兩百八十萬美元之間。從湖底挖起的淤泥成了沙嘴和半島地形，沐浴在和煦陽光中的寧靜別墅就座落其上。最貴的建地是八百萬美元，雖然平均價格落在比一百萬美元多一點點的價位（蓋房子要再多花一百萬到三百萬美元）。我們一路開向別墅村，又欣賞了幾間賞心悅目的房產，接著在俱樂部停下。棕櫚樹高懸在有著茅草屋頂的酒吧上方，一座無邊際游泳池俯瞰著白色的沙灘與遼闊的碧綠海洋。在這座開發區裡有六個海灘、幾近完工的柏悅飯店（Park Hyatt Hotel）、已規畫完畢的高爾夫球場，還有一間悠閒的濱海酒吧，外牆巧妙地用取自製糖廠建材的鏽色波浪鑲板裝飾。確實是神來之筆。

依聖啟茨投資型公民計畫的設計，只要投資超過四十萬美元在房地產上，就可以拿到一本護照。的確許多建地都是由想要護照的人買下，但並非全部皆是。克里斯多夫港的開發商是一位經驗老到的美國人巴迪．達比（Buddy Darby），他在美國客戶之間享有盛名。對許多美國客戶而言，比起護照，這項計畫本身討喜的性質和美國與聖啟茨之間的旅遊便利性還更加吸引人。但對來自美國以外的客戶來說，護照才是最主要的吸引力。「俄羅斯人需要護照，中東人也是。」我的導遊告訴我，「我們在亞洲市場也有四個客戶：一位日本人、一位臺灣人、兩位中國人。看，那邊的房子比較像我說的，大約有三十坪。」他露出微笑，對著坐在玻璃房屋外看守的警衛揮手。「人們就喜歡這樣，有柵欄和警衛的社區，非常好。」

離開的時候，我拿了一本開發計畫的小手冊。我才看了不到三分之一的面積，但整個野心的規模仍讓我吃驚不已。出售護照計畫的發想者如果夠誠實的話，這種改造計畫可能才是他們想要達到的目標。當相關法規在一九八四年通過時，聖克里斯多福及尼維斯還是個窮困的國家，依靠糖業維生，奮力與巴西和其他地方進行更有效率的產業競爭。如今，介紹手冊上秀出了正在衝浪的觀光客、駕駛帆船遊艇競速、動力豪華遊艇在陽光下閃閃發光，苗條的金髮女子赤腳走在白色沙灘上，人們坐在夕陽下啜飲雞尾酒，快樂地談天。

但這份手冊也呈現了令人不安的一面。只要看久一點，就會變得顯而易見：只有兩位黑人出現在裡面。其中一位是穿著門房制服的男性，另一位則是用托盤端著飲料的女服務生。這和我剛才搭車參觀時所看到的景象是一致的。出現在克里斯多夫港的當地人全都是雇工：警衛、建築工人和司機。儘管建設計畫的資金對聖啟茨貢獻良多，讓政府能有足夠的預算，但手段卻是將完全不參與島上傳統生活的外國人引進此地，和原本的公民完全沒有任何聯繫。

這一點碰巧就是護照計畫反對者在一九八四年提出的警告。「西蒙斯政府明顯就是要把整個鹽湖半島賣給外國人。」一九八四年二月，也就是新法通過的三天後，布萊恩在工黨報紙專欄中如此警告。「新來的主人會在半島上建立一個分離的白人國家，讓本地聖啟茨人只能以侍者和計程車司機的身分進入——這個可能性對政府來說根本不屑一顧。」

那麼，究竟是誰買下這些護照、協助聖啟茨人克服崩潰的糖業問題，但同時卻也在這個曾是單一民族的島國上建立起外國人的飛地？「這些投資護照遍及所有大洲上的一百二十七個國家，在亞洲及歐洲最受歡迎。」哈里斯總統在二〇一五年說道。他表示，在一萬零七百七十七位申請者中，有兩千兩百七十二人都來自同一個國家，但他並不準備要指明是哪一國，也不會提供更多資訊。其他也有類似護照出售計畫的島嶼就比較透明了：安地卡及巴布達（Antigua and Barbuda）公開了所有申請者的國籍，多明尼加則承諾要公開申請者的姓名（雖然名單只能在公營文書用品店販售的公報上找到，而且也並不完整——透明化的承諾也不過是局部公開而已）。聖啟茨沒有提供這種程度的細節，但根據官方釋出的資料判斷，它的客群基本上和兩個加勒比地區鄰國是差不多的——中國人、中東人和後蘇聯國家的人各占了同樣的比例，而其他國家的人加總起來則是占了剩下的四分之一。

羅格．弗爾（Roger Ver）在加密貨幣圈的成功，讓他得到了「比特幣耶穌」（Bitcoin Jesus）這個綽號。他很樂意和我坐下來聊聊為什麼他要把自己的美國護照換成聖啟茨護照。他的網站（bitcoin.com）為他賺進大把財富，而如今他不必再向美國繳稅，這讓他比之前多了百分之十到十五的產值。不過，他不是那種典型的申請人，部分原因是他根本不相信護照這種東西（「這裡〔地球〕不過是宇宙中的一顆巨石。你如果剛好出生在石頭的某一部分，卻無法去石頭的另一個部分，在我看來是挺荒謬的。」），但主要還是因為他並不是中國人、中東人或後蘇聯國家的人。

更典型的申請者是卡馬爾．薛哈德（Kamal Shehada），他是我在多明尼加新開發區遇見的人，但他只抽得出時間在聖啟茨島的萬豪飯店（Marriott）賭場與我談話，同時一邊看巴塞隆納踢球、一邊喝蘭姆雞尾酒。他是來自巴勒斯坦的土木工程師，一生都為沒有第二本護照所困。以色列於一九四八年五月宣布建國，他父母逃離耶路撒冷，不久後在加薩（Gaza）生下了他。他的三位哥哥都出生在耶路撒冷，卻回不去那裡。在他還是個孩子的時候，全家搬到了利比亞，他在那裡長大、就讀大學。一九六九年九月，格達費發動政變，取得了權力大位，之後格達費認為他的一位朋友對國家不忠，薛哈德只好逃亡。最後他來到了英國，在那裡取得碩士學位，成為精於空間桁架的專家，也就是許多現代建築屋頂會用到的輕量施工技巧。杜拜當時正在蓋一座新機場，請他來幫忙。

「我有個姐妹就在杜拜，我只打算去三天，結果一待就是三十八年。」他說，「但就算過了三十八年，他們還是隨時可以撤銷我的居留權。我兒子在杜拜出生，但他們在他二十一歲時取消了他的簽證。他已經成年了，非要新的簽證不可。」

多虧了他們新買的護照，這些惱人的事統統解決了。他的大女兒現在擁有一本多明尼加護照，其他孩子則持有聖啟茨護照，讓他們得到一般巴勒斯坦人作夢才有的優勢：他們能自由前往大英國協和歐洲的大部分地區，不受任何阻礙。「拿著巴勒斯坦護照，我連阿拉伯國家都進不去，到處都充滿了不公平，全世界都是。」他說，「九十九%的巴勒斯坦人根本買不起一本護照……但我不會覺得過意不去。我有錢能買一本護照，就表示我能來這裡工作、賺更多錢，再拿這些錢去幫助他們。在加薩，有二十五位學生接受我的贊助。」

這就是金權帝國的力量：讓富有的公民能擺脫糾纏同胞一輩子的不公正，享受自由愜意的生活。如今有數百萬來自窮困國家的富人，能躲掉這世界不公平的簽證系統，用金錢立即買到機動性。因此其他國家若也想從這個有利可圖的產業分一杯羹，絲毫不令人意外。多明尼加在一九九二年回到場上，晚近一點則有安地卡及巴布達、聖露西亞和格瑞那達（Grenada）。在歐洲，奧地利仍維持少量與隱密，但馬爾他和賽普勒斯都雙雙啟動了更大規模的計畫，從俄羅斯人、中東人和其他地方的人身上賺進數億歐元。有太多有錢人想要購買護照，讓這個市場一直是個賣方市場（seller's market）。事實上，這就是為什麼聖啟茨出了問題。他們變得太貪心了。

卡林拒絕討論為什麼恒理在經過七年之後，不再和聖啟茨合作，但我在島上的情報來源指出，政治人物開始染指糖業多樣化基金，瓦解了該基金的保護機制。

二〇一四年五月，美國的金融犯罪防制署（Financial Crimes Enforcement Network，FinCEN）提出警告，表示聖啟茨的護照被用來協助金融犯罪，而儘管巴士底的政府堅稱伊朗國民不符資格，他們還是持續收到護照。「由於管制過於寬鬆，不法分子——包括那些利用第二個公民身分來規避制裁的人——可以輕易就拿到護照。」金融犯罪防制署如此表示。同年三月，美國財政部對獲得聖啟茨公民身分的伊朗人施加制裁。二〇一三年下旬，伊朗人亞麗薩拉·默哈丹（Alizera Moghadam）拿著一本聖啟茨護照出現在加拿大，導致加拿大政府取消了聖啟茨國民的免簽證待遇，嚴重破壞了護照計畫的優勢以及聖啟茨老百姓的利益。

而醜聞接連不斷浮上檯面。馬來西亞人劉特佐（Jho Low）遭控從一馬（1MDB）主權財富基金詐取了五億四千萬美元，正被美國政府通緝中，而他也擁有一本聖啟茨護照。另一位持有聖啟茨護照的人從麥吉爾大學健康中心研究所（McGill University Health Centre）詐騙了兩千兩百零五十萬美元，被加拿大警方稱為該國史上最大的弊案（此人在受審之前就死亡了）。二〇一六年，聖啟茨政府不得不吊銷一位美國律師及其妻子的護照，因為他們不當挪用客戶的資金來購買公民身分。同一年，《紐約時報》報導了一起巴基斯坦的網路詐騙，不法所得高達數億美元，而幕後黑手同樣擁有聖啟茨的公民身分。

連帶其他因素，不斷出現的醜聞壓垮了聖啟茨政府，這也是為什麼哈里斯會在二〇一五年成為總理。我們現在所知的少許護照買家相關資訊，就是由他所揭露。他的政府重新啟動護照計畫，並找來新的合作夥伴取代離去的恒理環球顧問公司，也設立了新的規範。但到了那時，聖啟茨已經不是場上唯一的玩家了；恒理環球顧問公司如今和安地卡、馬爾他與其他好幾個國家合作，護照已然成為一種商品。事實上，如今購買護照已經是有點無聊的小事了，市場上已出現另一個更為有趣的商品。

10　「外交豁免權！」

前超模克莉絲蒂娜．亞斯特拉達（Christina Estrada）在二〇一二年二月二十一日度過五十歲生日。她的丈夫、沙烏地富豪瓦利德．朱法利（Walid al-Juffali）誘她前往阿布達比，答應要替她舉辦一場小型私人派對。實際上，他暗中籌備了更大的計畫：他讓兩百名友人從倫敦、日內瓦、吉達（Jeddah）和貝魯特乘坐私人噴射機，來到魯卜哈利沙漠（Empty Quarter）邊緣的豪華飯店度假勝地，用一千零一夜主題的晚宴招待他們，並連續三天提供各種娛樂活動，包括越野四輪車、騎駱駝和射箭。

英國的名人八卦雜誌《哈囉！》（*Hello!*）報導了這場生日派對。雜誌裡的照片呈現了亞斯特拉達身穿飄逸的長袍在沙丘上擺姿勢，隨風飄動的沙子呼應了她的曲線，而她赤裸的雙足則在半透明的長袍下若隱若現。在另一頁的照片中，一隻老鷹停在她的手腕上，長長的雙腿包在牛仔褲和半長靴裡，豐盈的黑色秀髮在身後迎風亂舞。馴鷹人是一名穿著白色長袍和刺繡背心的當地人，他看起來隨時準備好在必要時介入，雖然亞斯特拉達看起來十分放鬆。

女性賓客各個身材苗條、身著浮誇昂貴的衣飾，而她們的男伴則都是矮胖、時髦、一身古銅色的皮膚。朱法利自己只有在兩張照片中出現，身穿奶油色的晚宴服和一條領帶，外套翻領邊緣鑲著珠寶，而他的太太則正切著一塊和浴缸一樣大的蛋糕。

報導這次派對的雜誌記者是塔瑪拉．貝克衛斯（Tamara Beckwith）（「我和克莉絲蒂娜認識十五年了，我把她和瓦利德都當作好朋友……他們在我和喬吉歐〔Giorgio〕結婚時於威尼斯開了一場壯麗的面具舞會，當作結婚禮物送我，他們在那裡擁有一座十五世紀的宮殿。」）因此這並不是什麼言詞犀利的報導。不過，她的文章還是讓我們能一窺富豪婚姻生活中引人入勝、甚至有點甜蜜的一面。「我丈夫願意為我這麼做，真是不可思議，」亞斯特拉達告訴貝克衛斯，「我整整三天三夜都在唱歌跳舞，充滿了活力跟喜悅。」顯然她知道丈夫從聖誕節開始就在策畫些什麼，但他完全沒有透露任何線索：「他認為那是一場重要的生日——生命給了我們許多變化和精彩章節，所以我們需要好好慶祝。」

亞斯特拉達在採訪中解釋，她通常都住在英國薩里（Surrey）（她住在一棟要價一億英鎊的房子裡，接鄰女王的溫莎大公園〔Windsor Great Park〕），但學校放假時，他們會帶女兒去格施塔德（Gstaad）、威尼斯或吉達，因此她很高興能有機會和所有朋友共聚一處。「他和大多數男人一樣，不會一天到晚稱讚我有多棒或多美，」她在談及自己的丈夫時說道，「但他非常慷慨，常會帶一些他認為我喜歡的東西回來。我想，就像很多夫妻一樣，我們能協調相處。因此雖然我們支持著彼此，我們各自也有獨立的生活。」

在派對結束後，這篇採訪和照片在雜誌上刊載了一個月，一直到三月二十三日，那時朱法利早就已經和別的女人結婚了。他在生日派對的兩天後娶了黎巴嫩模特兒露金．艾妲妲（Loujain Adada），而新娘的年紀則比大太太小了一半。當你發現他其實一直在偷偷追求別的女人時，這場派對的預先策畫突然間聽起來就沒那麼浪漫了。

朱法利和新婚妻子於十一月在威尼斯慶祝他們的結合。艾妲妲在儀式上穿著卡爾．拉格斐（Karl Lagerfeld）設計的白色長裙，據聞要價三十萬美元，而朱法利則身穿簡單的黑色西裝和黑色領帶。四名伴娘拉著裙擺列隊沿著走道行進，而賓客正不停用手機拍照。

在宴會上，朱法利穿著軍服，勳章一路別到了肚子附近，像個準備展開掌權第四十年的南美洲獨裁者一樣。艾妲妲穿著洛可可風格的貼花絲質長裙，下身是綴滿水晶的吊鐘狀波浪絲質拖擺，上身是珍珠刺繡的緊身馬甲，讓她看起來既苗條又優雅。她用巨大的羽毛頭飾完成這身搭配，整個人美得不可方物。根據媒體估計，光是她的項鍊就要價三百萬美元。

朱法利當然付得起。根據後來的法院判決所示，他擁有的財富無法估量：「他和擁有這等財富的人一樣，通常都搭乘私人噴射機在全世界來來去去，住在位於不同國家的房產裡，而這些房產是他個人——或他的代表人——透過巧妙的金融結構所持有。」他的家人在沙烏地阿拉伯經手昂貴的基礎建設計畫，他的父親則靠著獲得西方公司的合夥協議發財，例如伊萊克斯（Electrolux）、梅賽德斯（Mercedes）、IBM和西門子（Siemens）等。一九九四年，瓦利德成為家族公司朱法利兄弟（E. A. Juffali & Bros）的董事長。除了溫莎附近的一億英鎊豪宅，他還擁有一棟騎士橋的改建教堂、德文郡的鄉間別墅，以及在沙烏地阿拉伯、瑞士等地的房產。在二〇一五年的一場慈善拍賣會上，他花了將近五十萬英鎊買下兩張照片：分別是塔瑪拉·梅隆（Tamara Mellon）和凱特·摩絲（Kate Moss）的裸照。

身為一名沙烏地阿拉伯的穆斯林，朱法利可以娶四名妻子，但亞斯特拉達並沒有準備要忍受這件事。她在二〇一三年八月要求離婚，但在他答應會把新來的女孩弄走後，他們便言歸於好。但她犯了一個錯誤，新太太從未正式簽下離婚協議書。

二〇一三年十二月，他飛越大西洋，來到聖露西亞，花了兩天和政府要員會談。四個月之後，聖露西亞指派他成為國際海事組織（International Maritime Organization，總部位於倫敦的聯合國組織，負責全球航運的安全）大使。國際海事組織是個重要的組織，但擁有約十八萬人口、一九七九年從英國獨立的聖露西亞，一直都沒有認真看待。

在過去，聖露西亞在倫敦的大使會在公務之外處理該組織的相關事務，顯然業務並不吃重。朱法利的簽證只能讓他一年在倫敦待上一百八十天，而他也沒有任何海事相關專業，不過，這些看來都不會妨礙他就任這個新職位。

二〇一四年八月，聖露西亞通知英國外交部，朱法利是他們的新國際海事組織大使，並正式列入倫敦外交名錄（London Diplomatic List，羅列了所有在英國外交官的官方彙編總集），顯然這就是他在等待的東西。隔了一個月，他說了「塔拉克」（talaq）——穆斯林男人只要說三次「我要跟妳離婚」，就能結束婚姻關係——再隔了一個月，他告知亞斯特拉達自己做了什麼。他抓的時機正好。他原先承諾要趕走那位黎巴嫩模特兒，後來卻讓她搬到倫敦，住在沃爾頓街（Walton Street）一棟價值四千一百萬英鎊的房產裡。就在十一月，她生下了他們的第一個孩子。

十二月，亞斯特拉達的律師團找上他，發動了第一波攻擊，為了爭奪家族財產而準備展開一場代價不菲的戰鬥。但他的回覆卻出乎所有人意料：他是個大使，所以英國法律碰不了他，她只能拿走已經給她的那一份。他買下了一個比護照或簽證還遠遠貴重得多的資產：不受法律約束的保護。他找到了一條通道，通往金權帝國最安全的地方。

「對於外交豁免權這種偉大的機制而言，我根本想不出還有什麼比這更懦弱的濫用方法。」英國知名的事務律師兼英聯邦律師協會（Commonwealth Lawyers Association）前主席馬克・史蒂芬斯（Mark Stephens）在幾個月後寫道。「國際社群真的準備好要接受有錢的詐騙分子和惡徒——也許是下一個伯納德・麥道夫（Bernie Madoff），或是像大毒梟『矮子』古茲曼（El

Chapo）一樣的罪犯，甚至是恐怖分子的資助人——得以規避正當的司法系統，就因為他們從一個貧窮的國家拿到外交護照？」

能這麼清楚地解釋這個問題是很好的，但要想出任何對應的方法卻非常困難。外交官擁有起訴豁免權是國際秩序的核心，讓外交大使和同事能放心工作，不需要擔心會成為地主政府的攻擊目標。但如同一九八九年的警察搭檔電影《致命武器2》（*Lethal Weapon 2*）演的一樣，豁免權並非一直都是個好東西。在電影中，一位南非種族隔離時期的外交官在大型走私買賣中被丹尼·葛洛佛（Danny Glover）逮捕時大聲嘲笑他。「外交豁免權，」那位南非人聲明道，舉起手中的證明文件。在電影中，葛洛佛單方面「撤銷」了南非的外交地位，把一顆子彈送進他的腦門；但在現實世界裡，他必須得放走他。一個國家能把另一個國家的代表趕走，但除此之外不能對他做任何事，因為這會讓自家外交官在別國受到報復性的對待。朱法利所濫用的基本原則，是聖露西亞可以指派任何中意的人，這是它的主權權利。英國必須予以尊重，這是條約義務。

亞斯特拉達的律師團要求聖露西亞撤回這位大使的外交豁免權，而這是友好國家在彼此的外交官做出非政治性的違法行為時通常會選擇的作法，例如車禍或施暴行為。不過，在二〇一五年十一月，聖露西亞的總理肯尼·安東尼（Kenny Anthony）卻拒絕了這項要求。「聖露西亞政府已經向該前妻的律師團表示，這是民事事務，政府並不想介入。」官方聲明中如此說道。

聲明中也指出，政府很高興看到朱法利的大使業務做得很不錯，而他正準備要在島上建立醫學研究產業。顯然，八月和九月都排滿了和護士與醫生的會議，而一個全球糖尿病研究中心將會在二〇一六年初開始運作。「聖露西亞政府向公眾保證，在指派朱法利博士之前就已完成了一切必要的盡職調查，而我們很滿意能看到他是這個外交職務的傑出人選。」

在下一個月，英國政府提出了同樣的請求，對這個島國來說可是嚴重多了。聖露西亞忽略一個有錢女人的律師是一回事，但忽略從倫敦寄來的信可不能拿來相提並論。聖露西亞是大英國協成員國，英國女王仍是它的元首，她的頭像也出現在貨幣上。近幾年來，聖露西亞從英國獲得了數百萬美元的援助。不過，這些還是無濟於事，在安東尼的新年演說上，他明白表示自己已經下定了決心。「由於受到了種種壓力，這不是一個容易做出的決定，但就算要孤身奮戰，我們也永遠都要去做我們相信是對的事。」他莊嚴地說道，「我也很有信心，那些意圖損害、玷汙這個政府的名譽及國家的人，無論是誰，最終都會被揭發出來。」

二〇一六年一月，在倫敦召開了一連串庭審，決定朱法利的外交地位是否能容許他不向妻子支付離婚協議的財產分配。亞斯特拉達的團隊中有四名出庭律師，其中兩名還擁有御用大律師（Queen's Counsel，王室法律顧問）的地位。朱法利聘請了離婚訴訟專家密許康·德·雷亞（Mishcon de Reya），他找來了三位出庭律師，其中兩位也同樣是御用大律師。在為期五天的開庭中，法庭聽取針對外交豁免權及這段婚姻的本質進行的辯論，期間也揭露了朱法利從未出席過任何一場國際海事組織的會議，還有他罹患了癌症，即將不久人世。在法庭的判決中，朱法利被稱為「H」（取自丈夫〔husband〕的首字母），亞斯特拉達則被稱為「W」（取自妻子〔wife〕的首字母）。

「明顯可見自從H接獲這份工作後，就沒有履行過**任何**有關該職位的**任何**職責。」海登（Hayden）法官在判決書中寫道（粗體字是他自己標的），「H從未在任何實質意義上真正從事過他的工作，也從未履行過相關的職責。整件事完全是人為操作……我的結論似乎和『騙局』（sham）一詞的傳統定義相符合。」

亞斯特拉達在法庭上吸引了大量媒體關注（《每日郵報》〔*Daily Mail*〕：「這是史上最光彩奪目的離婚女子嗎？」）而法官裁定她向朱法利提出的控訴成立，更是成為媒體的焦點（《太陽報》〔*Sun*〕：「敲詐！」）。但海登法官的判決等同於葛洛佛在《致命武器2》中開的那一槍一樣，單方面撤銷了朱法利的外交地位，讓英國政府慌了起來。英國外交部帶了另一位御用大律師和兩位出庭律師，以「訴訟參加人」（intervener）的身分加入上訴過程。上訴聽審在一個多月後舉行，政府懇求法官推翻他們的同僚做出的判決。最根本的問題就是，如果英國法庭能宣稱一位外國外交官的地位是一場騙局，那外國法庭也可以對英國外交官比照辦理。「假使外交官與常駐代表（Permanent Representatives）的委任無法確實被接納，國際關係的處理……將會嚴重受到阻礙。」代表政府的律師如此主張。

英國的立場是，就算朱法利的外交地位確實是一場騙局，亞斯特拉達也確實因此而蒙受不公正的對待，由於英國在國際上的角色，還是得維持那場騙局和不公正的結果不變。於是，在上訴法庭法官的判決書中，她也同意這個論點：如果聖露西亞說朱法利是外交官，那他就是外交官。主權重新獲得了伸張。

但朱法利要放心還言之過早。金恩法官（Lady Justice King）還留了一張王牌沒打，可以直接贏過對手的一手好牌。在法條中有個奇特的小小規定，認為一名外交官只有在接獲職位、到該國赴任後，才能享有完全的豁免權。如果一位外交官在赴任該國之前已是該國的永久居民，那他只有在擔任外交官期間才能享有豁免權。這只是法律上的一個細則，但此刻特別有用。朱法利在國際海事組織的外交官業務顯然並不包括試圖阻止自己的前妻獲得公平的離婚協議，而雖然他並非長居英國，他的三個婚後住所全部都在倫敦或倫敦近郊。法庭裁定，他將孩子留在英國的這個事實，代表了他在二〇一四年以前就住在英國，因此他不能享有豁免權。因此，亞斯特拉達可以要求獲得他的資產，一如英國法律認定所有妻子都有這個權利。正義獲得了伸張，儘管差了一點。（順帶一提，自從二〇一六年五月起，就沒有再聽過任何聖露西亞聲稱的糖尿病研究中心的消息了。顯然這項計畫隨著上訴一起胎死腹中。）

在朱法利輸掉上訴時，我們才第一次聽到他本人的說法。他的律師公布了一份聲明，表示他擔心前妻是想要「毀損他的名譽」。他說他一個月會給亞斯特拉達七萬英鎊的零用金，也支付他們女兒的學費，還有薩里那棟擁有十個臥室的豪宅的所有支出。他還在比佛利山莊替她買了一個一千兩百萬美元的房產，又花了三百萬美元照她的意思重新裝潢。

但對亞斯特拉達來說還不夠。在討論她的離婚協議時，她公開了對前夫的財務要求，其中包括了一年十一萬六千英鎊的名牌包零用金、觀賞溫布頓（Wimbledon）網球錦標賽與雅士谷（Ascot）賽馬產生的四萬六千英鎊支出、一百萬英鎊的服飾（包括價值八萬三千英鎊的雞尾酒禮服），以及每年十月到巴黎度過的期中假期（二十四萬七千英鎊），另外還有要價九千四百英鎊的四瓶臉霜。「我可是克莉絲蒂娜．亞斯特拉達。我是頂尖的國際模特兒，我過的生活就是這樣，這就是我習慣的生活方式。」她說。

最後她獲得了價值七千五百萬英鎊的現金和資產，是英國史上金額最高的離婚協議判決之一。儘管朱法利在二〇一六年七月過世，讓她取得財產的過程變得比較困難，但最終正義還是獲得了伸張。

或者該說是獲得了「某種程度上」的伸張。朱法利在取得金權帝國逍遙法外的終極地位時，也許的確是在最後一個關卡栽了跟斗，但在過程中，他讓每一位跟在身後的參賽者看清楚了這個關卡的面貌。他犯的錯就是在獲得外交地位之前，就已經住在英國了。如果現在有個富豪想搬到倫敦、紐約、邁阿密或其他西方主要城市，他只要找到一個急需現金的國家、願意在他前往該地前指派他為外交官就好了。如果他採取了這個簡單的預防措施，他就可以高枕無憂——再也沒有任何人動得了他。他不只可以毫髮無傷地離婚，還可以免於任何犯罪行為的起訴。

這宗醜聞是終結聖露西亞總理肯尼・安東尼政治生涯的諸多因素之一。他在二〇一六年六月的競選中，輸給了對手陣營的領袖艾倫・切斯特尼（Allen Chastanet）。幾個月之後，我和切斯特尼在碳坑（Coal Pit）一起喝茶，那是一間位於首都卡斯翠（Castries）邊緣的愜意小餐廳。我問他，他的政府是否會考慮繼續進行同樣的計策。

「我可以告訴你，這不會再發生了。」他承諾道，同時蚊子在我們四周嗡嗡飛舞。「我們還是會發出外交護照，但只會給榮譽顧問，或是真的能好好做事的外交官。那傢伙沒參加任何會議，他跟國際海事組織根本一點關係也沒有。我希望我們不管選的是誰，那人都能經得起檢視。」

這當然是個好消息，但世界上有幾乎兩百個國家，很多都比聖露西亞還缺錢，也有許多國家更樂意將外交證明文件提供給能夠付給他們幾百萬英鎊的人。事實上，他們早就在這麼做了：哈薩克的寡頭統治者穆哈塔爾・阿布雅佐夫（Mukhtar Ablyazov）的妻子在二〇一三年被報導拿著中非共和國的外交護照住在義大利；奈及利亞前石油部長荻耶贊尼・艾莉森－馬德克（Diezani Alison-Madueke）在二〇一五年十月於倫敦被捕時，持有多明尼加的外交證明文書；中國富豪蕭建華在二〇一七年一月於香港被綁架時，擁有安地卡及巴布達的外交護照。

如果要強調我們對金權帝國的了解，那就是這個國度不斷在突變、擴張，有錢人也不斷發現新的通道。這種外交豁免權的交易只是某一門生意的開端，而這門生意終將會對世界如何運作與監督帶來無比驚人的後果。當外交護照產業真的開始全力運作時，會讓聖啟茨政府販賣一般護照的行為看起來很過時。這可是件令人擔憂的事。如果政府無法在有錢人犯下罪行時對付他們，那麼這個任務就落到記者和社運分子手中了。金權帝國的守門人當然有考慮過這一點，而且也做出了相應的行動。

11 不能寫出來的事

二〇一四年，在普丁占領克里米亞半島、破壞基輔對東烏克蘭的控制之後，西方強權開始對兩個國家的官員及生意人實施制裁。任何被視為是侵害烏克蘭領土、或濫用權力侵占國家資產的人，他們在美國、歐盟、澳洲、日本和其他小盟國的銀行帳戶和房地產就會被凍結。

許多制裁名單上的人士與公司都廣為人知。舉例來說，車臣共和國兇殘的統治者拉姆贊．卡迪羅夫（Ramzan Kadyrov）間接受到了影響：他精心培育的一流良種馬被禁止參與名氣響亮的西方競賽，獲得的獎金也被凍結。其他受制裁的人士則藉由空殼公司或匿名銀行帳戶，把資產藏在金權帝國，讓追查過程變得十分困難。但對堅持不懈的調查人員來說，他們手中還握有一招：這些寡頭統治集團都有孩子。真實存在的人會留下活動的蹤跡，尤其是當他們既有錢又年輕，而且喜歡使用社交媒體。找到那些孩子，就能找到那些錢。

二〇一四年的一個夜晚，我找到了一對已成年的孩子，他們活躍於社交媒體，使我能一路追溯到他們父親的錢。他們貼上網的照片和文字讓我深入了解他們父親的資產、他人在何處，還有他使用的金融花招是什麼。這是一個相當驚人的案例研究，深入探討一個騙子怎麼利用金權帝國提供的系統，從一個可稱之為「竊賊之國」（Grand Theft Nation）的地方逃脫，不受到任何制裁。

在接下來的兩年間，我東奔西跑，就為了確定這個故事的每個層面都被我掌握得無懈可擊。我造訪了此人主要資產的所在之處，追蹤到兩位失掉了公司股分、讓他得手的股東。接著，我找到了公司的文件，能證明兩位前股東的說詞，還和公司高層談過話，確保我沒有誤解他們的意思。之後，我拜訪了兩間隱藏被竊資產持有者身分的空殼公司所在的司法管轄區，並因為一份偶然外流的公司文件，證明他在被列入西方制裁名單後，就把財產藏到金權帝國的更深處。我對他的律師糾纏不休，跑去她的辦公室和她家，直到她證實了那些資產的來源。

身為主角的這名男人拒絕和我談話，但我找到的證據都非常有說服力：他偷了一間獲利非常高的公司，藏到境外世界，而多虧了「樂於助人」的西方法律事務所、生意夥伴及各個避稅天堂的寬鬆司法系統，他得逞了。

蘇聯解體不久後，他就把孩子送到一個西方國家，讓他們享有自己同胞無福消受的優良教育。孩子成年後，他們的父親利用他們來掌握公司股權，即便他們只有十八歲，也沒有任何相關的生意經驗，但他還是把他們登記為名義上的股東。比較大的孩子似乎對家族企業興趣缺缺，轉而力求成為社交名流，雇了一大票美國名人，讓他可以跟著他們到處跑。可惜的是，儘管他對此肯定花了大把金錢，卻沒有紅起來，也許是因為缺乏才能吧。根據幾個點閱率不高、關注名人的YouTube頻道上的零星採訪來看，這孩子連最基本的魅力都沒有。

第二個孩子的職業可能更順父親的心意，因為這孩子成了幾間公司的老闆，讓家族企業把資金分散到橫跨歐洲、進入中東地區的商業不動產、娛樂事業、金融和交通事業。這位次子與一位知名的歐洲投資者合夥（你可能不認得這位投資者的名字，但你會認得他的公司），讓家族商業帝國急速擴張，從他在社交媒體上吹噓的銷售和建設速度來看，也證實了此事。

這個故事讓我如此興奮，因為它把金權帝國的路徑——「偷竊—藏匿—花用」——完整地濃縮在一起。故事從一位寡頭偷走了一筆財富說起，接著用複雜的企業組織在數個司法管轄區裡隱藏這些財富，再把這些錢當作合法所得在西方國家裡花用——包括花在能吸引一般大眾注目的名人身上。這可是一個典型的範例，展示出只有夠有錢的人才能使用的法律把戲和策略，還能做到購買歐洲國家的居留權，讓他的孩子在那裡長大。

當這位父親被列入西方制裁名單時（在革命之後的數個月到數年間，這些名單更新過了好幾次），他的資產本該遭到凍結，但卻沒有發生。他的隱藏手法如此成功，讓執法機關根本沒注意到他擁有這個快速擴張的商業帝國。而這種時刻，一篇報導就能帶來改變。正是因為能訴說這種故事，記者這個工作才那麼令人興奮，而當我找到一個樂意刊登的刊物時，我高興不已。

接著，就在刊物即將付印、我兩年來的工作就要得到回報時，我收到了一封非常不想看到的電子郵件：「編輯認為，即便這篇文章在律師的建議下做了合法的修改，在這個時間點出版還是會帶來過高的法律風險。」「在這個時間點」這幾個字根本沒有出現的必要，這封郵件意味著這個故事已經死了。

當然了，我可以自行去找其他刊物出版，於是我聯繫了許多過去曾合作過的編輯，我也知道他們能信任我的品質。不幸的是，要讓新的編輯對一篇被律師封殺的故事產生興趣，就好像要讓別人對一條咬死過自己主人的狗產生興趣一樣。我收到一連串彬彬有禮、充滿同情的拒絕信，直到我終於放棄。這篇故事是真的死了，而那位寡頭就這樣得逞了。他和他的家人幾乎和英國沒有關係，但一個頗有名望的刊物會僅僅因為害怕被告上英國法院而被迫放棄一篇故事，便足以顯示出境外金融和金權帝國所有的手段如何讓西方世界的制裁變得無效。如果約瑟夫・海勒（Joseph Heller）的小說《第二十二條軍規》（*Catch-22*）寫的不是二戰時期的美國軍隊，而是如今的全球化經濟的話，那麼這就如書中那種令人憤怒的諷刺——金權帝國的本質正是在於防止自身的本質被曝光。

這就是為什麼我得用這麼模糊的詞彙描述上面的故事，不寫出任何具體的細節，例如那對孩子的性別，或是被竊走的公司所在的位置。假使我做對了，那應該就沒有任何讀者能認出這位腐敗的寡頭是誰，就算他們是相關領域的專家也一樣。我要為此致歉。如果你跟別人說你要講一個祕密，卻又拒絕說清楚那個祕密是什麼的話，我能理解這是一件非常不禮貌的事，但我不想要被告到破產。而這正是金權帝國防禦機制中鮮少被注意到的面向，也就是誹謗旅遊（libel tourism）。

英國允許那些和英國幾乎沒有關聯的富有外國人對外國記者提告，甚至不需要是在英國刊登的報導，導致英國變得惡名昭彰，於是，英國議會便在二〇一三年修改了與誹謗相關的法律。在那之前，像鮑里斯．布列佐夫斯基（Boris Berezovsky）這種俄羅斯富豪（他在一九九七年於英國法庭控告《富比士》雜誌，就算在七十八萬五千本的全球銷量中，英國只占了兩千本），以及沙烏地公民曼恩．薩尼亞（Maan al-Sanea），都曾利用英國來調停誹謗訴訟，就算他們和英國只有微乎其微的關聯。在一個特別極端的案例中，一名突尼西亞生意人控告了阿拉伯衛星電視台（Al Arabiya），還贏了這場官司：法庭認可英國擁有司法裁判權，因為這個頻道可以透過英國的衛星電視服務收看，然而在英國幾乎沒有任何人會看這個頻道。

經過二〇一三年的改革，原告必須證明他們確實因為出版物而蒙受損失，也要提出此一損失與英國之間的關聯，才有辦法贏得賠償。但這項改革沒有處理的是結構問題：也就是跟必須為自己的出版物辯護相較，一位金權帝國人士有更源源不絕的資金可以打一場出於臆測的官司。這並不是說出版物會受到法庭審查，而是出版物會在司法程序中先自我審查；這也不是說他們害怕會輸掉官司，風險是在於他們在真的輸掉之前，就會先破產。我們無法得知到底有多少故事因為擔憂潛在的法律行動而無法成功刊出，但我知道有好幾位記者都經歷過和我一樣的事情。事實上，這甚至不是我遇過的唯一一次。

烏克蘭革命不久後，一間電視製作公司邀請我參與一部關於貪汙的影片製作，這部片將會揭露烏克蘭菁英階層如何得利，同時平民老百姓卻在受苦。我們製作的影片聚焦在一名女子，妮娜・阿斯塔芙洛娃－葉申科（Nina Astaforova-Yatsenko）身上，還有她得了一種罕見血友病的女兒諾娜（Nonna）。白血病人的血液中缺乏了一種重要的化學物質，意味著血液無法正常凝結，這會讓病患極為容易流鼻血、割傷或瘀青，也很容易在關節和腦部出血，對健康有長期影響。曾經這是種絕對致命的基因疾病，但可喜的是，如今只要注射凝血因子就能輕易控制，只要住在一個醫療系統有效率的已開發國家，這就不是你最需要擔心的事了。然而，烏克蘭並非這種國家。

在我們拍攝的時候，諾娜還是個鬼靈精怪的七歲孩子，對出現在螢光幕上十分有熱忱。妮娜則是那種任何人都希望擁有的母親，試圖在最糟的條件下讓孩子活著，同時還努力保有幽默感。由於烏克蘭的貪汙把醫院的錢都吸走了，讓他們完全無法取得諾娜需要的凝血因子（表面上她的權利有受到憲法的保障），迫使妮娜只得向黑市和朋友求助。

「我們愛烏克蘭，但不知何故，烏克蘭並不愛我們。」她告訴我們，一邊把諾娜額上的黑髮撫向腦後。

在電影中，妮娜的訪談和諾娜邋鞦韆的影像片段之間，穿插了一場在倫敦進行的訴訟案，與烏克蘭商人兼前政府部會長米科拉·茲洛切夫斯基（Mykola Zlochevsky）擁有的銀行帳戶有關。這部影片的理念旨在展現要修復一個被全面掠奪的國家有多麼複雜。茲洛切夫斯基的情節相較之下沒那麼重要，我們也完全沒有暗示他有罪，而是讓它去對比看見一個母親努力讓女兒生存下去所帶來的情感重量。訴訟程序持續進行，正義的腳步拖泥帶水，律師賺飽了錢，平凡人則繼續受苦。

這部電影受到了重量級的支持——TED、日舞（Sundance）、Vice——也準備在二〇一六年五月、英國政府舉辦的一場反貪腐高峰會前夕上映。首映會將於某個星期一晚上在前線俱樂部（Frontline Club）舉行，那裡是受到記者喜愛的會員制機構。我們在首映日的前幾天釋出了預告，好激發更多關注。老實說，我們都滿興奮的，這是一部強而有力的電影，提出了一些很好的論點，時機點也抓得正好，可以獲得最多的關注和衝擊。我們把這部影片命名為《血腥錢》（*Bloody Money*）[27]。

接著前線俱樂部的經營者沃根·史密斯（Vaughan Smith）收到了一封來自倫敦的彼得斯

27 編註：此處應該有「血腥瑪麗」（Bloody Mary）諧音的趣味哏。

（Peters & Peters）法律事務所的信，信件的標題是「誹謗訴訟前協議——索賠函」。就算是以那些有錢人的律師為了避免客戶難堪而寄給記者的信件標準而言，這封信的措辭都相當激烈。這些律師承認他們並沒有看過影片，但堅稱「顯然影片的內容針對我們的客戶提出了錯誤、誹謗性的指控，包括指稱他們是大規模洗錢的罪犯、以他人性命的代價來獲取資產。」這封信警告史密斯和前線俱樂部，如果他們堅持放映這部影片，茲洛切夫斯基就別無選擇，只能採取索賠行動。

「我們和誹謗專業顧問建議我們的客戶，如果你們放映了這部影片，他們就有權在高等法院提出誹謗告訴，要求高額的賠償，並禁止後續的播放。」那封信如此作結。

這部片和那些律師想的完全不一樣，而片名中的「血腥」一詞是為了要和諾娜的血友病產生關聯，而非如律師信中所臆測的，是和他們的客戶罔顧人命有關。但這封信讓史密斯大為困擾。雖然茲洛切夫斯基在英國根本沒有什麼需要保護的名聲，而且在二〇一三年的相關修法下，他的索賠也不可能被法庭接受，但要打這場官司還是所費不貲。前線俱樂部是個慈善機構，雖然保護言論自由也是它的宗旨之一，但它仍然負擔不起和超級富豪打司法拖延戰。俱樂部一定會贏，但卻會為了勝利付出慘痛的代價。在證明無罪之前，俱樂部就會花光所有的錢，被迫關門大吉。首映會被取消了，而從結果看來，這封信也幾乎嚇壞了所有的人——這部電影從此未曾上映。妮娜和諾娜花了這麼多時間告訴我們的故事，卻無法公諸於世；取而代之的是在首映會取消的星期一當天，我坐在滿滿整個房間的人面前，談論一部我不能放給他們看的電影，這根本就是場活生生的焦慮夢境。

但如果這對我來說就叫做失望的話，想像看看凱倫．達維沙（Karen Dawisha）教授的感受吧。二〇一四年三月，她收到一封來自劍橋大學出版社（Cambridge University Press，簡稱CUP）的信，他們過去曾出版她的七本著作，而這次，出版社要與她談談最新一本書的原稿。她寫的內容是關於調查普丁和組織性犯罪之間的關聯，既具備了學術性的縝密，又引人入勝。這份稿子甚至追溯到普丁早期在聖彼得堡市政府之前的日子，並提出鉅細靡遺的證據，指出他與蘇聯解體後分化俄羅斯的黑手黨之間的關聯。這份原稿之所以特別重要，是因為書中提起的許多圈內人士，都恰好在當時被列入了制裁名單裡，這份名單正好也是我在本章開頭提及的那位寡頭登上的名單。

即便如此，劍橋大學出版社仍決定不要出版這本書。「這項決定與妳的研究品質或學術信用無關，」根據達維沙向《經濟學人》提供的信件副本，公司的執行發行人約翰．哈斯拉姆（John Haslam）寫道，「是與我們在有限的資源下所能承受的風險有關。」

哈斯拉姆解釋，英國的誹謗法要求作者及出版商有義務要證明他們所言為真，但這根本難如登天，這也成了世界上有錢人為何如此喜愛英國法庭的原因。他指出——用詞幾乎和我收到的那封法律評語一致——由於普丁和他的同夥從未遭到定罪，就不可能斷定那些指控是否為真。對於試圖研究和撰寫金權帝國相關內容的人而言，這是最為令人挫折的事。根據達維沙所言，普丁的犯罪行為之所以沒有定罪，是因為俄羅斯的司法系統受到政治所支配，而非普丁是個正直清白的人。俄羅斯法庭根本不會定普丁的罪，就如同芝加哥幫派不會譴責艾爾・卡彭（Al Capone）一樣。即便如此，有許多人在被確實定罪之前，是不可以被寫出來的；但到了那個時候，他們就會失勢，也不再處於一個可以犯下那種罪行的地位。

「我們相信，這本書提出的假設——普丁有一群供他使喚的寡頭罪犯密友，而他整個從政生涯都在培養這些人——會帶來極高的風險，導致我們被提告，而他們也負擔得起這麼做。」哈斯拉姆寫道，接著吐露了相當令人氣餒的法律費用，「就算出版社最終成功贏得了訴訟，考慮到我們的慈善與學術宗旨，其造成的紛擾和開銷卻不是我們能負擔得起的。」

身為美國人的達維沙後來找到了一家美國出版商，於是她這本名為《竊國者普丁：誰擁有俄羅斯？》（*Putin's Kleptocracy: Who Owns Russia?*）的著作，在二〇一四年九月由西蒙與舒斯特出版社（Simon & Schuster）出版，也獲得了好評。不過，她寫給劍橋大學出版社的回覆卻值得引述在這裡，因為信中充滿了擔憂，質疑為何富有的外國人能濫用英國司法系統、阻止別人討論他們財富的來源。她指出俄羅斯的圈內人士（和其他富有的外國人一樣）大量投資英國房地產、在英國的法庭解決法律糾紛、把孩子送到英國學校就讀，但英國人卻不能知道這些人的錢從何處來。「真正的問題出於一個非常令人擔憂的結論——不管做了什麼，這本書都無法出版，原因正是出自於此書欲討論的主題。」她寫道，「我們只能希望英國誹謗法能夠被『現代化』，並受到全面的檢驗，如此一來，許多作者就能再次回到劍橋大學出版社，知道他們確實致力於『出版包羅萬象的書籍』，而非只有那些不會激怒腐敗的俄羅斯寡頭、讓他們更進一步嘲弄英國制度的書。」

這項威脅的本質讓大眾對此事毫不知情。如果人們被禁止出版某些內容，我們自然就不可能讀到，而人們往往只有在陷入困境時，才會察覺到問題所在。國際透明組織英國分會（TI-UK）的執行長羅伯特．巴林頓（Robert Barrington）正是一個例子，在他的帶領下，英國分會變得更加勇於直言，也發表了許多具開創性的報告，調查髒錢滲透進英國房地產與簽證等領域的程度。其中一份報告在二〇一五年上旬招來了一封嚴厲的信件。

「某天我坐在桌前，一位郵差拿來了這封信，而我覺得肚子彷彿被馬踢了一腳，整個大樓都要垮下來一樣。就算我們贏得了訴訟，我們也負擔不起那個錢。」他對我說。他能不能告訴我那些律師是替哪位有錢人工作？「根據和解條件，我認為我不能告訴你。這樣你就知道，這能對國際透明組織這種團體造成何等的恐懼效果了吧。」

國際透明組織在全世界都有分會，而他告訴我，就連他在海外的同僚都不能倖免於英國誹謗法的控告。有一個分會曾想在倫敦出版一份報告，認為這樣能引起國際間的共鳴，也想吸引媒體關注。但某位寡頭的法律事務所不知怎麼地發現了，導致這個計畫失敗，於是他們決定到日內瓦發表這份報告。「但這家非常有攻擊性的法律事務所又跑來告知我們，還說如果我們把報告公布在網站上，他們也會提告。」他說，「這真的成了一個大問題。這些人根本就是惡霸，還利用倫敦的法律事務所來替他們霸凌別人。他們想要保護多年來建立的名聲，替那些做了天大壞事的人美化形象。」

這基本上是英國的問題。美國的出版物受到美國憲法的自由言論規定所保護，讓這些出於臆測的誹謗訴訟案在一開始就無法被提出。確實，紐約州在二〇〇八年通過了一條法律，規定外國的誹謗案件所牽涉的司法管轄區如果沒擁有與《美國憲法第一條修正案》（*First Amendment*）同等的言論自由保障，就不能在美國本土進行審判。這是對沙烏地商人哈立德・賓・馬哈弗茲（Khalid Bin Mahfouz）一案所作出的直接回應，這位商人在記者指控他資助恐怖分子後於英國法庭提出控告——或是威脅要提告——尤其是針對美國作家蕾雪・艾費德（Rachel Ehrenfeld，她二〇〇三年出版的著作《資助邪惡》〔*Funding Evil*〕在英國賣出了約二十三本，因此英國法庭認可了司法裁判權）。當時這條法律頗受歡迎，但它卻不能如你所願地保護你免於因為害怕而先自我審查。一位在英國擁有廣大讀者、世界知名的美國主要出版社的編輯告訴我，他們基本上還是依循英國的誹謗法，避免招來昂貴的糾紛。

美國的出版物也非常清楚捲入誹謗案件所需付出的代價。在我把那篇關於寡頭父親和他出手豪奢的孩子的故事寄給一家美國刊物時，他們的律師給予的回覆和我在英國收到的一模一樣。「最主要的問題是：一位寡頭如果覺得被羞辱了，他或她會花這麼多錢追殺你（編輯）和奧立佛嗎？以我們的經驗來說，答案是會。」這位律師在寫給編輯的建議中表示，「而且我們能從文章中推斷，這位寡頭的資源相當豐富，報復方法之一就是在這位寡頭擁有影響力的地區裡妨礙你未來的活動。」這位曾躍躍欲試的編輯很不情願地回絕了我和我的故事。

這件事之所以令人擔憂，不只是因為身為讀者的你無法知道世界上正在發生什麼事（這件事本身就夠令人憂心了），也是因為媒體報導是犯罪調查的一種長期情報來源。世界各地的警察仰賴記者向他們提出可疑行為的警告，一旦記者被迫噤聲，執法機關就無法獲得他們需要的資訊。這導致了另一種不幸的回饋循環：如果這些愛打官司的有錢人無法被定罪，記者就難以對他們提出指控；而如果因為記者沒辦法寫出來，讓警察無法得知有壞事正在發生，這些人就不會被定罪。私人調查機構在被要求要調查某個人的背景時，也需仰賴媒體提供的資訊——例如那人是否在馬爾他這類地方提出護照的申請——因此這種軟性審查機制也會妨礙他們的工作。

在英國，有一大群公關公司、法律事務所和顧問公司專門在維持這種循環，為有錢的外國人建立名聲，以便給予他們英國法庭所提供的保護。二〇一六年，我與這個產業的一名雇員在倫敦市中心的酒館見面，那裡滿是倫敦市的勞工，在盯著一上午的螢幕之後，來這裡喝點小酒、吃頓午餐，而只要我一直請他啤酒，他就願意全盤托出他那一行的祕密。

這位雇員要求他的身分不得公開，也不能提及他任何一位客戶或前客戶。當他談起他曾替誰工作之後，我便完全能理解他的要求。

他說，如果富有的外國人想在英國洗名聲，這裡早已有一條鋪設好的途徑供他們使用。他們首先要購買夠大、夠威風的房產，可以舉辦奢華的晚宴來招待重要人士，接著則是要雇用一間公關公司。公關公司會讓他們和比較聽話的國會成員接觸，可能是下議院議員（MP）或上議院議員（lord），但往往是兩者皆有，他們會願意把自己的名字加入這位富豪的慈善基金會裡頭。接著，基金會要選在倫敦某處時髦的空間舉行開幕——藝廊就挺理想的——然後要做出一些不會引起爭議的承諾：教育孩童、促進文化理解、在缺乏相關運動設施的地方予以資助，讓人們能持續接觸該項運動。另一個選項是資助一個與自己母國有關係的跨黨派國會小組（all-party parliamentary group），連帶產生讓政治人物獲得外國資金的可能性，還可以避開英國八卦小報飢渴的目光，讓他們能得到辛勞工作的獎勵。

不過，這都還不夠。富豪必須建立起某種關係，尤其是如果他還在母國經營生意的話。如果他經營的是一間天然氣公司，那公關顧問就會在能源安全上施壓，協助他成為西方國家的重要資源的獨立供應商。如果他的事業與農業有關，這下就簡單了：對任何國家來說，糧食安全都很重要，而能穩定長久地提供便宜、高品質的糧食可說是至關重要。總是有某種關係可以讓他建立，而一旦建立起來之後，他就能主辦會議，邀請知名前政治人物出席。也許一名比較不重要的王室成員會同意主導某個名稱取得夠合適的組織。英國到處都是比較不重要的王室成員，而令人意外的是，其中有許多人還挺缺錢的。

理想的情況是，這位富豪要讓自己的名字掛在某個機構的名字上，或是想方設法和某個機構建立起極為密切的聯繫。那會是什麼樣的機構，端看富豪自己的口味：足球俱樂部就很受富豪歡迎，還有能娛樂有權有勢的友人的有趣場所。捐錢給大學也是一個許多人會做的事：牛津、劍橋和倫敦大學的學院都知道他們沒有那些在美國的對手有錢，只要支票上的數字夠大，他們向來都很樂意忽略針對那些捐款來源的警告。這種高級慈善行為能通往滿是真正一線人物的派對：資深王室成員和內閣大臣。也許這位富豪能邀請其中某些人到他的豪華遊艇上坐坐？殷勤款待之後，就會創造出一張有用的恩惠網絡，讓這位富豪能真正開始在這個「寄養家庭」裡落地生根。

「這一切有兩個目的。第一個是讓這位富豪的名氣大到不會被殺害。他可能是來自某個很糟糕的國家，對吧？某個很暴力的地方，也許那裡的政府會來追殺他。這種事真的有發生過。但如果他是個有名的慈善家，」他說著「慈善家」時，雙手比了個引號（他正在喝第三杯啤酒），「那就讓他擁有一層保護了，就像一個防護罩。沒有幾個獨裁者會想殺掉某個跟英國政府關係很好的人，對吧？這是第一個目的，讓他不能被殺害。第二個目的就是讓任何人都不能寫他的事。你如果試圖寫我的客戶的事，講真的，我們就會讓你他媽的傾家蕩產。」

那如果有人無視被告到脫褲的恐懼，還是堅持出版呢？一位曾是基金經理的社會運動分子比爾・布勞德（Bill Browder）就親身示範給我們看會有什麼下場。

布勞德是個富有的美裔英國公民，他在九〇年代中期搬到俄羅斯，一心相信那是全世界最適合發財致富的地方。事實證明也確實如此。任何在二〇〇〇年早期於莫斯科認識他的人，都知道他是個精力充沛的基金經理。他有三件事廣為人知：永遠都有時間和記者說話、指控俄羅斯的公司貪汙猖獗、替普丁總統過去的紀錄辯護。他頭兩項行事作風的理由十分直接：如果一間公司不再貪汙，就能更有價值，而他的基金持有的股分就能增值，因而獲利。他騰出時間和記者說話，是因為他想要讓自己做出的指控傳播得越遠越好。但要理解他為何這麼大力為普丁辯護就有點難了，尤其是在普丁操縱司法程序，不斷把政敵打入大牢之後。這可能只是因為布勞德多花了一點時間才明白，普丁並非如他聲稱的那樣致力於維繫法治。（「我曾天真地以為普丁是為了國家利益著想，並且是真心想把俄羅斯整理乾淨。」布勞德在二〇一五年的自傳《紅色通緝令》（*Red Notice*）中如此解釋。）

接著在二〇一五年，布勞德被禁止進入俄羅斯。這並沒有阻止他的基金從俄羅斯天然氣工業公司自由化的股票交易中賺取大筆利益（這在過去是受到限制的），但這是個麻煩就要找上門來的明顯跡象，因此他把自己的錢收了回來。一群貪贓枉法的警察緊接著占據了他用以交易的幾間公司（如今已經人去樓空），假造銀行帳戶，要求索回他早已支付的兩億三千萬美元的高額稅單，並拿走所有所得。布勞德原本可以忽略這件事，因為那些錢是從俄羅斯的國家預算裡偷走的，不是他的錢，但他不是那種會坐視不管的人。他要求他的法律事務所進行調查，而他們指派了一位審計員進行這項任務：謝爾蓋・馬格尼茨基。

馬格尼茨基毫無遺漏地揭發了整起騙局的完整細節。接著警察逮捕了他，拘留他，拒絕提供他治療，直到他在二〇〇九年十一月十六日死於獄中。這是個怪誕的案例，顯示出警察如何濫用職權，而布勞德將自己的後半生投入在尋求正義上。他持續不懈地發起運動，要求政府不得讓罪犯進入西方國家（而且他成功了，現在加拿大和美國都有了馬格尼茨基法〔Magnitsky laws〕，正是為了這個目的而設立），並且把他過去用在投資基金上的宣傳技巧全數搬出來，讓大眾不會忘記這起犯罪行為。

他的其中一項作為是在網路上發布了一系列影片，向大眾解釋這些犯罪的本質。影片指控的其中一人是帕維爾・卡波夫（Pavel Karpov），他在犯行發生的當時是莫斯科警方的調查警官，因此也是俄羅斯內政部（Interior Ministry）調查委員會的一員。根據影片的內容指出，卡波夫在詐取俄羅斯國家預算的陰謀中扮演了關鍵要角，還不斷騷擾馬格尼茨基，直到他過世。

二〇一二年，卡波夫聘請了一間公關公司，透過奧斯萬法律事務所（Olswang）展開了訴訟，要求巨額賠償。布勞德的回應則是一如以往地好戰。透過律師團，他向奧斯萬法律事務所表示他很歡迎「這個交手的機會，來看看他在這些事情中扮演的角色，以及他用以維持奢侈生活（以及昂貴的委任律師）的資金究竟來自哪裡」。這個案子送進了高等法院，在二〇一三年七月進行了為期兩天的聽審，雙方都由兩位出庭律師代表，每個團隊都包含了一位御用大律師。

即便對一個富裕的商人來說，這都是一場昂貴的體驗，更不用說是一個平凡的俄羅斯警察了。法庭調查了卡波夫的資金來源，並對這筆錢是友人借給他來打官司的說法予以採信。不過，法庭認為卡波夫的控訴並不成立，裁定他與英國沒有任何關聯，因此法官並沒有司法審判權。在對抗誹謗旅遊的戰鬥中，這是個里程碑，現在也常常被媒體界律師援引。

然而，後續發生的事情就沒有那麼受到好評了。這個案件並非預示了英國從此不再讓臆測性的誹謗訴訟被濫用讓調查貪汙的人閉嘴，而是再次證實了劍橋大學出版社對達維沙的書、前線俱樂部對我那部烏克蘭影片所抱持的擔憂成真。卡波夫在輸掉這場官司之後，被命令要支付這位前基金經理的訴訟費用——大約是八十五萬英鎊，結果只有一小部分的金額匯入了託管帳戶裡。卡波夫就這樣消失無蹤，留下了未付的帳單，讓布勞德還得自掏腰包支付剩下的六十六萬英鎊。

英國司法系統試圖要卡波夫把錢掏出來：一位法官裁定他要在二〇一六年九月入監服刑三個月，並在二〇一七年五月發出逮捕令。但只要這名俄羅斯人乖乖待在家，就可以高枕無憂。俄羅斯的制度始終在袒護馬格尼茨基的施虐者，而不是追捕那些被他揭發的罪犯。一個俄羅斯法庭在布勞德不在場的審判中判他有罪，而在二〇一三年，馬格尼茨基則是因逃稅被定罪，儘管他已不在人世，因此也不受世界上任何一個司法管轄區管轄。總而言之，布勞德想讓俄羅斯做出公正裁決，或是拿回自己的錢，看來都是不可能了。相反地，他還必須面對幾乎永無止境的司法攻擊。

「如果在此之前我沒有累積足夠的個人財富，就根本無法在這種攻擊中保護自己，」布勞德在會議室裡對我說道，我們正在他位於倫敦市中心的辦公室。「當法官下令要他支付訴訟費用時，他就這樣不見了，而我們一點辦法也沒有。英國對他發出了逮捕令，理由是蔑視法庭，但那不是國際逮捕令，而且那也不是多嚴苛的逮捕令，法院只是不想要人們蔑視法庭罷了。」

這不過是卡波夫和其他俄羅斯官員對布勞德發動的全球司法攻擊之一。而這個男人卻依舊有辦法保持跟二〇〇三年剛回來時一樣的奔放熱情。他唯一抱怨的只有對俄羅斯天然氣工業公司的不當處置。

「如果你從更大的格局來看，我們制度中的所有長處——對抗式訴訟制度、民主制度、言論自由制度——都會被想方設法加以濫用。只要在自由民主體制中發現缺口，他們就會濫用那些缺口。」他如此說道。金錢能跨越國境，但法律不行，而金權帝國會保護自己的同胞。

很少有運動分子或媒體能像布勞德一樣，付得起六十六萬英鎊的損失，還要另外加上在其他數個司法管轄區進行的訴訟程序。因此他們謹慎挑選要出版的內容，儘管他們很確信那些都是真相。這就表示，如果有任何人想要阻止別人討論他們的資金來源，一封寄自倫敦誹謗法專家的信函仍然是個有用的工具，就算他與英國沒有任何關聯也無所謂。我在倫敦酒吧所了解到的這個產業，確實把工作做得有聲有色。

12 暗物質

許多人都曾試圖計算出每年究竟有多少錢被吸進金權帝國的通道，就此消失。根據國際貨幣基金組織的估計，全球所得中的每一塊美元，其中都有兩分至五分錢屬於不法所得，因此每年約有高達兩兆六千億美元是不義之財。同時，全球金融誠信組織（Global Financial Integrity）的分析師估計，全球的不法金流在二〇一三年達到了一兆一千億美元，而總金額仍在不斷攀升。但是，這些數字也只是推測出來的，看看有多少個零在裡面就知道了。此數字依舊無法呈現出全貌。

原因是金權帝國的錢並非只來自毒品交易、被竊贓款或賄賂，如果只是這樣的話，問題還比較容易解決。所有這些「邪惡的錢」都和「不乖的錢」（逃漏稅、規避管制等）混在了一起，並為了避免被發現而藏在境外世界。此外，也有從俄羅斯、中國或委內瑞拉等經濟體流出的錢，但那並非是靠不正當的手段獲得，而是因為他們害怕萬一把錢藏在家裡，就有可能會被政府奪走。這種資金外逃（capital flight）讓我們正在討論的金額直接提升到了全新的高度。根據一項估計，在二〇一七年的前十年，大約有兩兆五千億美元從中國外流，儘管政府對資本的管制越趨嚴厲。

這類資金外逃往往都是隱藏起來的，只有從政府統計數字中所謂的「錯誤疏漏」（errors & omissions，E&O）——由統計人員額外加上去的欄位，讓最後合計的數字兜得起來——才看得出來。德意志銀行的分析師在查看英國的投資金額時，發現「錯誤疏漏」這一欄位一直都呈現正值。如果這個數字真的是隨機的統計假象，那正值與負值出現的機率應該要差不多才對。因此，這就表示有什麼可疑的事情正在發生。

二〇一五年，一份標題為〈暗物質〉（Dark Matter）的報告出版（面臨這麼龐大的問題時，沒人抗拒得了使用天文學的隱喻方式），旨在檢查英國、紐西蘭和瑞典的數據，找出了逃過官方檢查的大筆金流。以英國為例，從七〇年代中期開始，大約有一千三百三十億英鎊默默流入國內，其中的九百六十億英鎊則是在過去十年間進入英國（這個速率還在不斷加快，目前**每個月**總共流入大約十億英鎊）。來自俄羅斯的資金顯然占了總數的一半，其他則是從世界上其他地方流入，但這也都純屬猜測，因為分析師認為與實際數字的差異有可能被更高額的合法資本流動所掩蓋。與此同時，瑞典卻呈現出完全相反的問題。從八〇年代晚期開始，在瑞典放棄資本管制、有錢的瑞典人試圖降低高額稅金對資產造成的傷害後，瑞典便流失了共一兆五千億克朗（krona，約等於一千八百億美元）的資金。（「這意味了瑞典的國家分析師嚴重低估了瑞典的外國財富。」報告中如此寫道。）

如果對先進國家來說，要算出精確的金流出入數字是這麼困難，那要計算全球的金流總額難度就更高了，因為那就必須仰賴資源較少的統計機構，還要想方設法撬開避稅天堂的金口——它們可不喜歡揭露自家金融系統的內部運作方式，甚至不願讓它們的分析師知情。那些想在金權帝國找回被偷走的錢，加以沒收、歸還給真正主人的律師們，就像想在黑暗的水槽裡抓鰻魚的漁夫一樣，他們不知道到底有多少條鰻魚要抓，或是一開始選擇捕魚的水槽究竟是不是正確的那一個。

即便如此，還是有幾個成功的案例。瑞士將薩尼．阿巴查與其家人偷走的八億美元歸還給奈及利亞，也在馬可仕政權垮台後，將六億美元還給了菲律賓。然而光明之處，必有暗影存在。二〇一四年，歐洲小國列支敦斯登效法瑞士，歸還了阿巴查之子偷走的兩億兩千七百美元（但是這是在這位前總統死去將近二十年、並在奈及利亞承諾撤銷一連串在歐洲提出要求遣返的告訴，讓阿巴查家族得到豁免起訴權之後，列支敦斯登才願意歸還）。一年後，奈及利亞無法解釋錢究竟去了哪裡，引起外界關注，擔心那筆錢是否再度被偷走，又藏回了境外迷宮裡。

美國對赤道幾內亞提出的訴訟幾乎和歐洲對奈及利亞前統治者的訴訟一樣折磨人。美國司法部對歐必昂家族持有的資產提出民事訴訟——這一家人搜刮了一大批流行巨星的紀念品。《美國控告一只「Bad」世界巡迴演唱會水晶手套及其他麥可・傑克森紀念品》（*United States v. One White Crystal-Covered 'Bad' Tour Glove and Other Michael Jackson Memorabilia*）一案便送上了法庭。美國政府想收回充公的資產也包括了這位流行天王在《顫慄》的音樂錄影帶中穿著的外套、從夢幻樂園（Neverland Ranch）買來的好幾尊真人尺寸的雕像、一架灣流（Gulfstream）噴射機、一棟馬里布的豪宅、數輛超跑，這些資產的總價高達七千萬美元。一位法官駁回了司法部的第一起訴訟，認為司法部的代表律師無法證明提奧多林・歐必昂有任何違法行為，但允許他們再次提告（這一次，這個案子叫做《美國控告一件麥可・傑克森簽名外套及其他麥可・傑克森紀念品》〔*United States v. One Michael Jackson Signed Thriller Jacket and Other Michael Jackson Memorabilia*〕），最後總算迫使歐必昂家族支付三千萬美元的和解金。他們能留下那架噴射機，而且顯然也成功把那只手套走私出了美國。

這是一場勝仗，但只是局部的勝利。儘管歐必昂不到十萬美元的年薪和他奢侈的生活方式毫不協調，但由於赤道幾內亞的官員不願配合調查，他便無法被定罪。不僅如此，美國官員在收回這筆錢之後，還得想出辦法來處理，因為他們不可能再還給被他們沒收的政府。最後，美國司法部決定把大部分的錢捐給幫助赤道幾內亞人的慈善基金會。當時是二〇一四年，直到現在，他們都還沒有進一步說明究竟要怎麼執行這項捐款計畫。

這顯然是參考了瑞士法庭在凍結哈薩克前總統納札爾巴耶夫（Nursultan Nazarabayev）銀行帳戶裡的八千四百萬美元之後，於哈薩克進行的一項計畫。在討價還價了大約十年之後，當事國家總算同意把錢交給一間慈善基金會，讓他們用在能幫助哈薩克老百姓的事情上。該基金會為疫苗接種、教育、社會服務與獎學金等提供資金，成為一個極為成功卻難以複製的計畫。部分原因是由於哈薩克算不上是獨裁政體，而以後蘇聯國家的標準來說也沒那麼貪腐，才有可能將錢交給不是由政府支配的組織或個人。另一部分的原因則是八千四百萬美元（再加上一千兩百萬美元累積下來的利息）並不是什麼大錢，在這麼遼闊的國家裡，不需要費太多心思就能把錢花在有價值的事業上。而與烏茲別克和奈及利亞相關的追回資產訴訟牽涉到更多錢，這些國家也更為腐敗，因此要找到配得上這些錢的人可是困難重重。

霍華．夏普（Howard Sharp）過去曾是澤西島的副檢察長。澤西島很晚才覺醒、意識到應當要打擊貪腐，後來卻出乎意料地非常得心應手。二〇一六年二月，他成功起訴了一起最高階層的肯亞弊案。涉案的腐敗官員利用一間澤西島公司——上風貿易有限公司（Windward Trading Limited）——來藏放從當地公司收取的賄賂。在追回那些資產後，夏普試圖引渡嫌犯，包括肯亞的前能源部長克里桑瑟斯．奧克莫（Chrysanthus Okemo）。但他在此時遇上了麻煩，包含民粹政治人物指控他根本是想把英國法律重新加諸在這個前殖民地上。

「我到肯亞的法院時，在治安法院的引渡程序中，有人會雇用一群青年到法院裡來，威脅要對我使用暴力。而我還被稱為白人殖民主義者等等。」他這麼告訴我。肯亞的官員顯然認為那些錢已經在它們該在的地方了——西方國家，他們可不想要讓那些錢從手中溜走、回到肯亞的國家預算裡，到時候就會有別人染指那些錢。因此，他們一點都不想看到夏普成功打贏這場資產追回訴訟。他說他在面對奈及利亞和巴西的官員時，也碰上了類似的阻礙。「在處理這類弊案時，會一直遇到這種事。通常受害國家根本不想拿回那些錢，他們會想方設法不讓你起訴，並對所有事情都百般刁難、不肯配合。」

總而言之，要找出溜進金權帝國的錢十分困難，要沒收更是不容易，而要把它物歸原主則是難如登天。這可能就是為什麼連瑞士、英國和美國這樣的國家，在追回資產時往往都是失敗多於成功，就算已經有前述的成功經驗也一樣（其他國家的經驗更是慘烈）。根據世界銀行的數據顯示，到二〇一二年以前的六年之間，世界上最富裕的國家總共只歸還了四億兩千三百五十萬美元。就算藏在金權帝國的贓款的最低估計金額是正確的——也就是一年兩百億美元——這就表示被偷走的每一塊美元中，只有不到半分錢物歸原主。如果贓款的總額和全球金融誠信組織估計的一樣，那麼每一千美元中，只有不到一分錢被追回。

凱倫．格林威是聯邦調查局國際反貪腐小組的督導特別探員（Supervisory Special Agent，SSA）。二〇一六年，她和我分享了一宗早期她負責的案件，關於一名外國官員使用你所能想像最殘酷的方式竊取自己國家的錢。「我根本不可能從那個國家拿到這傢伙替自己開支票的證據。事實上，他直接把證據都給炸了——是真的炸唷，」她說，「那是一宗文件犯罪，一旦文件都被炸了，我也沒戲唱了。」她笑道。

如同金權帝國所有令人不安的面向一樣，資產一旦消失在境外世界就幾乎不可能追回，這是由於一個簡單的規則：金錢可以隨心所欲前往任何地方，但執法單位卻在國境就得停下腳步。「整個金融體系讓你可以按一個鍵就把錢匯到任何地方，而這就是後果。」格林威說道，「犯罪是從收賄開始的，或是以國家政府官員藉由採購等方式進行詐騙作為開端。因此，這些案件的部分挑戰在於，我們從一開始就必須想辦法取得證據——不是透過一個願意配合的夥伴，就是透過其他方法拿到手。」

要解決這個狀況，便需要更大規模的國際合作，讓可疑匯款的資料能迅速地流向執法機關，就如同金錢流動的方式一樣。而這也是為什麼在亞努科維奇因烏克蘭革命而下台後，數十個西方國家的政治人物便齊聚在倫敦，思考要怎麼用更有效率的方式，盡快將這位前圈內人士偷走的錢物歸原主。

數十個國家派了代表參加高峰會，從美國和英國這種泱泱大國，到百慕達、摩納哥、曼島等最小巧玲瓏的避稅天堂都來了。雖然會議地點是在英國，美國卻是共同主辦國，顯示了這場高峰會有多麼被嚴肅以待。全球兩大經濟強國居然攜手勸誘其他國家一起收拾善後。

「現在我們知道，世界各地的跨境不法金流，其中包含了貪汙所得，估計每年高達一兆六千億美元。」美國司法部長艾瑞克・霍德（Eric Holder）在針對全球非法髒錢總額的臆測清單上，又多添了一個新的數字。「貪汙通常是一種入門性的犯罪，為進一步的洗錢、跨國組織犯罪、有時甚至是恐怖活動鋪路，若說貪汙會破壞民主體制和合法自治的基石，一點也不為過。貪汙會讓資源從真正需要的人手中奪走，還會危害社會發展、安全、穩定及對金融市場的信心，更會大大削弱現代社會的地基——也就是法治。」

這場高峰會持續了兩天，與會者互相交換名片，並彼此附和。到了最後一天下午，大家欣然接受來自英國當時的司法部長兼御用大律師多明尼克・葛里夫（Dominic Grieve）的打氣，他發表了一項戲劇性的宣言：英國已經加入了這場戰鬥，有一筆匯款已被標記為可疑金融活動，英國當局已凍結了當事帳戶，並展開了洗錢調查。

「這個星期，英國重大犯罪詐欺偵查署（Serious Fraud Office）宣布，他們正在調查與亞努科維奇政權有關的貪汙指控，並得到法院命令，要扣押價值約兩千三百萬美元的資產。」葛里夫對齊聚一堂的國家代表說道，「如果對偵查不法金流與追回侵占資產不夠努力，便無法有效制止貪汙行為。」

就算這筆被凍結的兩千三百萬美元確實與烏克蘭的貪汙有關，那也只占亞努科維奇和他的黨羽所侵占資產的一小部分。烏克蘭的新政府估計，過去三年中，國家共損失了一千億美元（又是有很多個零的數字）。但這起訴訟案的目的是要傳達一個訊息——西方世界決心要讓烏克蘭重新拿回那些被奪走的東西，也要讓搶劫犯受到懲罰。兩千三百萬美元，這個數字明確得令人歡喜，也占據了所有高峰會相關新聞的標題，被高舉為具體的證據，證明西方統治者終於開始協助其他國家打擊貪腐。

「這個訊息非常明確。」當時的內政大臣（Home Secretary）泰瑞莎．梅伊表示，「我們讓全世界貪汙的政權或個人都更難以搬運、藏匿他們的犯罪所得，或是從中獲利。」

英國政府大肆宣揚這筆被凍結的兩千三百萬美元，主要是出於兩個原因。第一，這筆錢的用意，是作為協助烏克蘭重建的第一筆費用。如果能成功追回並物歸原主，那或許藏在倫敦、拉脫維亞、盧森堡、列支敦斯登和其他地方的鉅款都能比照辦理。第二，成功起訴一個政權的圈內人士，就能將一條訊息傳遞給全世界的竊盜統治者：你藏在倫敦的錢已經不再安全無虞了。

但結果送出的這條訊息，卻帶來截然相反的效果。

存放這兩千三百萬美元的法國巴黎銀行（BNP Paribas）帳戶，是由兩間公司所持有，而這兩間公司的所有人則是烏克蘭政治人物米科拉．茲洛切夫斯基（Mykola Zlochevsky）。他的身材高大，剃了個大光頭，總是穿著一身方方正正的西裝，不喜歡把第一顆釦子扣上。二十年來，茲洛切夫斯基一直都是烏克蘭公共領域的熟面孔。根據烏克蘭新聞周刊《焦點》（*Focus*）在二○一三年的報導，他是烏克蘭排名第八十六名的有錢人，身價一億四千六百萬美元（但幾乎可以確定他的財富被低估了）。

二〇一〇年，亞努科維奇贏得總統大選後，茲洛切夫斯基當上了自然資源部長。這個職位讓他得以監管烏克蘭所有的能源公司，包括國內最大的獨立天然氣公司布里斯瑪（Burisma）。由於茲洛切夫斯基是布里斯瑪的創辦人之一，因此潛在的利益衝突可說是一目了然。但是，這個安排卻沒有引起大眾的抗議，因為根本就沒人知道這件事。茲洛切夫斯基是透過設立在賽普勒斯的空殼公司持有這個企業，而賽普勒斯可是亞努科維奇政府的高層官員偏愛的天堂，可以讓他們低調地持有手中的資產。

要不是彼得斯事務所以提出誹謗告訴來威脅前線俱樂部，這宗案件本來也會出現在那部電影裡。茲洛切夫斯基的律師在那封威脅信中堅稱，這位富豪從未利用官職替自己謀取一分一毫的好處。「茲洛切夫斯基先生是奉公守法的公僕，在進行商業往來與履行公共職務時，也不遺餘力遵循最高的道德與倫理標準。」信中寫道，「我們的客戶成了頑固不化、憤世嫉俗的抹黑行動與假消息攻擊的受害者。」後面繼續說道：「茲洛切夫斯基先生的財富並非來自貪汙或不法勾當，他在就任公職之前就已擁有那些資產。」

確實如此，茲洛切夫斯基在二〇一〇年就是個富人，但他在公共領域的活躍並非是從二〇一〇年才開始。布里斯瑪的網站明確寫著，公司收益最佳的時期，剛好與茲洛切夫斯基政治生涯的數個高峰重疊。亞努科維奇上一次當權時，茲洛切夫斯基在二〇〇三年至二〇〇五年間擔任自然資源國家委員會（State Committee for Natural Resources）的主席，而他持有的公司都獲得了探勘石油的許可執照。亞努科維奇失勢後，新政府試圖剝奪茲洛切夫斯基公司的石油探勘權，於是他便對政府提出了告訴。二〇一〇年，亞努科維奇贏得總統大選，茲洛切夫斯基當上了部長，好日子又回來了——布里斯瑪拿到了九個生產執照，年產量增加了七倍。烏克蘭革命後，茲洛切夫斯基也離開了公司管理層。

根據二〇一五年一月的法庭裁決，在倫敦被凍結的兩千三百萬美元是來自一間儲油廠的銷售獲利，該儲油廠則是茲洛切夫斯基透過英屬維京群島的空殼公司所持有。這些錢經由拉脫維亞進入倫敦。拉脫維亞是個只有最低限度管制的東歐國家，對來自後蘇聯國家的錢都展開雙臂歡迎。

二〇一四年四月十四日，重大犯罪詐欺偵查署要求法庭在倫敦召開特別聽證會，凍結了茲洛切夫斯基的銀行帳戶。在後來的法庭裁決中，重大犯罪詐欺偵查署主張「有合理的理由相信被告在烏克蘭從事犯罪行為，而法國巴黎銀行，銀行帳戶裡的資金，則是來自該犯罪行為的所得」。重大犯罪詐欺偵查署的調查人員理查．古爾德（Richard Gould）在二〇一四年四月的聽證會中表示，茲洛切夫斯基身為烏克蘭政治人物與商人的雙重身分，「讓我們能夠據此明確推論出，一個身居重要公職的人濫用大眾對他的信任，故意利用直接的利益衝突從事不實的剝削行為。」

重大犯罪詐欺偵查署進一步主張，「他在擔任部長的期間建立起複雜的境外控股公司，有效隱藏了他持有布里斯瑪天然氣公司的有利身分，」並認為這件事本身就有蹊蹺。

二〇一四年五月二十日，古爾德取得了六千一百七十份法國巴黎銀行的電子文件，都與茲洛切夫斯基的錢有關，並召集了一個特別團隊來檢查。現在，他還需要烏克蘭提供證據，於是便寫信給基輔檢察總署國際處的維塔利．卡斯科（Vitaly Kasko）。

卡斯科的身材瘦削，有著尖薄的下顎和一頭濃密的黑髮，他在革命之後受邀加入檢察署，負責和所有在倫敦高峰會出席的西方國家進行協商。他滿心希望同僚能認知到拿回那兩千三百萬美元的重要性，並竭盡所能協助重大犯罪詐欺偵查署的調查。他告訴我，他在二〇一六年翻譯了英國提出的要求，呈交給老闆，然後等待結果。「調查確實開始進行了，但不管我們怎麼催促調查人員，都沒有效果，」卡斯科說道。並且即便在茲洛切夫斯基的律師宣布，他們會在倫敦法庭上對遭到凍結的兩千三百萬美元提出質疑後，烏克蘭檢察官還是沒有提供證據給重大犯罪詐欺偵查署，好讓他們維持法庭的凍結命令。「先是英國人寫信給我，接下來換美國人，質問我調查行動究竟是出了什麼狀況。」卡斯科回憶道。

有許多憤世嫉俗的人質疑倫敦高峰會是否真的能讓國際合作的新時代展開，但大部分人都認為妨礙會是來自英屬維京群島這種避稅天堂，而不是來自會從訴訟案中得利的國家。阻礙這宗訴訟案的居然是烏克蘭，還要美國和英國大使出面懇求烏克蘭進行調查，這情況實在非常詭異，但烏克蘭失衡的程度就是如此嚴重。最後，在古爾德寄出第一封信給卡斯科的半年後，他找上了他在檢察署的老闆，當面要求他採取行動。

「我對他說，我要這件事被徹查，回報給英國人知道，讓他們拿到他們想要的東西。」卡斯科回憶道，「他說：『如果你想的話，就這麼做吧。』」這句話對卡斯科來說就足夠了。他組織了一個團隊，強迫調查人員一周七天日夜不停工作，直到他們整理出一整個卷宗的證據——卡斯科認為這能支持重大犯罪詐欺偵查署的主張：「被告的資產是來自擔任公職時從事犯罪行為的不法所得。」他們把證據交給重大犯罪詐欺偵查署，並在二〇一四年十二月正式宣告茲洛切夫斯基在烏克蘭涉嫌觸犯刑法。

重大犯罪詐欺偵查署可從烏克蘭拿到任何能派上用場的文件，都是多虧了卡斯科。「我問英國人：『我們還能做些什麼？』」卡斯科回憶道，「他們說：『這樣就夠了，這些證據拿來在法庭上為凍結命令辯護綽綽有餘。』」

結果他們太過於自信，反而栽了跟頭。二〇一五年一月，法官尼古拉斯・布雷克（Nicholas Blake）在中央刑事法院（暱稱「老貝利」〔Old Bailey〕）駁回了重大犯罪詐欺偵查署的主張。「本案仍屬推測與猜疑之結果。」他在判決書中寫道。如果要沒收資產，檢察官必須證明被凍結的那筆錢與具體的犯罪行為有關。法官裁定，重大犯罪詐欺偵查署並沒有提出足夠的證據。對英國執法單位和首席調查人員古爾德來說，這是相當屈辱的情勢逆轉，而古爾德後來也被調到了另一個機構去（古爾德在二〇一五年七月告訴我，他「個人非常失望」，但拒絕發表進一步的評論）。法官解除了兩千三百萬美元的凍結命令，歸還給茲洛切夫斯基。

英國政府當初高調宣告追回那些資金的決心，卻沒有大肆宣揚這次的敗北，箇中原因並不難理解。對一個本該能預示新時代到來的案子而言，這是個令人難堪的挫敗。我在二〇一五年五月聯繫重大犯罪詐欺偵查署時，一位發言人告訴我：「沒能從烏克蘭當局拿到維持扣押命令的必要證據，我們非常失望。」但她拒絕進一步評論，因為調查行動還在進行中。我聯繫了多明尼克．葛里夫，也就是當初戲劇性地宣告凍結資產消息的那一位。他仍是國會議員，但已經不在政府任職，而他告訴我，他對這事什麼都不記得了。

茲洛切夫斯基在彼得斯事務所的律師告訴我，法官「明確裁定，沒有任何正當理由能斷定我們的客戶曾經從任何犯罪行為中得利」。從那時起，布里斯瑪天然氣公司的律師便不斷引用這項判決作為證據，以示客戶的清白。這就使人質疑英國政府為何決定要透過這宗案件來展示追回資產、並歸還給烏克蘭的決心，因為就連要證明有足夠的理由繼續凍結那兩千三百萬美元，英國政府都做不到。

卡斯科讀到法官的判決時，他也心生疑竇，卻完全出於截然不同的理由。在聽證會中，這位商賈大亨的律師團不只攻擊這起針對他們客戶提出的訴訟，還提出了證明他清白的證據，而這些證據的來源完全出乎眾人意料。法官布雷克在長達二十一頁的判決書中，提到了六次同一封信。這封信的寄件日期是二〇一四年十二月二日，署名的則是烏克蘭檢察署的某個人，在內容中大膽地聲明茲洛切夫斯基並沒有涉嫌任何犯罪行為。

卡斯科認為這件事頗有蹊蹺。在那個時間點，檢察總署的高層人員肯定都知道，他正針對茲洛切夫斯基一案展開調查行動，因此，怎麼會有人簽署一封聲稱沒有任何調查正在進行的信？這封信對法官的判決來說顯然非常關鍵。判決書中寫道，茲洛切夫斯基「從未被認定涉嫌侵占或其他違法情事，遑論不當地行使權勢、發放石油探勘與生產許可」。

在卡斯科看來，在他懇求同僚調查茲洛切夫斯基時，他們袖手旁觀。但要是寫一封信就能幫上這位商業鉅子，他相信他們都非常樂意。卡斯科認為，讓烏克蘭的資深檢察官願意替茲洛切夫斯基寫信，而非協助調查的理由有三個——此人要不是無能，就是腐敗，或是既無能又腐敗。彼得斯法律事務所並未就我針對此信的提問多作回覆（「你的問題所暗示的指控……並非屬實，也毫無根據」），但是，無論背後的理由為何，這宗案件強調了國家之間在跨境合作上的重大缺陷。就算在寥寥可數的幾個案件中，英國成功凍結了外國官員的財產，卻仍須仰賴外國同僚提供的證據，而他們通常都缺乏資源，訓練也不足，數十年來的貪汙腐敗也已成為制度的一部分。這就表示，烏克蘭檢察官任何失職行為或無能都會破壞在英國進行的訴訟，而這就好像是重大犯罪詐欺偵查署親手造成的一樣。

醜聞發生後，烏克蘭讓喬治亞裔的大衛・薩科瓦利耶澤（David Sakvarelidze）出任第一副檢察長，以清理整頓執法體系，不過進展卻非常緩慢。事實上，改善的進度緩慢到美國駐烏克蘭大使傑佛瑞．派亞特（Geoffrey Pyatt）決定用一點都不符合外交的方式逼迫他們加快腳步。二〇一五年九月，派亞特在南烏克蘭的城市敖德薩（Odessa）發表演說，聲明烏克蘭檢察官「被英國要求提供證據，以協助凍結」那兩千三百萬美元，但他們卻「寄信給茲洛切夫斯基的律師，表明他沒有受到任何起訴」。「授權那些信件、破壞這宗案件的人，至少應該要立刻去職」他說。

這項指控是一篇冗長、充滿譴責的演說一部分。他細數烏克蘭對執法機構所做的改革有多麼微不足道。烏克蘭的國家財政幾乎完全仰賴國際貨幣基金組織，而國際貨幣基金組織的主導權則是握在美國手上。因此，派亞特並非只是一介大使，而是作為發薪人員的代表，他是在警告烏克蘭要好好整頓檢察署，因為美國不爽了。但是，他的發言沒有發揮作用。與卡斯科敵對的檢察官對卡斯科的兩位調查人員以及他們在其他機構的夥伴提出刑事訴訟。「可悲的是，我們所發現的勒索保護費的行為……只是冰山一角。」二〇一五年十月，薩科瓦利耶澤在臉書貼文上寫道。

到了那時候，距離革命已經過了兩年，而許多烏克蘭人的幻想都已經破滅。一項新聞指出，美國前副總統拜登（Joe Biden）的兒子杭特（Hunter）自二〇一四年五月起，便是布里斯瑪公司的董事會成員，而這則新聞對美國的信用並沒有任何幫助。白宮堅稱，這份職務是杭特．拜登的私事，也和他父親的工作沒有任何關係，但在烏克蘭，和我談過話的人都不這麼看。杭特是一位平庸的公司法律顧問，過去從未有過和烏克蘭相關的經驗，那為什麼一位烏克蘭的商業大亨會雇用他呢？

杭特沒有回覆我寄給他的問題，但他在二〇一五年十二月告訴《華爾街日報》，他之所以加入布里斯瑪，是要為一間「努力提升能源安全的公司，加強公司治理和透明性」，許多人都不認為這個解釋能讓他們安心，《華盛頓郵報》（*Washington Post*）的譴責尤其強烈：「副總統之子在烏克蘭石油公司的董事會任職，講好聽點是裙帶關係，講難聽點則是邪惡。」報導在杭特赴任不久後寫道。「你不得不開始猜想，要讓美國的軟實力冒上這麼大的風險，究竟這份薪水有多豐厚呢？我們覺得一定很多。」

二〇一六年九月，基輔的法庭撤銷了對茲洛切夫斯基發出的逮捕令，裁定檢方並沒有在調查行動中有任何進展。同一個月，拉脫維亞媒體報導烏克蘭沒有協助警方調查一宗洗錢案，因此一筆本來被凍結的五千萬歐元將會轉移到拉脫維亞的國家預算裡，而不是交還給烏克蘭。

茲洛切夫斯基並不是唯一一個資產在海外被凍結的烏克蘭官員。歐洲國家扣押了亞努科維奇和其他數十人的資產，作為西方對烏克蘭新政府提供的協助。凍結資產本是為了替烏克蘭檢方爭取時間，進行調查、提出告訴，避免牽涉其中的人將資產藏到他們最愛的避稅天堂裡。這些錢的總額（價值三億美元的現金和房地產）可以拿來購買很多藥物，建造許多道路。

二〇一七年，英國的重大犯罪詐欺偵查署在呈交給國會委員會的證據中表示，境外司法管轄區造成的阻礙，才是起訴富有的金權帝國人士失敗的關鍵原因。「最高階層的被告都極為老練，進行跨國操作。他們相當清楚這些司法管轄區對他們來說十分有利，讓他們的資產難以（在某些案例中則是完全不可能）被追蹤、轉以施惠或追回。」重大犯罪詐欺偵查署表示：「這類的被告也可能使用精明的手法運用金融商品及其他工具，以掩蓋從犯罪行為獲得的經濟利益。」

倫敦高峰會提倡的合作精神早已消失，圈內人士的名字也一個接一個從歐盟的制裁名單上消失。烏克蘭檢察官——被無能或貪腐拖累，也可能兩者兼有——無法對舊政權的要角提出刑事訴訟，同時間，這些圈內人士的英國或法國律師則奮力讓他們的資產解凍。隨著富有的金權帝國人士一個個被從制裁名單上剔除，他們再度拿回資產，而烏克蘭人民就連提出告訴、重新奪回那些錢的機會都沒有了。

事實上，從他們的律師承諾會為他們遭受的不便尋求賠償來看，這些圈內人士最後還會變得更加富有。「施加在我們客戶身上的制裁，為他們帶來了極大的痛苦和名譽上的傷害，也對他們的商業利益造成毀滅性的效果。我們的客戶欣然接受今天的決定，並打算積極尋求針對這些制裁的賠償。」吉爾森（Gherson）法律事務所代表尤里・伊萬尤斯錢科（Yuri Ivanyushchenko）如此表示——這位烏克蘭商人在二〇一七年上旬於制裁名單中被移除。

對一個烏克蘭革命分子而言，這樣的時代相當令人洩氣，但卡斯科早就已經不在了。他在二〇一六年二月辭職，指控檢察署是「貪汙舞弊的溫床」。薩科瓦利耶澤在一個月後遭到開除，並因「嚴重違反檢察官職業道德規範」而遭到起訴。整個改革小組只是曇花一現，沒有讓任何人入監服刑，也沒有追回任何一位寡頭的外國資產。卡斯科告訴了我他辭職的原因，他認為當上級在破壞他的案件時，他只能在旁邊乾瞪眼，實在一點意義也沒有。「我不想像英國女王一樣只是坐在那裡看著。」他說，「檢察署最大的問題就出在貪汙上。薩科瓦利耶澤和我挺身對抗，但他們把我們踢出來了。」

這不是世界強權第一次聯合起來，決心幫助一個遭受統治者掠奪的國家在革命後建立政權，卻發現遠比預期中來得困難。二〇一〇年阿拉伯之春（Arab uprisings）展開後，舉行了一場追回資產的論壇，讓新政府能互相分享經驗。這場論壇在二〇一二年召開，接著分別在二〇一三、二〇一四和二〇一五年再度舉行。但到了那時，與會者顯然都和那些試圖幫助烏克蘭的國家產生了同樣的理解，這個論壇就這樣沒了下文。原本在二〇一二年時還有著不錯的成果，當時英國政府協助一個利比亞團隊成功追回一棟價值一千萬英鎊、曾屬於格達費之子的房子。「這次利比亞追回這棟豪宅，在對抗有罪不罰（impunity）的戰鬥中，可能只是一小步，但每個旅程都是從跨出第一步開始的。」喬治城大學（Georgetown University）教授馬克・弗拉西克（Mark Vlasic）寫道，他過去曾是世界銀行的遭竊資產追討倡議祕書處處長。但實際上，第一步也是最後一步——再也沒有其他案子出現。

追回資產並非易事。金權帝國不會輕易放棄手中的財富。這些錢增加的速度遠比你計算的速度還快，同時不斷在全世界流動、穿梭於邊境之間，永遠比本該監控這些錢的人快上兩、三步，甚至是一百萬步。司法系統不斷撞上國境，但在此時逃過懲罰的人，並不只有小偷而已。

13 「核死亡來敲你的門了」

二〇〇六年十一月三日凌晨，一組救護人員來到了北倫敦馬斯韋爾丘區（Muswell Hill）的奧西爾克雷森街（Osier Crescent）。救護車的紀錄顯示了他們動作很快，在凌晨一點四十九分接到通報後，花了僅僅七分鐘便抵達目的地。不過，這個速度顯然不是出於通報者的狀況緊急，那天晚上很可能只是一個平靜無波的夜晚，因為這通求救電話並沒有什麼特殊之處。

「病患認為他食物中毒了。前一天晚上進食完兩小時後，他開始嘔吐，今天則出現了腹瀉症狀。」救護人員茱莉亞·科爾（Julia Cole）在她的出勤紀錄中寫道：「病患不想去醫院，只想請我們提供建議。」這位病患名叫艾德溫·卡特（Edwin Carter），四十三歲，當時他太太也在場。出勤紀錄上的最後一筆註記恰好反映出卡特太太的擔憂：「如果擔心的話，請撥打救護車專線。」不過這段文字的其他部分就無法辨識了。

他們在隔天下午又叫了一次救護車，這次是另一組救護人員來到了奧西爾克雷森街一四〇號。急救人員顯然認為卡特先生的症狀已經持續太久了，於是便將他送往約八公里外的巴尼特醫院（Barnet hospital）。醫生對他做出的初步診斷是腸胃炎和脫水。在字跡潦草的紀錄上，醫生寫下他問診的幾項基本資料：「病史：無。自由作家，與妻子和兒子同住。」醫生十分關切他的脫水症狀，因此讓他入院，但他們顯然並沒有預料到他將在醫院待上很長一段時間。他是C級病患——在依症狀嚴重程度分類的醫院內部分級系統中，他們將他歸為最不嚴重的類別。

醫生是否應該要更擔心卡特先生的狀況呢？有許多跡象都顯示他另有隱情。舉例來說，如果他一直都住在馬斯韋爾丘區，那為什麼他會告訴救護人員他的家庭醫生「在俄羅斯」？還有，當第一組救護人員來到他家時，雖然他有個典型的英國名字，他的口音卻聽起來非常像俄羅斯人？但一直要到後來，這些小細節才被注意到。任何醫生都會告訴你，處理剛到院的病患時要秉持一個原則，就是「常見的病就是很常見」（common things are common）。就好像你看到一組蹄印，就要認為那是馬留下的，而不是斑馬。如果你看到一個身體健康的人嘔吐、腹瀉，那麼他可能就是得了腸胃炎，而不是遭到外國政府的高層人士下令暗殺。

隔天早上，卡特開始服用喜得欣（ciprofloxacin），那是一種抗生素，能對抗任何造成胃不舒服的討厭病菌。這就是所謂的經驗決策。醫生當時還不知道造成病症的原因是什麼，但他們根據經驗來猜測那可能是某種食物中毒，並依此決定醫療方式。不過，他們發現情況有一點反常——卡特夫婦都吃了同樣的食物，但只有卡特先生產生了嚴重的症狀，卡特太太卻一點事都沒有。這就表示引起問題的可能是病毒，而非細菌，這樣一來，抗生素就無法產生效果。即便如此，還是小心為妙。

十一月五日剛好是星期日，英國醫院在這一天都會人手不足，因此直到四十八小時之後，才有醫生再次查房。當醫生在星期一早上出現時，他們對結果很滿意，預後十分良好。「如果能正常進食、飲水，明天就可以回家。」醫生在紀錄中寫道，「準備出院。」這表示醫生已經準備好他的出院病歷摘要了。這些紀錄包括最新一次的驗血結果：他的血小板和白血球偏低，但並不需要太擔心。很有可能是醫生認為腹瀉造成的刺激，讓腸子稍微出了點血，這樣就能解釋在實驗室檢驗出的數值了。

醫生就像偵探一樣。他們會試圖排除各種可能性，找出引起這個症狀的潛在原因，再不斷縮小範圍——排除、排除、排除。每天都會出現新的資訊，但在卡特的案例中，到了隔天也沒有任何變化。卡特病歷上的第一條意見是認為他在晚上就可以出院，但後來卻傳來了壞消息，他的糞便檢驗中，發現了難治梭狀芽胞桿菌（Clostridium difficile，常簡寫為 C.diff）。這種桿菌非常難以對付，會感染服用抗生素的人，因為藥物會把保護我們不受壞菌傷害的好菌給殺死。醫生向病人及他太太解釋，卡特顯然要在醫院待久一點了，不過，她對病因卻堅持有自己的一套理論。

「病患與其妻擔心病患是遭到故意感染（毒物？）。」病歷上寫道，「已向他們保證不太可能發生此事。」在那一頁最下方，寫了一句十分樂觀的句子：「明晚出院回家。」醫生很有信心病患最終會康復，即便卡特太太始終擔心有人刻意要傷害她的丈夫。

迪恩·克里爾（Dean Creer）醫生是負責卡特的資深醫師，他後來寫道，這個遭到下毒的說法不只被提起一次。卡特太太曾經二度詢問遭到下毒的可能性，但他當時認為那段對話並不十分重要，因此沒有記錄到病歷裡。

「我認為她的問題不太尋常，並向她解釋腹瀉與嘔吐都很常見，難治梭狀芽胞桿菌也是一樣，因此不太可能發生故意感染／下毒的情況。」他寫道，「她說卡特先生的身體一向強壯、從未生過病等等類似話語，並表示他知道某些人可能會危害他，雖然我不太記得她確切的用詞了。她還說他們的朋友遭到那些人的毒殺，因此她才會這麼焦慮。我向她解釋，卡特先生才入院幾天而已，我們的診斷還會有所調整，但我們預期他的症狀很快就能改善。」

這個反應再正常不過，任何一位醫生都會告訴你，雖然傾聽病患說話是很重要的事，但不要被他們提出的奇特理論所分心。常見的病就是很常見，腸胃炎就是一種屢見不鮮的病。或許卡特先生還要再一陣子才能復原，但某些疾病就是需要多花一點時間。

於是，日子一天天過去，醫生始終不太確定確切的病因，但他們都相信他很快就會好起來。

十一月十一日，再度來到了周末，而這也是卡特在巴尼特醫院度過的第二個周末。值班的團隊只有一個簡單的任務：「驗血，讓病患出院。」這項工作實在太過簡單，因此當時便派給最資淺的醫生來執行，也就是一位剛從醫學院畢業三、四個月左右的第一年住院醫師。這是一項例行作業，但這位資淺的醫生卻發現了令人不安的狀況：卡特的白血球數急遽減少到只有零點三，但在正常情況下這個數字不能低於四。「綜上所述，病患無法出院，會交給星期日的值班團隊評估。」這位醫生寫道。在那之後，他們再也無法樂觀地認為卡特能在短時間內出院。其中一位醫生後來寫道，這麼低的白血球數，「實在非常、非常異常」。有什麼地方不對勁，但他們毫無頭緒。

卡特是個健康的男子，因腸胃炎症狀而入院，於是醫生便開給他抗生素。但這些藥物不只沒讓他好轉，看似還讓病情更為加重，並在他體內驗出了難治梭狀芽胞桿菌。但是，第二次診斷結果也無法讓醫生釐清狀況。難道病人接連罹患兩個完全不同、毫無關聯的疾病——先是病毒性腸胃炎，然後是抗生素引起的感染——但卻產生一模一樣的症狀？這確實奇怪，但並非完全不可能發生。但若真是如此，為什麼卡特的白血球數會掉到幾乎測不出來的程度？這些醫學偵探不斷嘗試排除可能性。到底是什麼東西在破壞白血球？他們把卡特的血液樣本送去進行愛滋病毒檢驗，出來的結果是陰性。這個方向絲毫沒有進展。接著，另外一件奇怪的事發生了：他的黏膜開始發炎。醫生認為那是鵝口瘡，也就是一種真菌感染，好發於免疫力低下的人。

十一月十三日，卡特的病情加劇：「與病患的妻子會談。她非常難過，一開始言行具有侵略性，但經過解釋後，她便冷靜了下來。我解釋他的腹瀉是因病毒所引起……妻子擔心他沒辦法進食，會將食物嘔吐出來。我解釋他一旦復原一些之後，就能飲水、進食。」醫生找來了血液專家，希望他們能知道卡特的血究竟出了什麼問題，而到了此時，他們需要擔心的也不只是白血球數了——卡特的血小板數值降到了二十一，這種數值代表血小板的數量少到你得開始擔心自發性出血，而且你的身體還沒辦法凝血。

當天稍晚，血液專科醫師便來對卡特先生進行檢查，並詢問了他的個人資料，比起他剛坐救護車到院時，急診室醫生提出的問題還要更詳細一些。紀錄上也因此多了一項出人意料的資訊，他是「前KGB情報員」。這不再只是醫學上的謎團了，還牽扯到了犯罪。為什麼一名前蘇聯間諜會在馬斯韋爾丘區生病？而且為什麼他的頭髮突然間開始大把大把掉落？「我只是想摸摸他的頭、安撫他，結果我的手套上全是他的頭髮。」卡特太太後來用一口奇特腔調的英語描述道，「接著我發現他的肩膀上、枕頭上都有，到處都是頭髮，我說：『這是怎麼回事？你或任何人都好，可以告訴我我丈夫到底怎麼了？』」

最讓血液專科醫生安德烈斯．維奇斯（Andres Virchis）吃驚的則是卡特的外表。他時常遇到白血病（也就是血癌）病患，他們要不是曾接受化療，就是需要骨髓移植。他認為卡特看起來就像是經歷過放射線治療，好在接受移植之前先把現有的骨髓破壞掉。也許卡特太太一直都是對的——她先生的體內或許真有某種毒物在裡面？維奇斯把病患的血液樣本送到倫敦的蓋伊醫院（Guy's Hospital），請專精有毒物質的同事看看，而他們則請巴尼特醫院的放射科檢查卡特是否曾遭到放射線的照射。十一月十五日，放射科醫生帶來了蓋革計數器（Geiger counter）。檢測結果是：「病患身上並未帶有輻射。」但是，蓋革計數器只能從中毒的病患身上測到一種輻射，也就是被稱為貝他輻射（beta radiation）的高能電子。紀錄者額外寫道：「如果病患曾暴露於伽瑪射線下，蓋革計數器並不會偵測到。」

紀錄者沒有提到的是，蓋革計數器也不會偵測到另一種輻射，也就是被我們稱為阿爾法粒子（alpha particles）的氦原子核，因為這種粒子不會衝破皮膚、在中毒者體外被偵測到。不過話說回來，就算要檢測阿爾法粒子，也沒有什麼意義，歷史上從未記載過有人被刻意以阿爾法射線毒害。常見的病就是很常見。如果你看見蹄印，就要認為那是馬留下的，而不是什麼來自外太空的有蹄怪物。

蓋伊醫院的測試結果在隔天晚上出來，發現血液中的重金屬鉈（thallium）含量高於預期——那是一種已知的毒物，也會造成掉髮現象。這可能就是病因嗎？「病患於十一月一日參加了一場會議，他相信自己當時遭到了下毒。」卡特的醫療紀錄中如此寫道。他們同樣記錄了醫生對卡特展開了鉈中毒的標準療法：普魯士藍（Prussian Blue）。但顯然醫生對這個診斷結果並不滿意，部分原因是因為症狀不太吻合，也因為卡特血液中的鉈含量還不足以致命。「也許不只有一種毒物（因為鉈通常不會破壞骨髓，除非具有放射性）。」而該頁紀錄的底部也寫道：「病患相信俄羅斯人確實會使用具有放射性的鉈。」卡特的白血球數降到了零，他的骨髓也被破壞殆盡。「病患想知道自己是否會喪命。」醫生如此寫道。

到了這個階段，醫生無疑已經得知了卡特的真實姓名：亞歷山卓・李維寧科（Alexander Litvinenko）。他是來自俄國的難民，在揭露俄羅斯聯邦安全局的一個單位是如何暗殺政治人物和商人之後，逃離了母國——這情節就好似《神鬼認證》（*Bourne*）系列電影中的絆腳石行動（Treadstone）的俄羅斯版。他在二〇〇〇年抵達英國後，幾乎立刻就開始使用新的名字，就像參加證人保護計畫的人一樣。但他並沒有採取合理的下一步，也就是讓自己隱藏起來。他住在英國的六年中，寫了一大堆關於克里姆林宮不當作為的文章，並到處告訴願意聽的人，他認為普丁到底在打什麼主意。他在倫敦的資助人兼保護者正是流亡的寡頭大亨鮑里斯・布列佐夫斯基，而他擁有令人畏懼的龐大宣傳機器。如今已經證實了李維寧科遭人下毒，這台機器便開始運作起來。十一月十九日，星期日發行的報紙刊滿了轟動社會的新聞，報導一位俄羅斯聯邦安全局的前探員在參加倫敦的一場會議時遭到毒害。這時，李維寧科已經從巴尼特醫院轉送到專精血液學的倫敦大學醫院（University College Hospital）。大批記者擠在醫院大門前，盼著最新消息。

李維寧科的狀況持續惡化。當天稍晚，他就被送進倫敦大學醫院的加護病房。不過，在他的病歷紀錄中，卻看不出來當時引起了這麼大的騷動。醫生孜孜不懈地試圖找出這位病人究竟發生了什麼事，但仍然因為他的症狀並不符合鉈中毒——本該會讓他的神經系統停止運作——而困惑不已，不過他們還是無法確知到底是什麼問題。李維寧科原本身材精瘦，體重有七十八公斤，但他在病倒後的三周內，一口氣減少了十四公斤。

醫生在尋求答案的過程中，震驚地發現病患似乎曾暴露於輻射下，於是便將他的尿液檢體送到負責設計、製造及維修英國核武的原子武器研究所（Atomic Weapons Establishment），這個地方最有可能找到任何輻射中毒的罕見跡象。十一月二十二日，結果出來了：在李維寧科的尿液中發現了高含量的釙（polonium）的其中一個同位素。科學家對第二份樣本進行測試，證實了最初的檢測結果——李維寧科中的毒是釙二一〇（polonium-210）。他成了歷史上第一位被證實遭到阿爾法輻射殺害的受害者。

儘管花了整整三周，但這些勤奮的醫生最終還是找出了是什麼東西在折磨他們的病患。線索其實一直就在他們眼前。發炎的黏膜並不是由鵝口瘡所造成，而是因為快速分裂的細胞不斷從組織上脫落。嘔吐和腹瀉症狀也不是腸胃炎引起的，而是因為身體想要排除這個恐怖的外來物。急遽降低的白血球數不是愛滋病毒所導致，而是因為釙集中在骨髓裡，殺死了周遭的所有細胞。醫生針對每一個症狀尋求常見的解釋，但從未找出能同時解釋所有症狀的原因。常見的病也許是很常見沒錯，但在極少數的時候，你會面臨到前所未見的情況。

不幸的是，所有醫學調查工作最終都是徒勞無功。釙二一〇可能是地球上最致命的物質：只要百萬分之一公克——比一粒灰塵還小——就能殺死一個人。這種金屬在全世界的年產量大約是一百公克，而這個數量可以殺死全英國的人，剩下的還夠用來殺死法國大多數的人口。釙釋放的阿爾法粒子就像原子炮（atomic artillery）一樣，伴隨著致命的力量猛烈撞擊周遭的一切，摧毀細胞、粉碎DNA，破壞身體機能。要不是李維寧科本來就身強體壯，他根本無法撐那麼久。但早在他喝下那幾口摻了釙的茶時，就已註定了命喪黃泉。十一月二十三日，就在毒物的真面目被確認不到幾個小時後，他的身體終於放棄了掙扎。他的遺體被放在以鉛作為內襯的棺材裡下葬。

英國國家健保署的醫生偵探們沒調查完的部分，便由倫敦警察廳的刑警接手。但如果沒有醫生做出受到啟發的診斷，以及由專家提供的頂尖科學，照顧李維寧科的人可能永遠都不會知道那究竟是什麼毒。奇怪的是，他一死，這個殺人武器就成了警探的幫手，因為它會在曾接觸過的東西上留下阿爾法粒子的痕跡，包括那些曾碰過它的人、去過的每一個地方。警察對辦公室、車輛、飯店房間進行採檢，以及所有接近過李維寧科的人穿過的衣服，最終對兩名俄羅斯人提出了毫無反駁餘地的指控：安德烈・盧戈沃伊（Andrei Lugovoy）和德米特里・柯夫通（Dmitry Kovtun），他們曾在十一月一日於倫敦市中心的酒吧與李維寧科見面。

他們所到之處、所有碰過的東西，都充滿了釙痕跡——飛機座位、一支水煙、一個泰迪熊玩偶、垃圾桶，還有摻了毒的茶壺——彷彿他倆是原子時代的米達斯國王（King Midases），讓一切觸碰到的事物都遭到輻射[28]。但是，他們成為頭號嫌犯之後，只不過帶來了另一個新的謎團。盧戈沃伊是一頭金髮的莫斯科人，他的私人保全公司專門向企業收取保護費。他和李維寧科從九〇年代開始就是好友，而他們當時和布列佐夫斯基聯手進行盡職調查的工作。與此同時，柯夫通是個患有弱視的浪子，他本想成為色情片明星，卻因為酗酒問題和懶散成性而不得志，大部分的工作都是在德國餐廳洗盤子。

這兩位都是無能的外行人，並非受過莫斯科訓練的刺客。他們執行了不只一次——而是三次刺殺李維寧科的任務。第一次是在十月中，當時李維寧科攝取了極為少量的釙二一〇。只要等上一段時間，他確實可能會因此死亡。第二次則是一場徹底的失敗——盧戈沃伊顯然在他的飯店浴室裡打翻了盛裝毒物的容器，還用毛巾擦拭，再把毛巾丟在外面給女服務生善後。到了第三次嘗試時，他們誘使李維寧科喝下摻毒的茶，這才成功地達成任務。然而顯然他倆都不知道自己持有的是釙二一〇，不然就不會像是拿著便宜的鬚後水一樣到處亂灑了。這毒物一定是別人交給他們的，也肯定是別人指使他們去暗殺李維寧科。但那人究竟是誰？

28　編註：這個典故出自希臘神話「點石成金」的故事，米達斯國王獲得酒神賜予的點石成金能力，但卻發現他碰觸之物，舉凡食物、水、孩子都化為黃金。

李維寧科在臨終前讓布列佐夫斯基的公關代為寫下他的聲明，指控普丁是幕後黑手。評論家後來列舉出一系列李維寧科可能激怒克里姆林宮的罪行：他背叛了普丁心愛的俄羅斯聯邦安全局、叛逃投敵、指控普丁有戀童癖，讓俄羅斯難堪，並指控他安排了恐怖攻擊，以贏得總統大選。但問題就在於，這些可能讓他慘遭殺害的理由，只有在回頭去看時才會覺得有道理。李維寧科一直要到被殺害之後，他的論點和意見才被廣為接受；在他生前，就算真的有人注意到他的言論，他也僅僅被視為一介陰謀論者。二〇〇〇年代早期，當時我是全職研究車臣戰爭的專家，而李維寧科也針對這個主題寫了一本書。我那時特別花時間閱讀每一本與車臣有關的重要著作，但從未費心翻開他的書。我認識的人當中，也沒人讀過他的作品。李維寧科一點影響力也沒有。

況且，如果普丁會因為有人提出這類言論而痛下殺手，那他就應該從布列佐夫斯基開始才對（盧戈沃伊在毒殺李維寧科的幾個小時後還與他碰過面），為什麼這位默默無聞的前俄羅斯聯邦安全局殺手會被選中？這是一個謎團，而且還是個無解之謎。

英國政府顯然不想揭露他們手中握有的相關情報，主要是因為這樣一來就會讓普丁難堪、對雙邊關係造成傷害。「這起案件明顯讓英國與俄羅斯人的關係變緊張。他們對英國而言太過重要，我們沒本錢和他們鬧翻。」二〇〇六年十二月三日，離李維寧科下葬之日還有四天，一位匿名的內閣大臣就對《星期日泰晤士報》（*Sunday Times*）的記者如此表示。但是，李維寧科的妻子瑪麗娜（Marina）在面對英國政府時，也和面對巴尼特醫院的醫生時一樣直率。她堅持要對丈夫之死展開調查行動，持續多年都沒有停止，甚至在布列佐夫斯基不再替她支付律師費之後，也沒有放棄。到了二〇一四年，英國政府終於不再阻止她尋求正義，反正在克里米亞危機[29]之後，英國和普丁之間也沒剩多少值得挽救的關係了。

我坐在倫敦的皇家司法院（Royal Courts of Justice）七十三號法庭的旁聽席，聆聽公開調查程序，而在真相法庭中逐漸浮現，解釋了李維寧科被謀殺的理由，其實是跟一本關於金權帝國的著作有關。這是一個極端卻令人十分不安的案例，展示出金權帝國的人士為了保護自己所能採取的最殘暴手段。如同所有金權帝國人士一樣，他們濫用全球化金流和地區性司法系統之間的緊張關係，以保護手上的不義之財。而在此案例裡，他們讓這個實力差異懸殊的局面進一步拉大差距。為了不讓他們的金融騙局資訊外流，他們派出刺客到外國殺害吹哨者，接著利用母國的司法系統來保護這些殺手，讓他們高枕無憂地待在祖國。一旦少了吹哨者，根本不可能成功進行起訴。如果一位金權帝國人士能狠心對潛在的不利證人痛下殺手，他的財富就能永遠安全無虞。

29 編註：二〇一四年，本為烏克蘭領土的克里米亞受到俄羅斯軍事支援與煽動，舉行公投並正式併入俄羅斯聯邦，而包含聯合國與歐盟在內的國際社會普遍譴責此一事件破壞烏克蘭憲法與領土完整性。

調查過程揭露了李維寧科在英國待了五年之後，布列佐夫斯基開始縮減提供給他的津貼，迫使他尋求新的生計。他碰巧接觸到了盡職調查的生意——專門蒐集公司和個人身家資料的私人情報產業——服務對象包含了販售護照計畫、商業競爭對手或潛在合作夥伴。李維寧科在英國沒有獲取最新情資所需的情報來源，但因為他擁有在九〇年代打擊貪腐的經驗，他非常熟悉普丁身旁那群人的背景。李維寧科有一位在美國的前KGB友人向他提供資料，因此他能結合自己的情報，針對克里姆林宮的內部人士製作出詳盡的報告。

他原本希望盧戈沃伊能提供莫斯科的內部情報，這也是他們一起合作的原因，但結果卻讓他大失所望。盧戈沃伊交出的文件往往只是拼湊網路資料而寫成的幾個段落。李維寧科為了向他示範報告的正確寫法，便把他對克里姆林宮內部人士維克多．伊萬諾夫（Viktor Ivanov）所做的研究拿給盧戈沃伊看。伊萬諾夫和普丁從他們還在KGB時就開始共事，而李維寧科和同事尤里．什韋茲（Yuri Shvets）指出，他倆的貪汙程度令人髮指。李維寧科和什韋茲表示，伊萬諾夫和俄羅斯某些最惡名昭彰的犯罪組織密切合作，並在普丁的保護下，從聖彼得堡進行走私古柯鹼的非法生意。「應付伊萬諾夫的最佳方法，就是和他保持距離，不要讓他靠近，因為一旦靠近他，他很容易就會心生怨懟，而被激怒的伊萬諾夫是最恐怖的敵人。」報告中如此寫道，並在公開調查程序中作為證據提出。什韋茲在調查過程中表示，這份報告破壞了伊萬諾夫原本想要進行的商業交易，讓這位克里姆林宮圈內人士損失了「一千萬到一千五百萬美元」。

李維寧科在二〇〇六年九月下旬把報告寄給盧戈沃伊，並要他保密。不到三周，李維寧科就遭到第一次下毒，不到兩個月後，他就死了。這個過於明顯的巧合無法讓人忽視，這場暗殺行動極有可能是為了要阻止李維寧科繼續扮演吹哨者的角色，不讓他揭露俄羅斯竊盜統治背後的祕密。當年英國警察造訪莫斯科，找盧戈沃伊及柯夫通面談時，也遇上了詭異的狀況，讓這個解釋顯得更有說服力。從英國警方的角度而言，這趟莫斯科之旅毫無收穫，尤其是因為俄羅斯警方限制了他們的行動。他們見到盧戈沃伊時，只有一名英國警察能在場，他甚至不被允許記錄整場會談，也不能自行發問。當兩位英國警察準備打道回府時，俄羅斯人便聲稱錄音機壞了，因此完全沒有錄到會談內容，這自然是極為惱人的情況。

不過，他們提供了文字紀錄，並聲稱那是談話內容的完整紀錄，但當時在場的英國警察注意到其中缺少了一項關鍵內容。在面談中，盧戈沃伊曾重述他和李維寧科之間的談話，討論在西班牙活動的俄羅斯罪犯。李維寧科顯然曾告訴他，他在協助西班牙情報機關調查洗錢活動，幫忙他們起訴罪犯。但是，會談的正式文字紀錄上卻完全看不到這段內容。顯然莫斯科的某位權貴不想讓英國人知道俄羅斯的髒錢被拿來購買西班牙的房地產。這完全是同一回事——某些非常富有的俄羅斯人想讓藏在金權帝國的錢安全地待在原處，也準備好要採取極端的手段來消除造成威脅的事物，也決心要對替他保護錢的刺客提供庇護。

二〇〇七年，盧戈沃伊贏得了俄羅斯的國會席位，作為普丁馴養的其中一個反對黨的代表，從而獲得了起訴豁免權。在李維寧科謀殺案的公開調查過程中，克里姆林宮頒發了一個勳章給盧戈沃伊，褒揚他「為祖國提供服務」——獲得這個勳章的人都「為保衛祖國做出了偉大貢獻……維護國家安全」。公開調查持續了相當長的一段時間，甚至讓我們這些每天出席旁聽的人都互相熟稔，警衛還替我取了一個綽號。我們所有人也都對謀殺案的細節如數家珍，在休庭時間也會彼此討論。這些人都是法院的雇員，而非代表律師，但就連他們在聽到盧戈沃伊獲頒勳章時，臉上都露出了震驚的表情。法官羅伯特・歐文（Robert Owen）粉紅色的臉甚至漲成了磚紅色。如果這還不足以證明克里姆林宮在嘲弄西方執法單位，那麼在調查程序的審理過程中，甚至揭露了在布列佐夫斯基死前三年，盧戈沃伊送了一件T恤給布列佐夫斯基，上面寫著「釙二一〇……核死亡來敲你的門了」（Polonium-210... nuclear death is knocking your door）。

負責公開調查報告的歐文法官，對克里姆林宮高層派遣盧戈沃伊和柯夫通下手暗殺的確切原因抱持開放的態度（雖然他幾乎毫不懷疑克里姆林宮就是幕後黑手），但是，隨著旁聽公開調查的日子一天天過去，我越來越確信背後的理由其實非常單純：李維寧科會害錢的流向曝光，因此他必須被除掉。

事實上，自普丁掌權後，在一連串發生於英國和其他地方、與俄羅斯有可疑關聯的死亡案件中，李維寧科只是其中一個案例。米哈伊爾・列辛（Mikhail Lesin）是前政府部會首長，他死在華盛頓的一間飯店房間裡，並被當局視為意外身亡。但他究竟到華盛頓做什麼，到現在都還是沒有任何解釋。亞歷山大・佩里皮利奇尼（Alexander Perepilichny）是一名健康的俄羅斯商人，二〇一二年時，他在薩里外出慢跑的途中倒地身亡，那時候，他正為瑞士官員提供協助，追蹤俄羅斯人放在瑞士銀行的贓款。謝爾蓋・斯克里帕爾（Sergei Skripal）是前俄羅斯情報員，因為替英國從事間諜活動而被定罪，自二〇一〇年的間諜交換後就住在英國。二〇一八年三月，他和從俄羅斯來探望他的女兒雙雙在索爾茲伯里（Salisbury）中了由俄羅斯製造的神經毒劑。

除了這些以外，還有其他的許多案例，都讓外界開始懷疑莫斯科派出了殺手襲擊前圈內人士，阻止他們揭發克里姆林宮的祕密，而俄羅斯當局也完全沒有對這些案件的調查提供任何實質協助。

這是金權帝國最令人不安的表現形式。富有的西方國家一直瀰漫著一股洋洋自得的氛圍，一心認為世界會朝著它們的方向邁進，世界其他地方會逐漸讓全世界成為自由資本主義的民主體制。但李維寧科的案子卻揭露出截然不同的結果。西方人天真地期盼俄羅斯會成為一個法治國家，但克里姆林宮的菁英階層卻一點興趣也沒有。那些圈內人士反而在俄羅斯大發橫財（而且也只有他們才能賺大錢），並將財富送到安全的西方世界去。混亂和不當管理不只能讓他們賺到更多錢，還能保護他們和身邊親友不受報復。他們可以殺掉那些威脅他們的人，靠著西方警察無法跨越的國界來庇護殺手，直到永遠。這正是另外一種回饋循環——金權帝國人士獲得的利益，讓他們願意長久維護金權帝國的運作。如果是為了維繫這個帝國，就必須派出業餘殺手帶著一小瓶最致命的化學物質到倫敦執行任務的話，那也會是必要之舉。他們就是一群境外匪類。

當然了，確實還是有少數幾位政治人物能拿到釙二一〇（唯一能以商業規模量產的地方只有俄羅斯），但金權帝國不需要使用特殊毒劑來進行暗殺，你可以把證人丟出窗戶或是推到火車前方，就能有效地讓他們閉嘴。

異議分子往往都會逃離國家，政府也往往會派人追趕。看看曾經在倫敦的馬克思（Karl Marx）和日內瓦的列寧（Vladimir Lenin）就知道了。但是，這些異議分子之所以會成為國家的敵人，是因為他們的思想會動搖普魯士、俄羅斯或其他國家的根基；金權帝國的異議分子則不是因為思想被追緝，而是他們擁有的祕密：他們知道金錢是怎麼流動的。金權帝國越是牢固，那些祕密就越重要，而這類謀殺也會變得越來越常見。李維寧科如此恐怖的死法可能是有史以來頭一遭，但殺害他的動機（讓他再也無法將祕密暴露出來）永遠不會變。

這就表示，不管來源有多麼可疑，藏在金權帝國裡的錢都很安全。那麼下一個問題就是，金權帝國人士要拿這些錢做什麼呢？

14
我的夢幻財富

二〇〇七年，電視節目《我的夢幻婚紗》（*Say Yes to the Dress*）在美國開播，如果你從來沒看過，那你就虧大了。在這個節目中，你會看到一群女人（每一集至少會有三位）來到紐約的克萊菲爾婚紗店（Kleinfeld Bridal）採買婚紗。以某些角度來說，這是一個完美的實境秀公式：在永無止境的重複性畫面中，會出現不同種族、年齡、身形、社會階級、背景、性向的女性，劇情也包準高潮迭起，幾乎總是以快樂結局收尾——新娘穿著純白婚紗，看起來光彩奪目。這個節目衍生出許多作品，也讓克萊菲爾婚紗店搖身一變，從第二十街一家名聲不錯但沒什麼特色的商店，成了世界最知名的婚紗供應商，為別具眼光的準新娘提供服務。

二〇一五年五月二十二日，就在節目的第十三季準備邁入尾聲時，觀眾得到了一個甜頭。在標題為〈普妮娜的ＶＩＰ〉（V. I. Pnina）這一集節目中，觀眾看著以色列設計師普妮娜・托爾奈（Pnina Tornai）替三位「VIP」新娘設計特別的婚紗，沒有預算上限，同時整間婚紗店將會休店一天。托爾奈有著一頭流洩過肩的淺褐色長髮，雙唇厚實飽滿。她在上節目之前還沒什麼名氣，但之後很快便成為家喻戶曉的名人——也許是因為她露骨的風格十分適合電視節目。如果你不太清楚她的作品，那麼可以說她的衣服看起來就像川普的室內裝潢一樣「別緻」，而她的風格可是一點都不含蓄。她專門製作半透明的婚紗，領口又低又深，綴滿了一條條水晶，再以薄紗和配件裝飾，而這些東西上面又覆蓋了滿滿一層閃亮亮的素材。「我不能沒有這些珠光寶氣的東西，但珠光寶氣很昂貴。沒有預算上限的新娘是我的夢想，這樣我就能專心製作婚紗，不用理會成本。」托爾奈在〈普妮娜的VIP〉中對著鏡頭說道。

這一集節目以眾人手忙腳亂的準備過程開場，焦點圍繞在婚紗店經理艾莉．麥克戈溫（Ally McGown）身上。她留著一頭長髮，雙唇塗著紅色口紅，整個人看起來總是有點疲憊，而她高高挑起的眉毛和皺起的額頭更是強化了這股氛圍。「安哥拉內閣大臣的女兒就要到了。她和家人大老遠從非洲飛來，準備試穿向普妮娜購買的九件禮服。」麥克戈溫上氣不接下氣地用嚴肅的語調說道。

這位客戶是娜莉菈．迪奧戈（Naulila Diogo）。她搭乘一輛雪佛蘭休旅車抵達，頭髮梳向腦後，大大的雙眼在紅框眼鏡後方睜著。她說著一口優美流暢的英語，只有些微的口音，語調悅耳。「我的夢想就是擁有一件普妮娜．托爾奈的婚紗。她的婚紗令人心馳神往，上面有很多水晶，我非常喜愛。我想要看起來像個公主、像個女王一樣。」她對鏡頭說道，流露著毫不掩飾的興奮之情。「我就要舉行一場有八百位賓客的大婚禮。我想要我的婚禮比所有我見過的婚禮都來得盛大。」

為了達到這個目標，她需要好幾件禮服。第一件是要在簽署結婚證書的儀式上穿，而那是一個莊重的場合，只有家族成員出席，不過她還是希望能打扮得漂漂亮亮的，因此她會穿著一件價值三萬美元的貼身婚紗，有著如白霜般綴滿珠寶的肩帶。這件婚紗是以特殊的絲絹薄紗製成，背後是大挖背的設計，並繡上了數千顆施華洛世奇（Swarovski）水晶。客製化這件禮服要額外花費五千五百美元（價格都列在螢幕上，讓觀眾可以一邊記錄），而一頂「鳥籠頭紗」則另外要價五百美元。

「我的天啊，」迪奧戈在看見鏡中的自己時說道，「我看起來好美。」

顯然她還需要另一套服裝在主要的結婚儀式上穿，而這是一件長禮服，下擺可能有一百八十三公分寬。托爾奈解釋道，要製作出一件這樣的禮服，大概要花三百個小時。她又用雙手比出足足二十五公分的長度，展示女裁縫師究竟需要使用多大的放大鏡來檢查禮服的品質。當新娘從試衣間現身時，迪奧戈的母親和朋友都倒抽了一口氣。禮服的馬甲是托爾奈的招牌設計：胸口中間有一長條透明的布料，一路延伸到接近肚臍的位置。

接下來，驚喜揭曉——這條巨大蓬鬆的裙襬被掀過她的頭，露出底下一條貼身的魚尾裙，布料在腳部向外蔓延成一團白雲。「迪奧戈在她的國家基本上就是王族。我不可能替她做一件普通的禮服，因此我做了這條驚喜裙襬，讓她可以在宴客時脫下，變成另一件禮服。」托爾奈對鏡頭解釋道，接著拿出一條拖在新娘身後地面、長達一百八十三公分長的頭紗。「這種頭紗需要至少三天的製作時間。蕾絲是在法國訂製，手工縫上數百顆施華洛世奇水晶。這是頂獨一無二的頭紗。」

而這頂頭紗要價五千美元。

「我好高興，」迪奧戈說，「我不知道能說些什麼。」

這一集畫龍點睛的角色是由克萊菲爾婚紗時尚總監兼節目的熱門明星藍迪・菲諾利（Randy Fenoli）擔當。舉止浮誇的菲諾利在節目中會出面給予新娘建議，也負責在需要的時候向鏡頭解說。他對著鏡頭總結迪奧戈在〈普妮娜的VIP〉這一集的出演表現時，甚至比平常還要興奮：「迪奧戈是克萊菲爾婚紗店史上花最多錢的新娘，一次帶走九件普妮娜・托爾奈的原創禮服、一件驚喜裙襬、訂製商品、配件，總價超過二十萬美元。」

這一集在美國播放時，獲得的迴響和往常沒什麼不同。觀眾驚嘆著為了完美要付出多麼高昂的代價，也讚嘆迪奧戈及其他兩位新娘是多麼美麗。

接著，這一集在安哥拉播映。

安哥拉是個西非國家，一九七五年自葡萄牙獨立，當時幾乎是立刻展開了一場慘烈的內戰，而冷戰雙方陣營的介入，也讓情勢更為加劇。原本是毛派（Maoist）的「爭取安哥拉徹底獨立全國聯盟」（UNITA）獲得了南非和美國的支持，而馬列主義（Marxist-Leninist）的「安哥拉人民解放運動」（MPLA）的支持者則是蘇聯和古巴。安哥拉擁有龐大的陸上和海上石油儲藏量，也有廣大的鑽石礦脈，讓那些世界強權的企業和貿易商都對這塊土地更加有興趣。蘇聯的代理勢力在九〇年代崛起，並成為安哥拉的主導勢力（雖然兩方之間的爭鬥直到二〇〇二年才停止）。但西方的石油公司並不太在乎這件事，繼續照常運作，彷彿什麼事也沒發生過。

安哥拉人民解放運動的領袖杜桑托斯（José Eduardo dos Santos）在一九七九年當上總統，直到二〇一七年才下台，是非洲執政時間第二長的人，名列赤道幾內亞的歐必昂後頭。儘管他在蘇聯受訓，他的政府在名義上也屬於社會主義，卻仍無法防止他身邊最親近的黨羽成為富豪。杜桑托斯的女兒伊莎貝爾（Isabel）是非洲最富有的女性，《富比士》雜誌估計她的財產價值超過三十億美元。她擁有英國護照，在西倫敦擁有廣大的房地產帝國，也是電信、媒體、零售、餐旅和金融公司的主要股東。二〇一六年，她父親指派她成為山安戈（Sonangol）的董事長。山安戈是安哥拉國家石油公司，也是國家的經濟命脈。她在父親下台後便失去了這個職位。

並沒有太多人能分得安哥拉石油產業的獲利。在全世界，安哥拉首都盧安達（Luanda）是外籍人士生活成本最高的國家，與此同時，有三分之二的安哥拉人每天靠不超過兩美元的花費過活。根據國際貨幣基金組織的資料，在二〇〇七年到二〇一〇年間，就有三百二十億美元從安哥拉國家預算中不翼而飛（國際貨幣基金組織把這些損失歸因於「國家石油公司採取的準財政活動」）。英國和美國的調查人員不斷指控西方國家的公司對山安戈公司的高層行賄，而在二○一七年，哈利伯頓公司（Halliburton）在美國因違反海外反貪腐法而受到起訴，支付了三千萬美元的和解金。二○○二年，安哥拉中央銀行的行長試圖將五千萬美元公帑匯入在美國的私人帳戶。西方銀行拒絕他的匯款申請後，他又試了一次。簡而言之，安哥拉是研究現代跨國竊盜統治的完美案例。

在全球證人組織的早期報告中，詳述了安哥拉的貪腐現象與國內衝突之間的關聯，並揭露爭取安哥拉徹底獨立全國聯盟藉著「血鑽石」得利，而安哥拉人民解放運動則是支配了石油產業。這個非政府組織在一九九九年進行了一項調查，標題為《原油覺醒》（*A Crude Awakening*），描述了國際能源公司是如何向政府行賄，從而剝削國家資源、讓國民陷入貧窮。「貪汙現象以元首為中心，周圍還有一群關係密切的政客和商人。」這份報告寫道，「安哥拉的體制由裡到外都充滿了貪腐，從取得藥物的門路到學校課本的供應都無法倖免。」根據全球證人組織的消息來源指出，由杜桑托斯把持的一家英屬維京群島的公司「贏得了」價值七億兩千萬美元的合約，替軍隊提供糧食——就在一九九八年的和平談判破裂、內戰再次開打之前。「只要軍隊消費得越多，相關產業的公司就能有越多獲利。」這份報告指出。

安哥拉當時一天能生產七十五萬桶石油，占了美國進口數量的七％，但這筆錢被拿來讓國家菁英致富、引發衝突，讓安哥拉的老百姓生活在水深火熱裡。國人的平均壽命只有四十二歲，八十二．五％的人口處於貧窮狀態，四分之一的孩童在五歲前死亡，而兒童的營養不良率則是來到二十五年內的最高點。

安哥拉政府過去對全球證人組織頗有好感，因為他們一年前曾發表一篇報告，揭露爭取安哥拉徹底獨立全國聯盟利用鑽石貿易來籌措資金，也因為如此，安哥拉政府才會將《原油覺醒》視為背叛。警方打電話給盧安達的新聞媒體，要求他們撤下相關報導，杜桑托斯的一名發言人還堅稱他會把全球證人組織告上法院（不過，在律師寫給他幾封措辭嚴厲的信之後，就沒有堅持下去）。

盧安達的一位資深政治人物在電台節目上譴責全球證人組織，指控他們的作為是反安哥拉行動的一環，目的在於奪走政府保護自己、保護杜桑托斯的能力，並堅稱政府官員都奉公守法、清廉正直。這位政治人物是博爾尼托．德索薩（Bornito de Sousa），他自八〇年代起便是安哥拉人民解放運動政治局（politburo）的一分子，當時在國民議會擁有該黨的代表席次。德索薩受過正式的律師教育，並負責起草新的憲法。離開國會以後，他成為國土管理部的部長，負責收集選民登記資料——在任何國家裡，這都是一個擁有極大影響力的重要職位。

而德索薩正是娜莉菈．迪奧戈的父親，也就是《我的夢幻婚紗》那一集節目開頭中，讓麥克戈溫手忙腳亂的那位「安哥拉內閣大臣」。

〈普妮娜的VIP〉開播後，托爾奈在Instagram上傳了一張照片，畫面中是迪奧戈和她的新婚丈夫一起走在紅毯上，空中飄滿了五彩碎紙，新娘的馬甲和頭紗閃爍著水晶珠的光芒，左手握著一束百合花。一個名為「K俱樂部」（Club K）的網站針對這集節目寫了一篇報導，並附上了額外資訊——普妮娜．托爾奈在盧安達開了一間服飾店，而迪奧戈成為她的品牌大使。那篇報導刻意使用了中立客觀的措辭，但底下的留言卻一點都不中立：「這國家究竟是怎麼了？有人可以炫富擺闊，其他人卻只能過粗衣劣食的生活。上帝把這個國家交在錯誤的人手中」、「國家九十％的人口沒水也沒電，也不知道下一餐的著落，可能是吃垃圾、喝汙水，受苦受難；而少數人既冷血又無情，絲毫不把人民的福祉放在心上！」

德索薩怒不可遏，他在臉書上大肆嘲弄針對他的批評和要求他下台的聲浪。「有些人就是不肯正視國際知名設計師進駐我國的好處：讓安哥拉踏上全球時尚舞台，和紐約並駕齊驅，並增進安哥拉的名聲，也為安哥拉的新娘提供高品質的選擇，不需要再花大錢跑到國外採購。」他如此寫道。這可不是什麼有說服力的理由，特別是因為三分之二的安哥拉人就算把賺取的每一分錢都存起來，還得存上將近九千年，才買得起他女兒在克萊菲爾婚紗店挑選的禮服，無論他們有沒有親自飛到國外購買。毫不退縮的德索薩繼續堅稱，他的公務人員薪俸要負擔女兒的婚禮綽綽有餘，因此任何指控都是在誹謗他。「真正該辭職的人，是那些寫出這種無恥妄言的人。」他寫道。

德索薩的薪水究竟有多少，我們不得而知，但在二〇一四年，總統的月俸大約是六千美元。這就表示部會首長不可能賺得和他的頂頭上司一樣多，也得存超過兩年半的錢才能買得起他女兒的禮服。不僅如此，他還要支付飛到紐約的機票錢和住宿費，以及邀請了八百位賓客的婚禮。但是，無論這些開銷加起來有多少，都很難不去斷定這些錢原本可以用在更有效益的目的上。他花在女兒結婚禮服上的那二十萬美元雖然無法徹底解決安哥拉的健康問題，但一年能替超過一百六十六個人購買抗反轉錄病毒藥物，而這可說是個好的開始。

（順帶一提，這起醜聞並沒有對德索薩的職涯造成多少傷害，而他還在杜桑托斯於二〇一七年下台後，當上了副總統。）

就算德索薩是正正當當賺到了這些錢，或是迪奧戈自己有個成功的祕密生意，甚至是她找到了別的金主（我透過臉書訊息請她發表評論，但她沒有回覆我），整間電視公司居然似乎沒人想到要問她這些錢從哪裡來，也真是奇怪。克萊菲爾婚紗店和製作《我的夢幻婚紗》的旅遊生活頻道（TLC）並沒有回答他們是否有檢查迪奧戈的資金來源。托爾奈的營運主管麥可．柯恩（Michal Cohen）在一份聲明中表示，公司會保護客戶的隱私。「我們和客戶之間只有商務往來，並不會接觸到他們的私人事務。」他們在電子郵件中說道。這個說法令人質疑，如果托爾奈不曾和迪奧戈有超過客戶關係以外的接觸，她又怎麼會在鏡頭前說她「在她的國家基本上就是王族」呢？但柯恩給我的回答就只有這樣。

或許比電視公司對資金來源的漠不關心還要更驚人的是，迪奧戈顯然打從一開始就沒注意到，在鏡頭前將二十萬美元揮霍在衣服上是件有點愚蠢的事，特別是因為她父親協助治理的是一個嬰兒死亡率世界排名第八糟糕的國家。她並非不小心被記者的臥底調查偷拍到，而是同意在實境秀裡演出，並很清楚節目會明確列出她到底花了多少錢在九件庸俗至極的禮服上。她就是自己的吹哨者。這就好像瑪麗・安東尼（Marie Antoinette）自己出版了一本小手冊，詳細描述她花費了多少錢在烤天鵝肉上，又擅自因為低下階層不欣賞她花在烹飪科技上的投資而感到氣憤。

老實說，在這個珠光寶氣的故事中，大家的結局都不太好，但這個故事卻完美譬喻了在金權帝國裡購物流程的運作方式。只要放夠多錢在桌上，就沒人會提出任何問題。境外世界的金錢除了讓房價飆漲之外，也讓藝術品、美酒和遊艇的價格迅速攀升，更湧入了名錶、高級車、服飾鞋履的市場。如今有太多錢到處流動，四下尋找可供消費的娛樂，進而創造出一個全新的經濟學科，被一位銀行分析師命名為「富人經濟學」。富人經濟學的定義充分說明了金權帝國在真實世界中是如何具體呈現，但在我們深入探討這個主題前，我們要先來看個房子。

15 高級房地產

當超級富豪要選擇在哪個城市購置房產的時候，會考慮各式各樣的因素——稅率、移民法規、語言、司法系統、時區——但有兩座城市永遠都名列前茅：倫敦和紐約。倫敦之所以經常勝出成為首選，是因為倫敦沒有紐約那種合作公寓（co-ops），意即公寓大樓的住戶能反對準鄰居入住。這也表示，紐約的豪門世家一直以來都能阻止金權帝國的暴發戶侵門踏戶。

中央公園西大道十五號（15 Central Park West）或許是世界上最奢華的公寓，而它正是為了迴避這個問題而存在。這棟公寓在二〇〇八年完工，開發商當時無懼於金融危機的低潮，將預售屋賣給科技和金融大亨、寡頭統治集團、阿拉伯酋長和常見的全球菁英階層代表。表面上，它是一棟尋常的合作公寓，實際上則是少了那些無聊的規則。

中央公園西大道十五號的建築風格細緻地模仿了曼哈頓上城的名門豪宅，外牆以石灰岩覆蓋，有著寬敞的窗戶和高聳的天花板，還有兩座一高一低的塔，住在較高那一座的住戶，視線能夠越過它二十層樓高的雙胞胎，俯視中央公園。這座公寓重新定義了美國的奢華房地產，成了一時的熱門話題，甚至讓記者麥可・葛羅斯（Michael Gross）在二〇一四年寫了一本以它為主題的書，用上個時代的老派風格描繪這個過度興奮的社會。「中央公園西大道十五號不僅僅只是一棟公寓而已，而是二十一世紀最成功、最奢侈、住了最多富豪巨賈的建案……它象徵了這個時代的富豪貴族的重生與生活。」他在《暴富之屋》（*House of Outrageous Fortune*）這本讀來相當暢快的書中寫道，「他們不再是那種舉止莊重、團結凝聚、出身良好甚至是教養良好的人了。他們享有前所未見的收入，以及史上最豪奢的生活水準。」

「中央公園西大道十五號的成功，將一個嶄新卻有些可疑的全球超級上流社會神聖化，」他繼續寫道，「不管你喜不喜歡他們，這些人皆有一個共通點：擁有驚人的淨值資產，而他們就是這個世界的新統治階級。他們的財富往往都是透過嶄新的賺錢手段獲得……而這些新富豪裡最新的一批人都來自新興市場，例如所謂的金磚國家——巴西、俄羅斯、印度和中國。」

當然了，這些公寓大部分的所有人都是以匿名公司的名義購買，因此他們的真實身分都不為人知。但是，葛羅斯還是找出了屬於以色列人、韓國人、俄羅斯人、希臘人、印度人、南美洲人、義大利人的房產，還有一套屬於塞內加爾（Senegal）手機大亨的公寓。二〇一三年，發生了一件被葛羅斯稱為「中央公園西大道十五號中最瘋狂的篇章」；花旗集團前總裁桑迪・威爾（Sandy Weill）以八千八百萬美元出售了一套豪華頂樓公寓，而他在六年前是用這個價格的一半購入。俄羅斯化肥大亨德米特里・雷波諾列夫（Dmitry Rybolovlev）是這套公寓的買家，他當時正在打一場曲折的離婚官司（最後讓他付出六十億美元），顯然也決定讓他那位在麻薩諸塞州念書的女兒放假時能在紐約有地方住。公寓裡有四間擁有獨立衛浴的臥室，包括一間能俯瞰中央公園的主臥房，還有一間圖書室、客廳、長廊、餐廳、書齋。除此之外，甚至還有一座環繞整間公寓三個面的陽台。

雷波諾列夫的財富來自俄羅斯的烏拉爾鉀肥公司（Uralkali），尤其是公司在西伯利亞邊陲擁有的鉀礦場。礦場位於別列茲尼基（Berezniki）和索利卡姆斯克（Solikamsk）這兩座城鎮，而這裡和奢華的曼哈頓上城簡直天差地遠。一堆堆紅色的爐渣沿著兩座城鎮之間的高速公路堆放在各處，看上去就像火星的地表。從彼爾姆市（Perm）開車到這兩座城鎮需要兩個半小時，而這趟車程就像典型的俄羅斯旅程，你在旅途之中不斷移動，卻好似一直停留在同一個地方：同樣的樺樹林、同樣筆直的道路，只有偶爾出現的針葉樹才會讓你知道自己有在前進。

別列茲尼基的人口從八〇年代起就減少了四分之一，都住在由蘇聯政府打造、一式一樣的五層樓公寓建築裡——從中亞到北極圈，你到哪裡都可以看見這種公寓的蹤跡。一座學校的外牆上有個銘牌，表明前總統鮑利斯・葉爾欽是這裡的校友，不過這塊牌子顯然是這所學校幾十年來唯一一個新添加的物品。一位管理員允許我拍下牌子的照片，但不許我拍攝衰敗的磚牆或髒兮兮的窗戶。「政府把我們當作牲口一樣對待。」她說。

別列茲尼基就建立在讓雷波諾列夫致富的鉀鹽礦床正上方，這可是個大問題，因為鹽溶於水。當水流進廢棄的礦坑時，就會瓦解支撐通道天花板的支柱，讓整個隧道坍方、地表出現滲穴（sinkhole），吞噬掉房屋、道路、樹木、火車鐵軌、車輛和工廠。二〇〇七年出現一個深達五十層樓的洞，後來被暱稱為「祖父」（The Grandfather），這可能是世界上最大的滲穴。別列茲尼基的部分居民因此撤離，讓這裡比其他俄羅斯鄉鎮瀰漫了更為濃重的憂傷氛圍。烏拉爾鉀肥公司將化肥出口到數十個國家，但別列茲尼基只獲得了一點點的收益，也沒幾個有野心的當地人願意留在這裡。雷波諾列夫很久之前就離開了，並在二〇一〇年將他在烏拉爾的股份賣給另外一位富豪。他在二〇〇八年從川普手中買下一棟價值九千五百萬美元的加州豪宅，以及摩納哥體育協會足球俱樂部（AS Monaco football club），接著，就是俯瞰中央公園的那套紐約頂樓公寓。

博學的強納森·米勒（Jonathan Miller）是傳奇的紐約房地產顧問，他說雷波諾列夫的新頂樓公寓是美國最棒的。「我這一生曾去過大約八千棟公寓。或許我記不住雞尾酒派對上的人名，但我能記得建築外牆的磚頭顏色，還有室內裝潢長什麼樣子。」他在二〇一七年這麼告訴我，當時我們正坐在一間辦公室，牆上貼滿了數十張剪報，內容都是將他視為房地產權威並加以引述的報導。「以我三十年的市場經驗，這棟樓是有史以來最棒的公寓。」

在米勒的分析中，奢華房地產實際上成了一種新的全球貨幣，富豪們將頂尖城市的房產當作儲備財富的方式，還能利用這些公寓作為存放其他昂貴物品的倉庫：莫內（Monet）和莫迪利亞尼（Modiglianis）的名畫及諸如此類的物品。「我不想塑造一個刻板印象，說它們都是外逃資金，因為它們不是。但是，這些東西不斷增加，這件事本身就是資金的外逃。這些人在保存資本。他們把資本投注在可以維持很長一段時間的東西上，因為他們想貯藏資本。」自二〇〇八年起，曼哈頓大型建案中有三十%左右的公寓都賣給了外國人，而大多數買家早在一開始就把款項全付清了。這是個驚人的轉變，而這個轉變從九〇年代早期就開始加速，當時由於共產主義的瓦解，創造出了規模前所未見的資本外逃，尤其是在倫敦。

對英國房地產業的從業人員來說，九〇年代早期是一段艱難的時期。房地產泡沫在過去十年間逐漸形成，接著被稅法改革、利率提升和經濟衰退戲劇性地戳破。房地產經紀人在過去象徵了八〇年代賺大錢的文化，身穿光澤閃亮的亮面西裝，手拿磚頭般大的手機，但如今他們只能枯坐原地，不知道下一筆生意在哪裡。八〇年代下半葉起，倫敦的平均房價上漲了將近三分之二，接著市場便枯竭了。《每日郵報》稱之為「六十年來房市的最低谷」，到了一九九三年，房價甚至掉得還比四年前更低。

「一夕之間，低價市場突然就停滯了。」一位房地產經紀人回憶道，他當時曾在西倫敦高檔的肯辛頓區（Kensington）與切爾西區（Chelsea）工作，倫敦最獨具特色的地標就位於這兩區：皇家阿爾伯特音樂廳（Albert Hall）、自然史博物館（Natural History Museum）、哈洛德百貨（Harrods）、國王路（King's Road）及薩奇美術館（Saatchi Gallery）。

「當時發生了許多銀行收回房產的案例，甚至連這種高檔區也有。我花了好多時間在處理肯辛頓的收回房產。那時候我已經有十年工作經驗了。在那段日子，我們的客戶主要是英國人，特別是在肯辛頓，那曾是充滿英國人的住宅區。」他回憶道。黛安娜王妃和查爾斯王子曾住在肯辛頓宮（Kensington Palace），這一區的名望也因而大為提升，讓其他更為富有的居民進而擁有獨特的身分。這些人因為喜歡出沒在斯隆廣場（Sloane Square），因而被稱為「斯隆人士」（Sloane Rangers），黛安娜王妃就是這群人的典範。據稱他們是一群主張反智主義、熱愛野外運動，把錢揮霍在愛馬仕（Hermès）的圍巾和荒原路華（Range Rovers）的豪華休旅車上。但到了一九九二年下旬，就連這些富有的英國人都不再買房子了。就在此時，一位完全出人意料的客戶走進了這位房地產經紀人的辦公室。

「我正在努力回想他的名字，好像叫作亞歷克斯某某。他有兩位生意夥伴，我想他們擁有一間銀行。」房地產經紀人告訴我。這三個人各買了一間公寓，價格從二十萬英鎊到三十二萬英鎊不等，全是付現。在經濟低迷的時期，這種交易實在不尋常，但這不是讓這位房地產經紀人打電話給媒體爆料的原因，真正值得報導的是他們的國籍：他們是俄羅斯人。「真煩，我想不起來他的姓氏，但他要幹的是大事業。他現在可能已經是個富豪了。」

顯然這是現代英國史上第一次將倫敦的房地產出售給來自前蘇聯的私人買家，也成為這類交易的濫觴。不到幾個月的時間，《標準晚報》（*Evening Standard*）就報導了一位石油大亨在漢普斯特德（Hampstead）買下了價值一百一十萬英鎊的房子，而另外一位美國人則花了三百二十萬英鎊買下附近的兩處房產。報紙引述了這位不動產經紀人的話：「我們會看到越來越多買家將倫敦視為財產的避風港。」我告訴他，很少有人能夠預測得如此正確，而這位不動產經紀人也很高興我這麼說，儘管他要求我不要提及他的姓名，因為近來俄羅斯和英國之間的關係有些緊繃。

「這星期稍早時，我和負責處理俄羅斯市場的人一起吃中餐，我把你給我看的報導拿給他們看，他們可是嚇傻了。」這位經紀人膚色紅潤，一副中上階層的派頭，一臉坦率，就像《妳是我今生的新娘》（*Four Weddings and a Funeral*）裡快活的賓客，而他一邊訴說這段回憶，一邊樂不可支地大笑。「嚇到他們的是房產的價格：二十萬英鎊。你已經可以在尾數再加上一個零了，真心不騙，現在可能又漲了十倍。他們告訴我，對一個俄羅斯人來說，二十萬英鎊可不是什麼稀鬆平常的花費。」

當然了，這個價格如今看來確實非常離奇。從一九九五年一月到二〇一七年五月，肯辛頓和切爾西的平均交易房價從十八萬英鎊驟升到超過一百五十萬英鎊。一般的獨棟住宅現在要價三百八十萬英鎊，而在二〇一七年三月，一棟年久失修的雙房雙層公寓（one-up/one-down house）就要價七十一萬三千八百二十三英鎊，而這種房子最早是蓋給掘墓人住的。這就表示，甚至在新屋主重新裝潢之前，這小小空間的每一平方英尺面積就要價一千七百一十七英鎊。

一九九二年一月，《標準晚報》報導了這位房地產經紀人首開先河的交易，新聞標題寫著：「房地產——有錢難民的避風港」。不過，實際上卻遠不止如此。亞歷克斯和他的生意夥伴最終不只在倫敦高檔住宅區找到了財產的避風港，還讓最初投下的資金翻了十倍。如同經典的老鼠會推銷手法一樣，最早的投資者靠著後來才加入的人，賺進令人髮指的財富；與此同時，他們這類富有的外國人將錢揮霍在只有他們負擔得起的奢侈品上，讓西倫敦改頭換面，成了一個只有少數英國人才住得起的地方。

「這是一個驚人的市場，」這位幸運的房地產經紀人對我說，「我一直覺得倫敦是獨立存在的，在某種程度上已經脫離了整個英國。這是個真正國際化的城市，獨一無二，比起其他地方都來得與世界接軌。為什麼是倫敦呢？因為這裡的時區、語言、司法系統、人民。而且飲食已經有了改善，文化也是吸引人的原因之一，還有這裡是與紐約並駕齊驅的世界金融中心——這些全部都是讓你選擇倫敦的理由。」

第一太平戴維斯（Savills）是註冊在倫敦的房產投資顧問公司，他們發表了針對顧客消費習慣所做的研究，讓我們得以一窺這些能毫不猶豫花幾百萬英鎊買房的人的樣貌——他們甚至沒有住在這個城市裡。二〇一四年，第一太平戴維斯的研究顯示了過去三十年裡，倫敦高級房產的房價比英國其他地方高出了兩百五十%。「這些人擁有『金錢』這種萬中選一的武器，彼此爭搶著大都會的空間。房價會成長得這麼快速，一點也不令人意外。」這份報告如此總結。金錢不斷注入金權帝國，而它富有的國民在真實世界裡為數不多的幾個地方，爭相購買數量有限的資產，進而導致物價飛漲。最糟的是，這個結果卻還讓他們更加富有。

二〇一四年上旬，烏克蘭寡頭德米特里・菲爾塔什（Dmitry Firtash）花了五千三百萬英鎊買下一座老舊的地鐵站，過去曾被英國國防部用來當作辦公室，也剛好緊鄰他價值六千萬英鎊的豪宅。這棟在地下第二層擁有一座游泳池的豪宅，是由超級開發商麥克・斯賓克（Mike Spink）所設計，距離哈洛德百貨徒步只要五分鐘的距離。從哈洛德百貨往另一個方向再走個一到兩分鐘，就會來到倫敦最時髦的公寓大樓，海德公園一號（One Hyde Park），由四棟現代主義風格的巨大建築所構成，也是坎迪兄弟（Candy Brothers）與卡達前總理擁有的卡達公司這兩家開發商的合資事業。根據一篇媒體報導指出，一間頂樓公寓在二〇一〇年以一億四千萬英鎊的價格售出，成為世界上最昂貴的公寓。而這個建案本身登記在境外，裡面大多數公寓也是，因此我們難以得知住在這裡到底要花多少錢，也不知道住戶究竟是哪些人。不過，如果你在某個秋日夜晚經過這裡，就很難不去注意到沒幾戶的燈是亮著的。不管擁有者是誰，顯然沒花多少時間待在家裡。

「這些富貴人士的住家散布在各個國家、各大洲，而且此現象比過去任何時候都來得普遍。」二〇一七年，兩間頂尖的美國房地產經紀公司沃伯各（Warburg）與巴恩斯（Barnes），聯合發布了一篇全球房地產市場的評估報告。「房地產財富並不一直都是分布廣泛或到處流動的。這種改變是受到三種因素影響，且持續至今：空中旅行範圍的擴展、科技革命，以及商業的全球化。」

這份評估指出，每十位超級富豪（持有超過三千萬美元的資產）中，就有一位擁有至少五棟房屋，往往都是位於便於他們經營生意、進行休閒娛樂的地方。越來越多超級有錢人大量購買根本用不到的房產，這件事本身就具備了潛在的獲利空間，導致寫作者們在形容此事時，所使用的譬喻越來越奇特，「對這些人士來說，整個世界就是他們的牡蠣，而他們將房地產視為裝飾在頂上王冠的珍珠。」這就是金權帝國的樣貌，有一群協助者會幫助他們拿到想要的東西——像甘納狄．佩雷帕達（Gennady Perepada）這樣的人。

佩雷帕達的身材結實，熱情洋溢，一頭黑髮梳向後腦，露出明顯的美人尖。他在一九九〇年從烏克蘭來到紐約，像個道地的紐約客般四處討生活，最終找到了屬於自己的角色：中間人，為富有的俄羅斯人尋找美國房地產的分散投資標的。他喜歡自己被稱為「高級房地產經紀人與國際投資顧問」。他的辦公室位於曼哈頓中城西區第四十八街（West 48th Street），裡頭塞滿了來自舊蘇聯的收藏品，也有從遠方異國來的紀念品：中國、以色列與海灣阿拉伯國家（Gulf）。他操著一口帶有腔調的流利英語，但在我們見面後，他發現我會說俄語時，便開始交替使用兩種語言，有時一個詞會重複三到四次。（我在接下來引用的對話中，會將俄羅斯語的部分用粗體標示。）

「**我從來沒譴責這些人的交通工具是**手工製作的邁巴赫（Maybach），**或是**手工製的勞斯萊斯，手工製作的喔。總之，我不確定到底是不是整輛車都是手工的，但是車裡的鴕鳥毛裝飾是手工的，或是另外裝了台電視等等特殊物品。**但這些人就和你我一樣，沒什麼分別。**」他對我說，「**這些都和個人人脈有關。我不知道你是怎麼和別人相處的，但我依靠一個非常重要的觀念謀生：朋友和錢都是不嫌多的東西。**金錢和朋友永遠都是不夠的。**因此**，我的生活準則就是**你得和別人交朋友**，你懂嗎？」

他拿出手機，把那一天的通話紀錄展示給我看。第一通電話是來自亞塞拜然的首都巴庫，早上一點二十四分。另一通則是早上三點零六分，再來是早上五點十五分、早上六點十五分、早上六點四十六分、早上六點四十八分、早上七點二十分、早上七點二十一分。「**每一通電話都有價值。可能是一通**有目的**的電話，也可能是**沒目的**的電話。但這種**有目的**的電話可能值很多錢。我的手機從來都**不關機。」

他滑著正在銷售的公寓大樓廣告，內容展示了能夠俯瞰中央公園的窗景、飾有鑲板的牆壁、多間臥房，以及地下停車場。其中一棟是公園大道五二〇號，那是又高又細、外牆以石灰岩打造的上東區建築，還在建造中，未來的住戶將能直接看向中央公園對面的中央公園西大道十五號。「最低價格從一千六百萬美元起跳。**還有**頂樓公寓，要一億三千萬美元。已經售出了四十%。**我代理這棟大樓**，整棟**大樓**都是。」

我無法確知在他滔滔不絕的獨白裡，到底哪些是行銷話術，哪些又是真實的，但你無法質疑他秀給你看的照片。奢侈品公司將能吸引他客戶的產品照片寄給他確認，而他滑過手機上一張張勞力士手錶，選出他認為最令人垂涎的款式。最後，勞力士的照片結束了，下一張照片的內容則是一群用餐的賓客正拿取放在一位裸女身上的壽司。

「**這是藝術，是藝術啊。你可以看到有錢人是怎麼生活的。想要來點壽司嗎？她身上到處都是壽司。**」他說，臉上的笑容甚至比平常還來得大。那是圈內人會露出的笑容，因為，要實際看到有錢人的生活是極為困難的，除非你自己就是有錢人，但我們大多數人都不是。

以佛羅里達州的印度河（Indian Creek）為例，那是一座位於邁阿密戴德郡（Miami-Dade County）的村莊。要抵達那裡，你會先穿過一個寧靜愜意的住宅區，全都是修剪得當的草坪和小平房。這裡沒有人行道，但幾乎沒什麼車流，因此走在馬路上也挺安全的。最後，你眼前會出現一座橋，橋頭兩側分別座落著奶油色的守衛塔樓，中間則是一道鍛鐵大門。如果你試圖踏上那座橋，對講機就會響起一道聲音，要你表明來意；如果你沒有什麼特別的來意，或像我一樣只是好奇想看看，那個聲音就會告訴你，這是個私人小島，請你到別的地方去。

為了強調我的重點，我要指出這裡派駐了非常多警力。在二〇一〇年所做的人口普查中，印度河有八十六位居民，其中包括四位美國前五百富人，以及歌手胡立歐（Julio Iglesias）、哥倫比亞富豪傑米．葛倫斯基（Jaime Galinski，他住在倫敦，但在紐約和其他地方也有房產），及其他各色各樣的人。根據《邁阿密前鋒報》（*Miami Herald*）指出，他們的資產淨值加總起來是三百七十億美元。這個數字大約等於西伯利亞一年的經濟產出，而西伯利亞擁有超過七百萬的人口。印度河的警方雇用了十位全職警官、四位儲備警察，以及另外四位提供公務協助的平民，讓整個社區的警民比例達到一比五，甚至比東德在戒備最高時期的比例還要高上許多。這個村莊就是整座島，因此只能從連接的橋進入島上，而警方在保護這座自稱「全美最高檔的自治區」的小島時，可一點都不敢大意。他們不分日夜，一周七天都會派遣海巡隊巡邏海面。簡而言之，這是個護城河圍繞的社區，一個讓金權帝國能真實存在的地方。二〇一二年，島上一棟擁有十間臥房、十四間浴室的豪宅以四千七百萬美元售出。完成這筆交易的房產經紀人表示，這裡因而成為南佛羅里達州史上最昂貴的房產。根據當地媒體報導，買家是位俄羅斯富豪。

房地產經紀人釋出的照片展示了這是棟通風良好、天花板甚高的豪宅，風格低調卻龐大無比，還有一座面朝比斯坎灣（Biscayne Bay）的無邊際游泳池，正對著日出的方向。房子附有一座碼頭，水深足以讓一艘超級遊艇停泊在此。高爾夫球場被三面青翠草坪所環繞。這棟屋宅和尋常人家房子之間的差異就像孟加拉虎和虎斑貓一樣；但同時它也十分雅緻，風格低調內斂。「空氣在屋裡流進流出，就像具有淨化效果的深呼吸一樣。在開放式的設計中，室內和室外的界線被模糊了，所有的牆面都可以分開，讓清新的海風吹進屋內。天花板則高高而聳立。」房地產經紀人的簡報如此宣稱。但你和我這種人離那棟房子最近的距離，就是站在橋的這一端，看著手機上的照片，旁邊還有戴著反光墨鏡的警察緊緊盯著你。

邁阿密還沒成為全球房地產的熱點，但它和雪梨、溫哥華、洛杉磯、東京以及其他十幾個城市都在力爭上游，想要取代倫敦和紐約，成為最頂尖的房地產熱區。邁阿密的房地產經紀人公布客戶的國籍——即便我們應該要謹慎看待這些資訊，因為許多買家都利用空殼公司來隱藏身分——而這些數據顯示了外國資金不斷注入市場，沿著整個南佛羅里達州的海岸線，一路不斷將房價墊高。

二〇一七年上旬，投資在邁阿密房市的資金中，有五分之二來自國外，並且幾乎都集中在高級房地產市場，其中一半的資金皆來自四個國家：委內瑞拉、阿根廷、巴西和哥倫比亞。從二〇一一年起，儘管委內瑞拉面臨慘烈的金融和經濟危機，但來自委內瑞拉的投資每一年都是名列前茅。

「這告訴我們該國正面臨竊盜統治的可能。」國土安全調查處邁阿密分處的副特別探員約翰．托邦在二〇一七年二月告訴我。他解釋道，由於委內瑞拉對國內流出美元施加限制，因此就算是來自委內瑞拉的合法投資，也一定都透過黑市得來資金。「真正令人驚訝的是，這些擁有合法財富、試圖逃離國內政治環境者，把他們的委內瑞拉幣拿去購買美元，而那些美元實際上都是來自利用這個市場來侵占金錢的竊盜統治者。」

那麼，邁阿密真的如它惡名昭彰的名聲一樣糟糕嗎？

「你有時間的話，就去灣岸（Bayside）那邊看看吧。去搭一趟遊船，你就能看到艾爾・卡彭的家。他住過的地方還留著，打著名人故居的廣告。我曾在一個洗錢防制小組待過，他們說：『噢，邁阿密的房市有發生洗錢行為嗎？』我說，你們沒看到艾爾・卡彭的家就在那嗎？那裡就是一切開始的地方，根本不是什麼新鮮事。」

當然了，邁阿密大部分的投資都是來自美國本土，而大多數的外國資金也都是合法的。但問題是，由於持有房產的公司並不透明，我們根本不可能得知哪些是非法、哪些才是合法。在川普和俄羅斯之間的關係引起大眾熱議的早期，路透社（Reuters）記者調查了俄羅斯人對川普集團（Trump Organization）的投資狀況，發現川普集團旗下七個不同開發商的佛羅里達州建案裡，在兩千零四十四名屋主中，有六十三名是俄羅斯人。更驚人的是，有整整七百零三個公寓是透過公司持有，意即地契上載明的根本不是真人，讓他們的所有權能被隱藏起來。這些房子可能為普丁或任何人所擁有。

那七個建案之中，有六處位於陽光島海灘（Sunny Isles Beach），就在印度河北邊，而這些建案的著名之處在於有相當高比例的住戶都來自俄羅斯。公寓大廈沿著濱海區域林立，過去曾經針對新英格蘭（New England）的退休人士銷售，但如今的買家比較可能是害怕現金被搶走而急欲投資房產的金權帝國人士。柯林斯大道（Collins Avenue）貫穿了邁阿密最大的沙洲島，而就在大道旁邊，有一座正在建造中的濱海公寓大廈的樣品屋。來到此處參觀的訪客必須填寫問卷，寫明他們對哪一種房產有興趣，而我裝成投資人矇混過去的嘗試很快就露餡了：在「預估花費」這一欄中，最低的選項是三百萬到五百萬美元，但我連這個金額的千分之一都沒有。幸虧他們早上並沒有太多客人，而一位叫作莫尼卡（Monica）的業務——她大約五十多歲，很可愛的一個人，態度溫暖又友善——同意帶我四處參觀，好像我不是什麼來湊熱鬧的入侵者。

通貝利海洋俱樂部（Turnberry Ocean Club）是索弗（Soffer）家族的開發品牌，他們在邁阿密的這一區蓋了許多購物中心、飯店、俱樂部和許多建案。唐納・索弗（Donald Soffer）在六〇年代從匹茲堡（Pittsburgh）來到這裡，將一塊濕地打造成阿文圖拉（Aventura）這個城市，擁有美國第五大的購物中心，也是數萬人的家園。如今，他的後代憑一己之力都成了房地產開發商，也是全球菁英階層的一員，其中一名女兒賈姬（Jackie）嫁給了克雷格・羅賓斯（Craig Robins），他正是將巴塞爾藝術展（Art Basel）引進邁阿密的人。在我和莫尼卡談話的當時，另外一名兒子傑佛瑞（Jeffrey）剛和超模艾勒・麥克法森（Elle Macpherson）結婚，雖然他們在不久後便離婚了，引起八卦小報的一陣臆測。賈姬和傑佛瑞在印度河村莊都有置產。

他們在陽光島海灘建造的公寓大樓，將有一百五十四名住戶，高達五十四層樓，建築兩側各有以懸臂支撐的空中游泳池，有懼高症的泳客則能在一樓游泳池盡情享受。裡面還會有一間董事會會議室、一般會議室、股票交易室、兒童遊樂室、電影院和提供其他各式各樣功能的房間，包括為了那些懶得下樓遛狗的飼主而在三十二樓打造的戶外寵物區。「你會享受到非常體面的接待禮遇。我們還沒決定要用勞斯萊斯還是賓利，總之就是私家車。之後也會有私人航空服務。」莫尼卡微笑地說，想看我聽到這些後會有什麼反應。「我們最低的房價是三百九十萬美元，在最低一層樓。最高售價可以到三千五百萬美元，但我們主力客群的預算會是在四百萬到五百萬美元之間。」

她帶我參觀一間標準型公寓的樣品屋——內部空間橫跨整棟大樓，讓住戶能看到日出和日落的景色，並一一指出臥室、浴室、陽台、廚房等等。當我準備離開時，我覺得她彷彿是真的很喜歡我這個人，為我的離開感到難過，這就是她能成為頂尖業務、而我不能的原因。

某些在西方城市置產的富有外國人（例如倫敦海德公園一號的住戶）有足夠的錢，讓他們不需要真的住在那些房子裡；但也有許多人想看到投資有所回報，或是將房子出租。不過，這樣就會有一個麻煩需要解決：假設你住在馬來西亞，而你的房客在紐約，你們的作息日夜相反，更不用說在公寓出了問題時，你們的溝通會很不方便。你要怎麼知道該找誰來修洗碗機？又該怎麼支付當地的房稅？

這個問題交給狄倫．皮丘里科（Dylan Pichulik）就對了。他是一位年輕、高瘦、風度翩翩的紐約人，到二〇一二年之前都在房地產開發業工作。當時他注意到，許多外國屋主一直請他推薦可以替他們管理物業的人，而他發現自己正是適合的人選。「我們包辦了一切大小事務，毫不誇張。」他說，「我們向房客收取房租，支付一切開銷：不動產稅、保險等。我們處理所有維護和維修事項，如果洗碗機壞了，或是天花板漏水，房客會打給我們，我們就去把它搞定。」

他利用對房市的知識為客戶提供裝潢建議（「別擔心，給我四十萬美元，我就幫你搞定」）、幫他們出租、協助他們的孩子搬家。這是一場信任遊戲：客戶信任他，因此他們會請他幫忙做事，接著他們會向其他有錢人推薦他，而這可是門好賺的生意。他告訴我關於一名富裕以色列女性客戶的故事：在他為她打理一切的同時，她完全沒有踏出飯店一步，而他要處理的事情包括替她買香菸，一次九包。她的兒子在申請簽證時遇上問題，因此無法和她一起飛回特拉維夫；她付錢給皮丘里科，請他和她一起坐頭等艙，而那可是個詭異的經驗。

「她穿著尿布，因為她懶得去廁所。」他告訴我，回憶起飛機上的事情時，做了一個鬼臉，「原本一切都很好，直到三小時後，我過去看她，聽到『叮咚』的聲音。空姐走過來，而她說：『我需要妳幫我換尿布。』他們看著我說：『請妳兒子幫妳換。』我說：『她不是我媽。』結果他們讓空姐去幫她。所以，嗯，我們做的事已經超出了原本的職責範圍。」

不過，這算是個特例。他大多數的客戶都是一般的有錢人——「《財富》前五百的總裁、前元首等等，都是大有來頭的人。」有個俄羅斯客戶擁有一套一千四百萬美元的公寓，就為了每年來紐約購物時待上兩個周末。有一次，他在理髮時拿起一本雜誌，看到他其中一位客戶的臉出現在封面上。占了最大比例的投資者來自中國，而南非、海灣阿拉伯國家也占了很大一部分，當然還有那些後蘇聯國家。這波外國投資的浪潮讓這座城市改頭換面。「五年前，如果你想一個月花兩萬或三萬美元在房租上，你只有為數不多的選擇。」他說，「如今我手上月租兩萬、三萬、四萬美元的公寓有一整個文件夾，我還有幾百間月租一萬五到兩萬美元的選擇，而房租最高可以到十一萬美元。你可以一個月花八萬美元的租金，但依舊能維持一定程度的低調。」

皮丘里科非常風趣，花了很多時間思考他那奇特的職業，顯然也很關心他所看到的不平等現象。這讓他有足夠的洞見，能夠明白每天看著這些價值五、六、七千萬美元的公寓，會對他的心智造成奇怪的影響，並思考過著這種奢華生活的人究竟會有什麼心態：「基本上你有能力控制整個城市，還擁有一座像這樣的城堡。每天抱著這種感受醒來，看到眼前這種景象，這樣的日常生活會如何影響你？」

不僅如此，更重要的是，當我們最重要的城市都被金權帝國占去了大塊領土，會對我們的世界造成何種影響？數十年來，某些世界上最聰明的金融分析師都在思考這個問題，而他們做出的結論十分驚人：接下來，我們需要來談談富人經濟學了。

16 富豪喜歡一起混

阿杰伊・卡普爾（Ajay Kapur）是個花費許多時間思考如何賺錢的人。二〇〇五年秋天，他驚覺為何石油價格上漲沒有如傳統預測一樣對美國股市造成影響。當時的石油價格還沒來到二〇〇八年的歷史高點（布蘭特〔Brent〕原油價格超過了每桶一百四十美元），但還是在三年內增加了兩倍，相當驚人。由於美國的燃料稅很低，只要原油價格增加，就會迅速導致燃料零售價一併上漲，對消費者的可支配收入造成無法避免的影響。有車族怒氣沖天，政治人物不斷提出質疑，政府一籌莫展；但是，股市居然沒有出現連鎖反應，這實在令人困惑，而這種謎團正是分析師的心頭好。

卡普爾當時是花旗集團全球策略研究部的主管，他的工作就是為客戶找到投資標的，這就意味著了解世界局勢是很重要的。他和同事展開調查，斷定現階段還不需要太擔心這件事。

但接下來他們又思考了更多、讀了更多，靈感隨之而來——他們在二〇〇五年十月發布了一篇報告，標題是〈富人經濟學，消費奢侈品，解釋全球經濟不平等現象〉（Plutonomy, Buying Luxury, Explaining Global Imbalances）。這份報告的註腳滿是學者的研究，他們都是當時政治左派的英雄，或是從那時起成為英雄的人物——尤其是皮凱提和伊曼紐爾．賽斯（Emmanuel Saez）——但銀行的分析師卻把他們的研究用來服務富人。這份報告的主旨非常簡單：有錢人變得更有錢，而你能因此而致富。

根據卡普爾提出的洞見，他認為假若一個國家是由少部分人所擁有，那油價是多少就不那麼重要了。油價只對預算有限的人來說很重要。如果每日通勤的成本在幾個月內翻了兩倍，無可避免地會減少你花在其他必要開銷上的錢，比如度假、看電影，甚至是食物；但如果你非常富有，那你花在旅行上的錢相對而言非常少，因此你的開銷幾乎不會受到影響。如果你消費的是訂製柏金包、聖汐遊艇（Sunseeker），或是可能在邁阿密買的第四間房子，那油價的變化完全不重要，而這對製造這些商品的公司來說有很重大的影響。

卡普爾認為有太多分析師都在研究一般消費者，但在一個不平等的時代，一般消費者在經濟體中扮演的角色其實越來越邊緣化。他用「富人經濟學」一詞來描述有錢人在一個經濟體（像是英國、美國或加拿大）中擁有著不符比例的資產（他聲稱這個名詞是他發明的，但其實最早從十九世紀中開始，這個詞就被視為是「經濟學」〔economics〕的同義字）。他提出的分析十分原創，讓人一賭我在前兩章描寫的揮霍行為會對世界造成的影響。

「在富人經濟學中，沒有所謂的『美國消費者』、『英國消費者』或『俄羅斯消費者』，」卡普爾寫道，「只有『有錢的消費者』，他們人數很少，但擁有不成比例的龐大收入和消費行為。接著才是其他人，也就是『非有錢人』，具有壓倒性的人數，但在國家整體經濟中卻只占了驚人的一小部分。」根據花旗集團分析師的研究指出，位於美國頂層的一百萬個家庭擁有的財富，跟底層六千萬個家庭擁有的一樣多。而有錢人的財產只有相對很少一部分綁在房產上，因此他們其實擁有更高比例的可支配財富。如果你只看金融資產，不計入房產，那麼頂層的一百萬個家庭持有的資產，就比美國底層九千五百萬個家庭的總和還多。這是一個全新的現象，也為精明的投資者提供了可以大賺一筆的機會。如果你能找到方法投資那些生產娜莉菈·迪奧戈（那位在婚紗上花了二十萬美元的安哥拉公主）和德米特里·菲爾塔什（買下倫敦地鐵站的烏克蘭大亨）喜歡的商品，那你就能從不平等之中獲利，而或許過不久，你也能躋身富豪之列。

不過，卡普爾提出的分析並非全部都經得起時間的考驗。他推測美國、加拿大和英國的不平等現象之所以較歐洲和日本更嚴重，主要因素出自這幾個國家的移民文化，並指出這可能是因為移民的精神壓力較大，腦內分泌過多的多巴胺，與那些祖先快樂地住在祖輩村莊的人不同（「多巴胺是一種帶來愉悅感受的大腦化學分泌物……與喜好新奇、冒險與企業家精神有關」）。但他使用的經濟研究方法十分嚴謹，他列出一大堆因金權帝國人士的購物喜好而受益的股票：

寶盛集團（Julius Baer）、寶格麗（Bulgari）、巴寶莉（Burberry）、歷峰集團（Richemont）、瑞士旅業集團（Kuoni）和托爾兄弟（Toll Brothers）。他的報告追溯的範圍遠至這些公司於一九八五年的股票價格，指出他們累積的年報酬率高達十七．八％，高過整個股市的年報酬率總和。這個過高的報酬率從一九九四年起就隨著時間增加，因為當時富有的俄羅斯人和其他人開始消費西方世界的奢侈品。

「新興市場的企業家／富豪（俄羅斯寡頭、中國房地產／製造業大亨、印度軟體巨頭、拉丁美洲石油／農業鉅子）靠全球化賺取了不成比例的龐大財富，想當然爾會開始對已開發富人經濟體的資產市場進行多樣化投資，」他寫道，「正如同不快樂的人都想找個訴苦的伴一樣，我們假設富豪們都喜歡混在一起……新興市場的菁英往往會在已開發富人經濟體消費及投資，而不是在他們的祖國。」

這是個顯而易見的結論。在過去兩年，俄羅斯富豪羅曼．阿布拉莫維奇（Roman Abramovich）買下了切爾西足球俱樂部（Chelsea Football Club），引起軒然大波。有錢人只喜歡把錢花在某幾個城市，應該不令人意外；但是，過去從未有人探討這類行為將造成的後果。

卡普爾將最主要的洞見歸功給「喜愛時尚的同事普莉希菈（Priscilla）」，這位同事曾告訴他：「哇，我可以靠富人經濟的股票發財，然後把錢花在那些商品上。」普莉希菈的主張是，如果不平等現象持續加劇，有錢人就會買更多奢侈品，大盤市場的表現就會不斷被奢侈品生產公司的股票壓過。如果卡普爾的客戶繼續投資這類股票，他們就能從越趨嚴重的不平等現象中獲利，然後再把錢花在奢侈品上，進而讓那些股票上漲，讓不平等現象更為加劇，接著再消費更多奢侈品，股票再度上漲……對任何夠聰明的投資人來說，這都是個良性循環。這基本上和克萊菲爾婚紗店或西倫敦不動產經紀人的故事帶給我們的訊息是一樣的：只要不對資金來源提出太多問題，你就有大賺一筆的機會。

卡普爾繼續在這個主題上著墨，陸續發表了更多調查成果。他在二〇〇六年三月發表了《富者越富》（*The Rich Getting Richer*）這份報告；九月，他在倫敦主辦了一場名為《一人得道，富者升天》（*Rising Tides Lifting Yachts*）的研討會，他用一句簡短但好記的公式「奢華狂歡」（Binge on Bling）來總結他的投資建議。這場研討會的網站仍然存在，儘管現場報告的連結已經失效，但還是可以在書面報告中找到與會者的發言紀錄，看到他們對金權帝國人士的購物喜好提出絕倫的見解。

「總的來說，有錢人想要尊榮的服務、獨特性和品質，傳統概念中的成本遠不及價值來得重要。時間才是最有價值的東西，而非金錢。有錢人重視的是自己受到的關注和獨特性。」報告的作者如此總結，「我們的觀點是，有錢人將會變得更有錢，在接下來的日子，會享有更大比例的財富。」

從這個角度而言，這份報告不完全正確。金融危機從二〇〇七年展開，波及整個世界經濟體，許多富豪的財產瞬間蒸發；但這份報告也並沒有完全說錯，金融危機過去之後，銀行不再像以前一樣樂意隨便把錢借出去，意味著手上有閒錢的人正處在有史以來最優勢的位置上。而這也是為什麼倫敦、邁阿密和紐約這類地方的開發商，會這麼積極建設供外國富人投資的房地產。如果支配市場的是用現金交易的買家，那自然就會蓋出這些買家喜歡的房子；如果他們想要在三十二樓高的地方有個遛狗區域，那就非蓋出來不可。

卡普爾和他的分析師團隊在二〇〇六年曾說過這麼一段話，聽起來就像是對金權帝國人士的完美描述：「這些富可敵國的富豪，他們不受任何地理疆界的限制，而是在國與國之間自由來去，和富豪朋友一起在名勝地玩樂。以倫敦為例，超過四百萬英鎊的房產，有六十%如今都賣給了非英國人。」金融危機之後，這些金權帝國的遊牧民族便開始繼承地球了。

有許多像花旗集團一樣的銀行，雇用了大量分析師，製作了大量的報告，而這些報告裡描述了各種資產類別——股票、債券、商品、土地，只要是能獲利的東西，都寫在裡面。大部分的報告在達成原本就為數不多的目的之後，幾天之內就消失無蹤。不過，卡普爾的富人經濟學報告就留存得比較久了。在第一份報告發表後的一周內，路透社就根據報告內容製作了長篇報導，緊接著全球最負盛名的媒體都紛紛跟進。後續的報告也陸續出現在《經濟學人》、《巴倫周刊》（*Barron's*）、《金融時報》（*Financial Times*）、《大西洋》（*Atlantic*）雜誌的報導中。他的洞見甚至開始被寫進書籍裡，包括麥可．葛羅斯那本描寫中央公園西大道十五號的有趣故事，後來也在紀錄片導演麥可．摩爾（Michael Moore）於二〇〇九年上映的《資本主義：一個愛的故事》（*Capitalism–A Love Story*）中出現，而卡普爾則是被拍成了反派角色。

不過，這可不太公平。卡普爾從未因為他和其他分析師所提出的現象而感到歡欣鼓舞，也在相關報告中明白表示，他並沒有針對這個主題採取任何道德立場（「我們根據事實提出分析，而非依據我們心目中的社會該是什麼樣子」），他只是盡忠職守，為客戶尋求有利可圖的投資機會。

他主要是對已開發國家進行總體經濟分析，尤其是美國，而且大多數時候也只是順道提起從竊盜統治國家流出的財富，因此外界不能批評他縱容了這類令人髮指的竊盜行為——讓歐必昂家族得以向加州車商購買大量超級跑車，或是讓矮小的尚比亞前總統訂製高檔西裝和加了增高墊的鞋子。

事實上，他對貧窮國家的分析可能是最沒有說服力的部分，因為他相信這些國家的經濟會越來越守法，變得更像美國；但實際的情況是，他提到的許多國家其法治皆在逐漸惡化，整個國家朝完全相反的方向發展。因此，卡普爾和他的團隊不該遭受來自網路的罵名，被視為是毫無道德、服侍竊盜統治者的陰謀集團。

真要批評的話，就不應該針對他們，而是金權帝國的棘輪機制。這個機制啟發了分析師這類絕頂聰明的人，讓他們無休無止地觀察這個世界，找出富豪是用什麼方法變得更加富有。在一個由有錢人支配的世界裡，只要是有野心的生意人，就不能忽視富豪的財力，即便他們的財富來源啟人疑竇。

這對某些曾被關注的問題產生了奇特的後果。二〇一五年，勤業眾信聯合會計師事務所（Deloitte）發表了一篇關於瑞士錶業的研究，標題是《不確定的時間》（*Uncertain Times*），指出首屈一指的奢華手錶製造商對未來感到憂心忡忡。這個不幸的肇因並非經濟衰退、也不是產品有任何瑕疵，而是因為中國政府開始採取打擊貪腐的行動，連帶使奢侈品的業績下滑，因為心術不正的政府官員在過去都會收受這類禮物作為賄賂。「對中國和香港抱持的悲觀，不僅能以許多新興市場的經濟成長率較低來解釋，也能以中國的反貪腐和反回扣立法來解釋——這些發展讓奢侈品的銷售急速下滑。」勤業眾信的分析師寫道，「八十一％的錶業主管指出，反貪腐法立法，導致中國的需求在過去十二個月來不斷下跌。」

奢華手錶在政府官員之間很受歡迎，因為這是一種低調卻能有效展示權力的方式。二〇〇九年，俄羅斯報紙《公報》（*Vedomosti*）調皮地報導了一系列高階官員在公開場合佩戴手錶的照片特輯，並標出每支錶的價格，同時也列出這些官員的薪俸，加以對照。政府支出監督委員會（Audit Chamber）主席的錶是最便宜的，只要一千八百瑞士法郎。大部分的錶要價在一萬到五萬美元之間，而超過這個價格範圍的，就是少數真正大肆揮霍的官員。莫斯科副市長分別擁有一只價值一百零四萬美元和三十六萬美元的錶，占了第一名和第二名的位置；第三貴的是車臣前總統拉姆贊·卡迪羅夫的錶，估計的價位是三十萬美元。這篇文章因此造成高層官員的難堪，或許這也是為什麼在二〇一二年時，官方攝影師會把坐在一張高雅桌子旁的莫斯科牧首（Patriarch of Moscow）手上那只三萬美元的寶璣（Breguet）手錶用修圖軟體修掉。但是攝影師卻忘記把手錶的倒影也一併移除，反而讓牧首看起來更為可笑，也讓他以道德表率之姿，主張禁欲主義和傳統價值觀的演說顯得毫無說服力。

這宗手錶爭議並沒有在俄羅斯造成任何反貪腐活動（奢侈品製造商可能鬆了一口氣），但中國在二〇一二年卻掀起一波嚴厲的打擊貪腐活動，數萬人遭到起訴，包括過去鮮少動到的軍方高層、中央及地方政府的行政官員等。官員幾乎是立刻停止一切揮霍的行為，造成奢侈品生意的嚴重打擊，包括製造高級料理與酒類的商家。法國的波爾多區（Bordeaux）在二〇〇五年只出口了一百二十萬公升的酒到中國，但在七年之內，這個數字就翻了幾乎五十倍，達到五千三百八十萬公升，而中國有錢人浮誇的購買行為，也徹底改變了法國製酒業的經濟結構。打擊貪腐活動開始後，中國官員不再願意公然豪飲拉菲堡（Château Lafite）紅酒，而該產區的出口量在兩年內就跌了四分之一。「當然我們也越來越少看到中國有錢人搭著私人飛機前來，一次買下價值五萬歐元的酒。」一位酒商後來頗為簡潔地表示。

同樣的事情也發生在其他西方製造商身上，他們都曾因為自家的高檔商品大受中國歡迎而獲利。由於中國和新加坡的銷量下滑（商品常常從新加坡重新出口到中國），蘇格蘭威士忌協會（Scotch Whisky Association）在二〇一四年委婉地用「中國政府的撙節活動」一詞來解釋慘淡的業績。到了二〇一六年底，這些商品在遠東市場的銷量跌了幾乎五十％。葡萄酒或烈酒製造商的投資者，原本希望能搭上卡普爾說的富人經濟浪潮，卻受到了嚴重的打擊。

不過，卡普爾確實對客戶提出過警告。他或許沒有分析新興市場的政客與生意人靠剝削來致富的方式，可能也誤以為俄羅斯這類國家的法治會越來越好，而提出錯誤的預測；但他至少指出了反貪腐活動會對富人經濟帶來風險，「根據預測，劇烈的收入不平等將會持續惡化，也牽涉到以國營企業為中心的清廉形象。這極有可能會導致強力的反貪腐政策。」他在二〇一四年替美銀美林集團（Merrill Lynch Bank of America，他的新雇主）寫的後續報告中提到，「著重在新興市場的奢侈品，或是有較高能見度的產品，比如手錶、葡萄酒、車、珠寶等，都極有可能在短期內受到威脅。」

他利用撰寫這份報告的機會，重新檢視十年前的計算，但不認為有需要做出修改：「在俄羅斯、馬來西亞、以色列、菲律賓、臺灣和智利，這些地方的超級富豪比他們在美國的同伴擁有更高比例的經濟分配。有鑒於財富越多，就享有越高的稅前報酬，我們預期這種財富集中的現象將會持續成長。」

注意，他在這裡使用了「同伴」（compatriot）這個詞彙。他本來應該可以使用像「同志」（comrade）一類的詞，因為全世界的超級有錢人實際上並非同個國家的人。但他的用詞反映其背後心理：這裡隱含的弦外之音是，卡普爾所寫的富豪其實全部都是同一個國家的公民，不管他們拿的是什麼護照。

不過，由政府主導的反貪腐活動，不是唯一會減少投資富人經濟利潤的原因。自從他在二〇〇五年發表了第一份報告（他就算一直換工作，也還是持續發表相關報告），就不斷強調，富人經濟的本質就在於不平等。如果富人能繼續獲得占比龐大的世界經濟果實，他的投資策略就只會不斷產出龐大的獲利；而如果他們生活與消費的社會決定要阻止財富過度集中，就可以逆轉這個情況。「在某個時刻，針對富人經濟的反擊就會展開。」他在二〇〇五年做出這個結論。而這正是後來發生的事——美國帶頭展開了反擊。

17 路西法的銀行家

二〇〇七年上旬，兩名華盛頓州的律師聯繫了美國司法部，想提供他們一個案子。這兩位律師手上有一名想保持匿名身分的客戶，能夠揭露數千位美國富人逃稅及違法的行為，而一切都透過全球最有力的金融機構安排。將近一年之前，布萊德利·柏肯菲德走進了保羅·海克特（Paul Hector）和瑞克·莫蘭（Rick Moran）這兩位律師的辦公室，表示他有一個「關於全球陰謀的內幕消息」，並希望他們可以把這個案子交給司法部，於是他們花了好幾個月的時間核對所有資訊。「容我們告訴您，」他們在寄給司法部檢察官凱倫·凱利（Karen Kelly）的信中寫道，「這是個千載難逢的案子。」

柏肯菲德希望他向聯邦檢察官的全盤托出能換來起訴豁免權，但他最終並沒有如願。儘管二〇〇七年夏天他有過無數次漫長的會面，分享他擁有的文件和回憶，但檢察官還是認為他另有隱瞞。二〇〇八年五月，他在回到波士頓老家時遭到逮捕，被指控犯下共謀詐騙的罪行。他在一個月後認罪，面臨五年的有期徒刑。從他的認罪答辯與陳述中，我們能見識到像他這類私人銀行家願意協助客戶藏錢到什麼地步。

柏肯菲德承認，他曾建議客戶「把現金和貴重物都放到瑞士的保險箱；在海外時就用瑞士銀行帳戶裡的錢購買珠寶、藝術品和奢侈品；在美國接獲來自瑞士銀行帳戶的資金時，要在收據上做手腳，讓這筆錢偽裝成來自瑞士銀行的貸款；將在美國的境外銀行紀錄全數銷毀；使用瑞士銀行的信用卡，因為他們聲稱這些卡不會被美國當局發現。」而柏肯菲德舉出另一個充滿想像性的例子，是他曾替一名美國客戶購買鑽石，把它們統統塞進牙膏管裡、走私到美國，就可以把國稅局蒙在鼓裡，讓他的客戶能盡情享用這筆財富。這就像六〇年代的金手指老電影，但手段更為高明：如果能把價值數百萬美元的鑽石藏到梳妝包裡時，為什麼還需要把沉重的金片貼在客製化的勞斯萊斯上，讓龐德能一路追到瑞士去？

柏肯菲德後來將自己的經驗出版成《路西法的銀行家》（*Lucifer's Banker*），這本書清楚表明了，認罪事實陳述中所揭露的勾當只不過是冰山一角。他描述自己到遊艇賽船大會、賽車賽事、古典音樂會、藝廊這類地方接近有錢的美國人，一邊享用頂級白蘭地，一邊露骨地推銷自己，要他們將錢交給他打理。「我能為你做的是事：零。」他享受他們驚訝的表情，接著使出致命一擊：「事實上，是三個零：零所得稅、零資本利得稅、零遺產稅。」

當這些有錢人飛到日內瓦找他時，他會帶他們去高級餐廳，再去脫衣舞酒吧，而他會替他們的一夜春宵買單。這麼做能讓他們擁有方便做生意的好心情，於是隔天早上，他會護送他們到銀行，讓他們將錢交給他。他拿到的每一塊錢——銀行稱這些錢為新增資金淨額（Net New Money）——都能增加他的獎金，讓他過上好生活。「其實這種事也沒那麼特別，除非你偏愛大瓶裝的羅蘭香檳（Laurent-Perrier）、新鮮魚子醬，或剛從哈瓦那（Havana）空運來的邱吉爾（Churchill）雪茄，或是你喜歡的是凱勒（Cailler Frigor）的瑞士黑巧克力、愛彼（Audemars Piguet）手錶、布里歐尼（Brioni）的西裝，以及那些只想討好你、大玩特玩一場的美女。」他在回憶錄中嘲諷滿滿地寫道，「我把花招琢磨得無懈可擊，坐頭等艙飛到世界各地，住在五星級飯店，然後引誘一群世界前一%的人把錢掏出來，存到瑞士的銀行的數字帳戶裡去，不會有人問任何問題。」

檢察官拒絕讓柏肯菲德拿到起訴豁免權，因為他們認為他為了保護自己，沒有實話實說。檢方特別指控他隱瞞自己和富豪伊戈爾·奧蘭尼科夫（Igor Olenicoff）的關係。他是柏肯菲德的長期客戶，在瑞士的祕密帳戶裡藏了兩億美元，而那些帳戶的持有人本該是一間巴哈馬空殼公司，不是這位房地產開發商，其他細節則被位於丹麥和列支敦斯登的公司掩蓋起來。「我們不能讓美國公民在參與這等詐騙陰謀後還能脫身，等著回來東山再起。」檢察官凱文·唐寧（Kevin Downing）在柏肯菲德的判決聽審會中如此據理力爭。

他說得有道理。你得在起訴過程中用全盤托出來爭取豁免權，而這也是為何法官最後還是判決柏肯菲德四十個月的刑期。不過，倘若真的要對某個人放水，那個人也確實應該要是柏肯菲德。這位銀行家打開了一扇前所未見的窗口，讓我們可以看見瑞士銀行業的核心，也就是金權帝國的內部聖地。這改變了整個世界。唐寧有些不情願地承認，「如果柏肯菲德沒有在二〇〇七年夏天走進司法部，我懷疑這個龐大的詐騙陰謀直到現在都還不會被發現……這起調查不只改變了我們從瑞士銀行拿到證據的方式，也讓瑞士政府和我們簽訂了新的租稅協定。」

很少有人像柏肯菲德這樣直接打擊了金權帝國的基石，他所揭露的真相讓境外金融世界的運作機制徹底改變。當他前往華盛頓州時，他不只將情報提供給司法部，甚至還拿給國稅局和參議院調查委員小組，而他們在二〇〇八年七月以此發表了一份報告。根據調查人員的結論，柏肯菲德所揭露的這類境外金融陰謀，讓美國財政部每年大約損失了一千億美元的稅收。報告中也詳述了柏肯菲德的前雇主瑞銀集團是如何做到這些事的。

這起騙局有部分是瑞士神聖傳統的延續——向其他國家敲竹槓，一九三四年的銀行保密法也將這個傳統視為神聖不可侵犯的權利；但原先這條法律之所以會通過，是因為他們要從經濟大蕭條時期維持稅收基礎的政府手中保護他們的法國客戶。這個保密機制後來也受到納粹戰爭罪犯和其他竊盜統治者的喜愛，接著又被倫敦的境外銀行家所濫用。但這其實是個老酒裝新瓶的騙局，因為它遵守了一個正是為了防範這類行為而定下的協議。二〇〇一年，柏肯菲德的前雇主瑞銀集團同意成為合格中介機構（Qualified Intermediary），承諾它們的美國客戶會申報所有在瑞士擁有的資產，否則銀行就會扣住客戶收入的稅金，如果客戶拒絕申報，就會將那筆稅金交給財政部。這個協議的本質就在於，只要瑞士的銀行承諾代表美國財政部收取稅金，就能保有它們的保密機制。

這是一個高明的計畫，但還是有個小缺陷：在這個計畫裡，銀行自己也得誠實才行。因此這個計畫自然就失敗了。事實上不只是失敗，瑞銀集團甚至顛覆了這個計畫。當其他司法管轄區的銀行同意停止他們的瑞士祕密金融業務，瑞銀集團反而讓業務大大拓展，盡可能將未經申報的帳戶推銷給有錢的美國人，因為協助他們逃稅是極為有利可圖的生意。「未經申報的帳戶擁有更多資產，能帶給銀行更多新增資金，對銀行來說，也比已申報的帳戶更能獲利。」參議院總結道，「瑞銀集團加入合格中介機構計畫不久後，就協助美國客戶組織他們在瑞士的帳戶，避免需要將價值數百萬美元的資產上報給國稅局。」

柏肯菲德告訴參議院委員會，他曾屬於一個由約莫七十位私人銀行家所組成的「令人畏懼的勢力」，到處參加巴塞爾藝術展這類瑞銀集團所資助的活動，從富有的參加者之間找到他們未來的客戶。這些銀行家在二〇〇四到二〇〇六年之間，讓手中來自美國的錢增加了四倍，而他們預期在二〇〇七年會再增加四倍。

「你可能會去參加運動賽事、車展、品酒會，可能會遇見不動產經紀人、律師等等。」柏肯菲德告訴參議院小組委員會，「那裡就是有錢人玩耍的地方，你就去那裡找他們談話。」當他被問及為什麼有人會想在瑞士開戶，他的回答十分直接：「為了逃稅。以及……人們總是喜歡知道自己可以把東西藏起來，不讓配偶、生意夥伴或任何你想到的人發現。」

毫不意外地，司法部在聽到瑞銀集團是如何有條有理地濫用他們的信任時，反應並不是太好。二〇〇八年七月，美國政府要求這家瑞士銀行巨頭交出其美國客戶名單，而這可是會摧毀它們的保密傳統。在正常的情況下，瑞銀集團要不是直接忽視這類要求，就是刻意混淆事實，或是想出類似「合格中介機構協議」這類能帶來獲利機會的辦法。但當時可是金融危機時期。同年的十月底，將會有價值六百億美元的有毒資產（toxic assets）[30]被瑞銀集團倒在瑞士銀行監管機構身上，並產生價值四百九十億美元與美國房市相關的損失。瑞銀集團的股價下跌了三分之二，外界也開始臆測它們是否能繼續生存下去。它們就是沒有能與美國政府對抗的優勢，更別說它們同時也在金融市場面臨生死掙扎。於是，瑞銀集團開始交出客戶資料，瑞士銀行保密制度的銅牆鐵壁在此時出現了第一道裂口。

二〇〇九年二月，瑞銀集團達成了緩起訴協議（Deferred Prosecution Agreement），同意向各個美國政府機構支付總額高達七億八千萬美元的罰金。它們承認在兩萬名美國私人銀行客戶中，有一萬七千名客戶利用它們的服務來隱藏總價兩百億美元的資產（平均下來每位客戶擁有超過一百萬美元的資產），每年能讓銀行獲得兩億美元的利潤。起訴書中明白寫道，雖然瑞銀集團外表看起來作風傳統，實際上卻用像是驚悚片般的手法營運他們的私人銀行。「高階主管和經理……被美國跨國企業稱為『有毒廢棄物』，因為他們知道瑞銀集團的營運違背了美國法律和合格中介機構的協議。」檢方如此陳述道，「高階主管、經理、部門主管和銀行人員利用代名實體（nominee entities）[31]、加密手提電腦、數字帳戶和其他反監控技術，來掩蓋美國客戶的身分和境外資產。」

五年後，瑞銀集團最大的競爭對手瑞士信貸集團（它們加起來控制了瑞士一半的錢）承認犯下了類似的罪行，但它們受到了更為嚴厲的懲罰。它們不得不認罪，並支付二十六億美元的罰金。瑞士信貸集團承認進行長達數十年的「非法跨境金融事務」，替兩萬兩千名美國人名下價值約一百億美元的資產提供服務，這件事也在起訴過程中被揭露了更多細節。根據參議院的調查，這些資產有一半被僅僅一千兩百三十四人掌控於手中，他們都是極為富有的逃稅者，而他們的真實身分都隱藏在空殼公司背後。

30　編註：某些原先運作不良的金融資產，在市場正常狀態時被隱藏起來；但當危機降臨、再也沒有市場可供這些資產交易時，它們便無法被合理銷售，僅能「凍結」。

31　編註：財政部的解釋令函，對於代名人（nominee）的定義為：「以自己名義為他人利益取得案關所得，且就該所得無運用決定權之人。如借名登記之出名人，或信託關係中對案關所得無運用決定權之受託人。」

整個起訴過程最引人注目的部分，也許是揭露了瑞士信貸集團一開始確實有試圖遵守合格中介機構協議，甚至建立了一個叫作瑞士信貸私人顧問（CSPA）的新私人銀行來執行。但是，這個計畫從未展開，因為它們的美國客戶一點興趣也沒有。「最終這是個失敗的生意，因為美國客戶不願為一個必須申報並守法納稅的瑞士帳戶額外付費。」換句話說，如果要在瑞士處理銀行事務，目的就在於逃稅，如果客戶無法逃稅，就不覺得支付這麼高額的手續費有什麼價值可言。瑞士信貸集團寧可違法，也不願放棄那些錢。歡迎來到金權帝國。

這些都不需要什麼高科技技術。瑞士信貸集團在蘇黎世機場有間分行，因此客戶不需要大老遠跑到市中心，就能使用銀行服務。其中一項服務，就是協助美國人規避一次只能帶一萬美元入境美國的規定，將全部的錢分裝成小包裹。瑞銀集團也在幹同樣的勾當。在起訴瑞銀集團的富豪客戶恩內斯特·沃里亞諾（Ernest Vogliano）時，律師揭露了他在蘇黎世簽下旅行支票，再將支票郵寄回紐約，藉此將錢從瑞士搬運到美國。這不僅是個粗糙得可笑的做法，還幾乎與一九六四年第一次的歐洲債券騙局一模一樣（除了旅行支票甚至不能帶來任何收益）。這些支票就靜靜地待在那裡，直到他想把它們花掉。如果需要證據來證明，不能將任何人的利益託付給瑞士的銀行家（除了他們自身的利益之外），那瑞士信貸集團和瑞銀集團的醜態就是證據。柏肯菲德和我到他在倫敦的會員制俱樂部聊了許久，我們坐在俱樂部的客廳，大廳還放著一輛古董車。他告訴我，這就是瑞士人做生意的方式。「這些銀行、尤其是瑞銀集團，從過去以來在做的事只有不斷告訴別人：『去你的，我們是瑞士，我們很強大，來挑戰我們啊。』」他解釋道，笑了一聲。他是個非常親切和善的談話對象，身材高大又精力旺盛，右手中指上戴著鑲了一顆大鑽石的巨大戒指，但他也態度率直得令人感到難為情。「我是不是他們的一分子？當然是啊。如果只是工友的話，不可能爆得了這種料……我會繼續揭發他們，因為他們還在否認，就像酒鬼不肯承認自己有酗酒問題一樣。」

順道一提，柏肯菲德雖然因為幫助客戶逃稅而入獄，但他卻成功在其他方面崛起。為了鼓勵吹哨者站出來而制定的新法，讓他得以拿到一部分瑞銀集團的和解金。他分得的金額是一億零四百萬美元。在我參加過的某場會議中，他把那張政府支票的護貝複本當作書籤發給大家。財政部扣了這筆錢的稅，因此這張支票的金額最終只有七千五百八十一萬六千九百五十八點四美元，不過，這對他一直以來習慣的生活方式來說，已經綽綽有餘了。

由於瑞銀集團的犯行被踢爆，加上其他相關的醜聞（瑞士歷史最悠久的韋格林銀行〔Wegelin〕在二〇一三年於類似的案件中認罪後，被迫關門大吉），美國國會便在二〇一〇年通過了外國帳戶稅收遵從法（Foreign Account Tax Compliance Act，FATCA，又稱肥咖法案），一個類似合格中介機構的法條，但殺傷力更強。「過往有許多人士利用體制將錢藏到海外帳戶，這個情況已經太久了；同時間，國內數百萬個家庭和小企業卻為此付出代價。」司法部長提姆．蓋特納（Tim Geithner）當時如此表示。

根據肥咖法案的規定，如果外國金融機構拒絕揭露美國客戶的身分與資產，政府就會從這些機構所有收到的美國投資資金中，收取三十%的稅金。這是個非常有力的提案，特別是瑞士信貸集團及其他瑞士金融機構同時間也正面臨刑事調查。外國銀行還是可以選擇繼續協助美國人違法，但這麼做就會讓它們被阻隔在美國市場之外，並永遠處於需繳納數百萬美元罰金的威脅之下。合格中介機構計畫失敗了，而肥咖法案大獲成功。到了二〇一三年，就在柏肯菲德被逮捕、瑞銀集團醜聞爆發後的五年之後，瑞士信貸集團關閉了一萬八千九百個個人帳戶，而它們的資產總和跌到只剩二十六億美元（有趣的是，這和它們一年後付給美國政府的罰金金額剛好一樣）。肥咖法案在二〇一五年全面實施，儘管還是有些漏洞，但基本上成功破壞了美國人最容易使用的逃稅方法。

一份二〇一七年的研究指出，在肥咖法案實施後，申報海外帳戶的美國人增加了五分之一，揭露了額外的七百五十億美元的存在。「外國銀行販售保密服務，才讓美國銀行蒙受損失，就是這麼簡單。而肥咖法案改變了規則。」參議院常設調查委員會（Senate Permanent Subcommittee on Investigations）的前首席顧問艾莉絲·比恩（Elise Bean）如此表示，她也是努力揭發境外逃稅行為的背後推手之一。「肥咖法案已經開始打擊境外逃稅，讓更多美國納稅人主動揭露自己的境外帳戶、申報境外收入，並繳納他們的欠稅。」

美國或許是唯一一個能做到這件事的國家。稅法要求所有公民都要報稅，即便他們不住在美國也一樣；因此，美國人無法輕易藉由住到國外來規避法律。除此之外，美國經濟的份量及美元在全球扮演的獨特角色，讓美國政府比其他國家能產生更多籌碼對抗銀行。而只要美國帶頭，世界各國就會跟隨在後。歐洲國家同意與彼此交換情報，而各個英屬避稅天堂也願意和英國政府交換資料。這些努力在共同申報準則（Common Reporting Standard）於二〇一四年誕生時來到了最高點，實施這個準則的國家同意自動交換資訊，將自家公民在彼此的銀行擁有的資產全數揭露。在過去，各國只有在接到要求才會交換，而意味了稅務機關得「在開始調查之前，就必須知道自己在查什麼」；如今這些情報能自動流入，稅務人員能交叉比對金融資料和報稅單，看看有誰在犯法。因此，這項協議威脅到了金權帝國背後最強大的動力來源，也就是「只有金錢能跨越國境，執法單位不能」的事實。

瑞士律師菲利普・馬爾科維奇（Philip Marcovici）已經擔任世界富豪們的顧問長達數十年，他在二〇一六年告訴我，這些新的跨國協議徹底改變了超級富豪的世界。「這些家庭只有兩個選擇：遵守國家的規定，或是離開這個國家。以前曾有許多弊端：人們可以把錢藏起來，利用銀行保密法、利用複雜的公司架構等等。」他說，「遵守國家規定是什麼意思呢？就是你得去了解自己國家的稅法。對某些人來說，遵守國家法律甚至不是一個能夠選擇的選項，因為他們居住的國家可能政局混亂，或是整個稅收制度都已被腐化。對這些家庭來說，守法可能會造成人身安全的疑慮，而且原因百百種。你也會看到，某些國家的稅率如此之高，對一些家庭來說根本無法接受，因為實在太昂貴了，讓他們不想住在那種社會裡。不過，你能夠選擇的，就是遵守法規，或是離開這裡。」

對許多境外金融中心而言，這道新禁令是個天大的壞消息。以澤西島為例，金融產業對島上經濟帶來的貢獻，從千禧年的超過十八億英鎊，一路下跌至如今的八億英鎊。在澤西島和其他地方，境外資產都回到了境內。現在，昔日境外金融中心的傳統優勢已經全數消失了。和金融危機初期相比，澤西島的金融產業如今規模縮水甚多，也沒有恢復的徵兆。這對政府預算而言是個嚴重的打擊：它們通過了讓公司減稅的法案，以防止企業出走，卻讓一般島民的生活開銷被墊高，而政府後來還被迫加徵營業稅來彌補減少的稅收。

有些美國公民想要藉由拋棄公民身分來逃避肥咖法案，如此一來，他們就不需要再報稅了。二〇一六年，五千四百一十一位美國人放棄了護照，比二〇一五年的人數還多了二十六％，而二〇一五年又比前一年的人數多了五十八％。在肥咖法案誕生之前的二〇〇八年，只有兩百三十五本護照被放棄，這能呈現出增長的幅度有多麼劇烈。共同申報準則也讓販售居留權的生意欣欣向榮，讓恒理公司這類企業能吹噓它們的業績來到高峰。畢竟，如果你拿到其他國家的居留權，就會是你新家的政府拿到你的資產資料，而非舊的國家，而這也是移居到稅率低和／或擁有誠實官僚的國家的誘因。

那麼，這就是快樂結局嗎？金權帝國的末日來臨了嗎？事情並非如此。所有針對金權帝國的滅亡預言，都被證明言之過早，其中有兩個理由。

第一個理由已經被許多慈善機構不斷強調過，例如樂施會和基督徒互援會（Christian Aid）。他們指出，共同申報準則是由 G20 和經濟合作暨發展組織（Organisation for Economic Cooperation and Development）制定，而這兩個組織都是富裕國家的俱樂部，準則中的條款也是為資源充沛的稅務單位所設計。參與國可以選擇要和哪些在它們眼中足夠有能力、足夠誠實的地方來分享情報——到目前為止，瑞士只同意和九個國家互換資訊（加上歐盟的會員國），而這些都是富裕國家。如果貧窮國家想要改變現況，就必須得要看得到國民的資料，而若它們不能參與情報互換，就無法向這些國民收稅。這又是一個金權帝國的惡性循環：如果一個國家的統治階層竊取了國家的財富、藏到境外，這個國家幾乎可以確定會被視為太過腐敗的地方，因此不能參與情報交換計畫。這就表示，統治階層的竊盜行為永遠不會被揭露，因此永遠都不會有人能夠追回那些錢。再一次，跨國金融體系提供的種種誘因，替金權帝國的運作機制擋下了長期的攻擊。

不過這也只是順帶一提。因為就算最窮的國家真的拿到資料，他們也缺乏分析的資源。根據基督徒互援會的調查，撒哈拉以南非洲的國家，會需要聘請六十五萬名新的稅務行政官員，才能達到全球平均配置員工的標準，而這個數字可是冰島總人口數的兩倍。這些國家還必須在賺到新的稅收之前，先行雇用、訓練和支付這些人員的薪水，自然會造成嚴重的現金流問題。

因此，這就是為何將共同申報準則視為解決金權帝國的方法還言之過早。共同申報準則是第一步，但要讓最頂層的富人和其他人一樣遵守法律，這趟旅途還很漫長，也充滿了危險。

不過，跟第二個問題相較，這個旅程只不過就是出門蹓躂而已。

如果你回想境外金融世界是如何在戰後不久出現，就會知道那是多虧了銀行家發現並濫用了一個小漏洞：倫敦市裡的美元無法被美國財政部控制，英格蘭銀行也對它們不感興趣。這兩個司法管轄區的監管制度不太一樣，因此有錢人便透過這個空隙將錢擠出去，再送到通往金權帝國的通道。

而這個稅務機構會自動交換資訊的監管制度，也存在著結構上的弱點，這個弱點打從一開始就在那裡了。共同申報準則要求所有人都要和彼此互換資訊，但美國並非共同申報準則的一部分，因為它有自己的制度：搞定瑞士銀行保密法最困難部分的美國法律只有單方向運作，跟共同申報準則及肥咖法案並不一樣。超過一百個國家的金融機構必須分享美國客戶或居民擁有的資產情報，但美國的機構卻不用交給它們任何資訊。美國機構能通盤掌握世界上其他地方正在發生何事，但其他國家的機構卻完全不會知道美國的狀況。試想，誕生歐洲債券的小漏洞可以帶來多少財富，那麼當新的世界金融結構正中心有這麼大一個裂口，究竟能夠帶來多大的利益呢？

「如果美國人問英國人，有哪些美國人在英國擁有銀行帳戶，英國人就會提供這個資訊，如果他們問德國人，也會得到同樣的結果；但假如是德國人去問美國人，美國人就會說：『滾吧你。』開什麼玩笑啊，這真是全世界最偽善的東西。」柏肯菲德說，「這是個很大的問題，而他們（美國人）就是這個問題的一部分。」

金權帝國不存在於任何地理位置上，它是一個系統，會在條件許可的時候隨時出現。根據金權帝國的法律，只要這些錢無法安然留在瑞士、不受打擾，那守衛就會把錢移到不被干擾的地方。多虧了柏肯菲德，蘇黎世和日內瓦的條件不再那麼理想，這些地方的銀行如今不再擁有堅不可摧的銅牆鐵壁，它們的生意開始輸給別的金融中心對手。但美國的條件相當完美：例如被稱為「最大的小城市」的雷諾、瓦肖郡（Washoe County）和北內華達州。

18 避稅天堂：美國

如果你在二月的下雪天搭乘巴士從舊金山來到這裡，雷諾市的景色看起來就像是七〇年代。這裡的車體龐大，道路寬敞，還有賭場四四方方的水泥建築，散發一股令人不快的氛圍。如果你走到賭場大廳，眼前就會出現一排又一排的吃角子老虎機，地面鋪著飽經風霜的地毯，日光燈把人照得筋疲力竭。在外頭的街道上，你可以去當鋪典當身上的珠寶，或是把槍賣給在賭桌上手氣不好的人。

我對雷諾市的認識來自歌手強尼·凱許（Johnny Cash），他曾唱過一首歌，歌詞講述他在這裡殺了一個人，就只為了看對方死去的樣子。在這裡閒逛了一、兩天之後，我開始理解為何這座城市會帶給人如此感受。

內華達州的座右銘是「誕生於戰火之中」（Battle Born），表示它是在內戰時期成為美國的一州，而這是因為聯邦軍（Union）當時急著要成立新的州，讓林肯（Abraham Lincoln）能得到更多選票。在當時，內華達州是聯邦第三大州（排在加州及德州之後），但人口卻只有四萬人。因此，它們必須要自力更生，尤其是銀礦生產量在戰後約莫十年間逐漸下滑，這也是為何內華達州從那時起就不斷在尋找新的財源。其中一門有利可圖的生意，就是暗中對它們那位更大、更多人口、更有錢的鄰居——加州——的法規進行破壞。拉斯維加斯（Las Vegas）長久以來為鄰近的洛杉磯居民提供了當地沒有的服務，因而享有可觀的收入，而雷諾也替舊金山扮演了同樣的角色：快速離婚、快速結婚、賭博、較低的稅率和大麻。在內華達州，甚至連賣春都是合法的，這也造就了它在美國獨一無二的地位。

內華達州鬆綁管制的方式在一九八六年開始對金權帝國產生了影響，當時的國會正著手制定「隔代轉讓」（generation-skipping transfer，祖父母輩將資產轉移給孫輩）的相關稅法。這些法規的細節並不重要，真正重要的是它的漏洞。其中一個漏洞對信託產生了影響——這個法律架構讓你能將財產交給一位專業託管人，讓他在指定時間，依照你的指示處理贈與。如果你擁有一間石油公司，你將它交付信託管理，準備在未來贈與你的孫子，那一九八六年的法規就會確保受益人在信託完成、進行隔代轉讓時支付稅金。到目前為止都還很好。但是國會顯然犯了一個決定性的錯誤。他們讓每個州自行決定信託完成的時間，而不是設立單一的標準，其後果可想而知。由於金權帝國的棘輪作用，每個州開始互相競爭，看誰能給有錢人最多好處，進而危害到了其他所有人。

美國承襲了英國的普通法系，而在這個架構底下，你不能讓財產轉為信託管理的時間無限延長。從約定信託的任何一方過世之後開始算起，最長只能二十一年（但在實務上，信託實際存續的時間可以長達一百年）。這個限制是根據一個原則所設定，也就是後代子孫不應永遠被前人的遺願所束縛。任性的祖先一時心血來潮做出的事情，可能會是十九世紀小說裡的精采劇情，但制定普通法的法官認為，如果後人就這樣盲從，會帶來災難性的後果。

在美國，每個州可以自行決定信託的存續時間，而有些州——威斯康辛（Wisconsin）、南達科塔（South Dakota）、愛達荷——早已和普通法產生分歧，在一九六八年就廢除了對永久權的限制，但那時還沒帶來什麼效果。當時，存續時間超過傳統年限的信託並沒有稅金上的優勢，因為無論如何，信託存續的時間都會超過委託人自己。但是，從隔代轉讓稅出現後，誘因就徹底改變了。國會無意間為能夠永遠存在、藉此永遠不會被課稅的信託創造了優勢，這意味了前人的欲望和願望能束縛住世世代代的子孫，就算沒有到世界末日的那天，也能長達好多個世紀。

到了二〇〇三年，至少已經有一千億美元（或許不只）流入這些擁有被稱為「世代信託」（dynasty trust）的州，創造出一個強大的誘因，促使其他州也改變時間限制的法規。從歷史的角度來看，這是一個全新的現象，卻極有可能造成深遠的後果，因為「永遠」可是一段漫長無比的時間。如果信託只能存續三百五十年，受益對象就能多達十五個世代，人數輕易就能超過十萬人。其中每一位受益人都有權向託管人提出告訴，而如果他們想開會的話，就得租下一座球場才行。這些關係遙遠的表親實質上就和一般人一樣，彼此沒有什麼關聯，但他們都會被共同祖先的願望給連結在一起。

多虧了麻薩諸塞州（Massachusetts）的系譜學家，我們有大量的例子可以展示這些表親的關係究竟有多遠。死於一六四八年的喬治・艾倫（George Allen）如果曾成立一個永久信託，他受益的後代就會包含歐巴馬和邱吉爾。如果死於十四年後的山謬・亨克利（Samuel Hinckley）也做了一樣的事，那歐巴馬和小布希都會在受益人之列。從未有人好好思考過，這種事對未來的財富分配究竟會產生何種意義。結果，稅法中一個顯然無足輕重的小異常，造就了這個奇特、未經充分探究的永久信託。

這不是美國各州藉著扭曲法律來對抗彼此、吸引有錢人到他們法律事務所的唯一方法。內華達州並沒有永久信託，但它們在二〇〇五年通過了一項法律，同意可以將信託延長至三百六十五年，而這可是一段相當長的時間（這大約是紐約市建立的時間。想像看看，如果有人在曼哈頓還是一個沼澤小島的時候，就把整座島交付信託給後代子孫，會發生什麼事）。

內華達州也對他們的資產保護條例特別引以為傲，這就表示只要你把財產交付託管兩年以上，你的債權人就不可能拿得到你的財產，如同尼維斯的情況一般。如果一名男子擁有一間公司，將它交付託管後再離婚，他的前妻和孩子就不可能主張擁有那些資產的權利。不僅如此，由於內華達寬大的州法，你甚至能成為自己信託的受益人；因為這意味了雖然你把財產移轉給別人，好讓它們不被人拿走，但同時你卻仍能享受持有這些財產的好處。第一信託（Premier Trust，在拉斯維加斯和雷諾都有辦公室）在網站上如此寫道：「資產保護信託背後的理論，是為客戶和其未來的敵人與債權人之間提供多一層保護。我們以防彈背心作為例子：你可能會被槍擊／提告，也會因此而受傷，但你能全身而退。」沒有一個債權人成功突破第一信託的堡壘過。

長久以來，這都是一個潛力十足的誘人前景。儘管如此，過去數十年來仍沒能吸引那些將錢存在瑞士的外國有錢人，主要原因是美國執法單位的積極態度。把錢放在美國，就像是把蜂蜜藏在有熊的洞穴裡，令人堪憂。這意味了美國的金權帝國裡大部分都是美國人的保留區，外國人寧可將錢放在美國國稅局碰不到的地方。「我以前曾替一家英國投資銀行工作，所有非美國人都不想跟美國打交道，因為國稅局和那些複雜的情況讓他們不想靠近美國。」雷諾的聯盟信託公司（Alliance Trust Company）總裁葛雷格·克勞福特（Greg Crawford）這麼說道，「但一切都變了……如今我們有從海外來的錢，而且是很大一筆的錢。」

克勞福特的辦公室位於西自由街（West Liberty Street）一〇〇號的一樓。這棟大樓造型俐落，離雷諾那些令人憂鬱的賭場只有幾個街口，以前曾是保時捷的美國總部辦公室。聯盟信託公司因為需求量急速增加，導致成長規模過大，便在二〇一六年下旬將公司搬到雷諾市。「外國家庭對內華達的信託服務產生越來越高的興趣。越來越多國家開始採取減少隱私的行動，而內華達是世界上僅剩仍會尊重、保護這些家庭隱私的地方。」他們的搬家新聞稿中如此寫道。瑞士已經被肥咖法案踢出保密法的賽局，因此內華達（和其他好幾個州）便紛紛趕來填補空缺。

而同棟大樓的十二樓，是羅斯柴爾德公司（Rothschild & Co.）的辦公室，它們是全世界最受敬重的金融機構之一。他們在二〇一三年來到這裡，但並沒有在一樓大廳的樓層索引牌放上自己的公司名稱（一整層樓都是空白的）。這可能是因為《彭博商業周刊》（*Bloomberg*）在二〇一六年刊載的一篇文章造成的結果。這篇文章細數了富有的客戶是如何將錢從百慕達或巴哈馬這類傳統避稅天堂轉移到內華達州，因此引起了一場小騷動。文章內容引述了羅斯柴爾德董事總經理安德魯・潘尼（Andrew Penney）的一份非正式簡報，將美國稱為「世界上最大的避稅天堂」，結果惹來了不必要的過分關注。

不過，他說的是事實。我們在雷諾看到的情況，同樣也發生在南達科塔、德拉威、懷俄明等其他信託生意蒸蒸日上的州，而正是因為整個世界沒能達成一致的標準，才造就這種扭曲的結果。這些明顯可見的徵兆，證明了就在政府以為自己占了上風、並且讓美國金融機構能藉此致富的時候，財富正一點一滴脫離民主制度的監管。

彼得．科托爾塞阿努（Peter Cotorceanu）近距離目睹了這一切。他在二〇〇七年一月加入瑞銀集團，在財富結構管理部門底下工作。這位在紐西蘭出生的律師為流動資產超過五千萬美元的人提供投資建議，不過，他堅持只處理已向相關當局申報過的錢，這讓他成為了邊緣人。「我在銀行是真的會被別人嘲笑，」二〇一七年他透過電話告訴我，「當時在銀行流動的錢，有大約七十％都未經申報。而若你不處理那些錢，那你待在瑞銀集團幹嘛？」

接著，柏肯菲德的醜聞爆發，一切都改變了。瑞銀集團突然間就要開始替客戶想出管錢的聰明辦法，同時又不能觸怒美國當局，而拘謹的科托爾塞阿努便成為想出辦法的人選。他分析了四十個司法管轄區的優缺點，創造出一個全新的生意模式，因此，他成了熟知肥咖法案和共同申報準則優缺點的專家；與此同時，他和其他少數聰明的律師有了同樣的發現，美國脅迫世界各國取消金融保密制度，自己卻沒有套用同樣的標準。

「當人們問：『美國是怎麼成為新的保密司法管轄區的？』我說，它們什麼都沒做，這才是重點。從以前到現在，它們都是擁有保密制度的司法管轄區，但其他人以前也是。」科托爾塞阿努告訴我，「我喜歡用巴菲特（Warren Buffett）的話來講：『潮水退了就知道誰沒穿褲子。』當時有很多人都沒穿褲子，美國也是其中之一。當潮水退了，大家都急忙要穿上，但美國是唯一一個沒去穿的人。它一直以來都沒有褲子，如今也只剩下它一個而已。」

發生這種情況的理由十分複雜，而且部分是因為每個國家管理稅務的方式都不一樣。美國當局只會蒐集利息和股息的資料，意味了這是他們唯一能與國外政府機構分享的情報；但根據共同申報準則的規定，其他國家卻需要提供收益性的真實資產的情報。不過事情也沒那麼簡單——而這一點反映在自金權帝國建立以來就存在於境外財富核心的緊張感上，也反映在歐洲債券的誕生，以及反映在繞過了世界經濟油槽的正式幫浦系統的交易上。

六〇年代時，瑞士銀行替納粹戰犯保管錢財，但它們同樣也替逃稅者和難民管錢。這些人都在尋求祕密／隱私／機密性（可以視情況拿掉最後這一項），這意味了邪惡的錢、不乖的錢和神聖的錢都混在一起。這三種類型的人都從第一批歐洲債券中獲益，因為它們替原本停滯不動的錢帶來了收益，但這三種人的存在並沒有以同等的程度來宣傳。

瑞士的銀行喜歡大肆宣揚它們的保密制度是為了保護有錢猶太人的財富不被納粹充公，但對它們替多少獨裁者管錢、協助多少人逃稅的事卻閉口不談。事實上，那些難民只是瑞士銀行混淆視聽的手段，讓它們看上去情操高尚，而不讓外界看到它們身為犯罪機構的本質。

瑞士的銀行堅稱，它們之所以不願透露客戶資料，是因為這樣會危害到不想受貪婪政府侵害的人的正當利益。那條塞滿鑽石的牙膏管隨著柏肯菲德的醜聞被揭露之後，逃稅者和竊盜統治者終於曝了光，瑞士就不能再使用這個藉口了。但是，美國還能使用這個藉口。美國的銀行家仍繼續宣稱，它們是在替世界上擔心受怕的那群人提供財富的避難所，而不是為了貪婪的商人與邪惡的官員。

二〇一一年，歐巴馬政府想蒐集更多外國人的銀行帳戶資料，這樣就能與它們的母國政府交換情報。對於反逃稅政策來說，這是一個相當關鍵的要點，因為如果美國什麼也拿不出來，卻要求外國提供協助的話，看上去就會十分虛偽。不過，銀行家的反應卻是怒氣沖天。「我們正努力創造工作機會、減低企業的負擔，因此這是個在錯誤時機提出的錯誤議題。」佛羅里達銀行家協會（Florida Bankers Association）總裁亞歷克斯．桑切斯（Alex Sanchez）在國會聽證會上憤怒地表示，「這項提案可能會導致數兆美元的資金外逃。」

佛羅里達州眾議院的二十五名成員全都各自寫信支持協會的立場，並提出與瑞士銀行業類似的論點。桑切斯承認，在佛羅里達州銀行裡存入六百到一千億美元的外國人都沒有繳稅，但這並非他們把錢存在佛羅里達的原因。桑切斯宣稱，他們會選擇將錢存入佛羅里達的銀行，是因為他們擔心自己的安危。「他們的銀行帳戶資料，可能會被母國未經授權的政府人士洩漏給罪犯或恐怖分子集團。」桑切斯主張，「而這可能會導致他們本人或家人遭到綁架，或發生其他恐怖行動。」德州、加州和紐約的銀行家協會也捎來了類似的信件，全都堅稱相關情報一旦外流，就會惹來殺身之禍，而銀行是提供避風港。

如果你真的相信這些協會說的話，那他們的會員銀行就稱得上是慈善機構了。或許那些帳戶的持有人真的害怕自己的祖國，但這和佛羅里達州銀行真正關心的事情比起來，根本無足輕重。如果銀行不能再繼續販售保密機制，所有來自拉丁美洲的錢也都找到了新的去處——就像柏肯菲德踢爆了瑞銀集團後，未申報的金錢都逃出了瑞士——這些銀行就會像瑞士最老牌的韋格林銀行一樣，落得破產的下場。某些佛羅里達州銀行的資本有高達九十%都是外國人的存款，這意味著幾乎沒有一名客戶在繳利息所得稅。

右翼智庫「傳統基金會」（Heritage Foundation）也加入了銀行家的公關攻勢，不過它至少在反對揭露外國逃稅者時，提出了較為誠實的理由。傳統基金會的高級研究員丹尼爾・米契爾（Daniel Mitchell）堅稱，國家之間的情報交換計畫是「財政帝國主義……我們的政府沒有義務要幫助其他國家實施它們糟糕的稅法。」由於當時是美國強迫其他國家幫忙，因此這個論點並沒能說服歐巴馬政府，但確實讓這個技術性修正案變得更加難以通過。如今要擴張肥咖法案的條件、與其餘各國互相配合，並無法帶來政治上的利益，而這就表示，為雷諾市賺進大筆財富的法規不對稱，將會繼續維持下去。

「要一直到民主黨控制參議院、眾議院和總統大位時，才可能出現改變。雖然什麼怪事都有可能發生，但我認為至少就短期和中期而言，我們現在只能認命。」科托爾塞阿努表示，「我看不出誰握有足夠的籌碼，可以強迫美國讓步。」

那麼，這個漏洞是怎麼運作的？「其實非常簡單。」科托爾塞阿努向我保證，接著開始解釋這個極為錯綜復雜的機制。歸根究底，一切就在於信託為了稅收目的而設立在什麼地方。信託和公司不一樣，不需要向政府機構註冊，僅僅是委託人和律師之間的協議，因此跟在哪個司法管轄區其實沒有直接關聯，而且每個國家的解釋也都大不相同。律師的目的就是要盡情利用法規的不對稱，創造一個存在於法規空隙裡的信託。

「有很多方法可以辦到，但最簡單的辦法就是把信託裡的其中一項權力交給一個非美國公民，例如讓一個外國人來擔任信託保護人，讓他擁有撤換受託人的權力。看哪！這下就是個外國信託了。」科托爾塞阿努說，「就算受託人在美國，信託也是由內華達州法所管理，而所有的資產、投資和銀行帳戶也都在美國，但完全不重要。如果其中一項權力是由非美國公民所持有，那這個信託就是為了稅務目的而設立的外國信託了。」而如果這是一個為了美國稅收目的而設立的外國信託，美國政府就不能將它的資訊交給外國政府，就算他們這麼決定也不行。這樣很好。

更棒的還在後頭。如果受託人是美國身分（例如雷諾市的聯盟信託公司），那對共同申報準則來說，這就是個美國信託，因此可以不受那些條款監管，不必與外國政府交換信託的資訊。也就是說，一個來自中國或俄羅斯的有錢商人，可以把錢放在這裡，不用擔心這些錢的情報會流回祖國當局手中。在外國法律的定義下，這個信託是美國的，而在美國法律眼中則是外國的——如此一來，這個信託根本不存在於任何一處。內華達州的神奇信託就像在玩一場司法管轄區的扭扭樂遊戲：只要它想，它就是美國的，如果它不想，那它就是外國的。「真的超好用。」科托爾塞阿努說道。

那麼，是誰在利用這個信託呢？「拉丁美洲人、俄羅斯人和沙烏地阿拉伯人，而這些人都不擔心稅金。沙烏地阿拉伯並沒有所得稅，但財產情報可能會被用來對他們不利。如果你國家的政權無法被信任，那你就會想讓這些資料保持機密。你會看到很多來自中東高壓政權地區的人，也想要擁有這種隱私。」科托爾塞阿努繼續說道，「我要求客戶一定要申報，因為我不想協助藏匿未經申報的錢。對我來說，最重要的只有讓已申報的錢擁有隱私。但是，現在有很多人把這個工具用在未申報的錢上。過去的境外金融世界已經被帶上美國的海岸了。」

內華達顯然沒有公開信託公司究竟握有多少資產，但它的競爭對手南達科塔州卻有公布這個資料。二〇〇六年，就在瑞銀集團的醜聞爆發前，南達科塔州的受託人手上已經持有驚人的三百二十八億美元——平均每位州民大約可以分得四千兩百萬美元。到了二〇一五年，總金額已經來到一千七百五十一億美元，然後在接下來十二個月，增加了三分之一倍。二〇一六年，州政府記錄的數字已經高達兩千兩百六十億美元，意即這個避稅天堂的每位居民可以分到兩億六千一百萬美元。「對尋求保密性的國外家庭來說，許多境外司法管轄區越來越沒有吸引力。美國的穩定性加上能滿足他們需求的現代信託法規，比設立在較弱小國家的境外信託來得更吸引人。」一間南達科塔州的信託公司在網站上如此寫道。翻譯成白話文的意思是：其他避稅天堂會被迫交出客戶資料，但我們美國不會。

「南達科塔和內華達基本上是一樣的。」我們在接近內華達首都卡森市（Carson City）時，克勞福特開口說道。州議會預定要討論稅法變更，要求他出席作證。「我們複製它們的點子，它們也複製我們的。這是個持續不斷的過程，讓我們能保持競爭力。」而這就是金權帝國的棘輪機制。

我們沿著州際公路向前駛去，經過布滿矮樹叢的西部沙漠景色。如今有幾十億美元把這裡當作家，令人感到有些怪異。美國人交付信託的資產額度是有限制的，大約是五百萬美元；但外國人卻不受此限，因此國際生意蓬勃發展，帶來數量極為龐大的金錢。「看著錢從海外源源不絕湧入，還滿好玩的。能夠去蘇黎世和香港一類的地方還挺好的，而從那裡來的信託通常都金額龐大。若我們處理的一般信託金額是八百到一千萬美元的話，那從海外來的信託平均可能是一筆五千萬美元。這門生意令人享受的就是這個部分。」他告訴我，「因為有了共同申報準則，許多錢開始從傳統的金融中心流出來：瑞士、新加坡、香港、杜拜，還有加勒比地區的一小部分……他們都紛紛打電話過來告訴我們：『我祖父在這些地方設立了信託，突然間，資訊都要送回給孟加拉或烏茲別克，讓我們把信託移到美國吧。』」

我問他，美國要求別的國家停止這些計畫，但同時自己卻創造出更多一樣的東西，這樣不是很虛偽嗎？有那麼一會兒，他看起來有點困擾。「背後其實沒有什麼龐大的陰謀，一切真的都是意外發展出來的。」他說，「但這就是問題所在，你可以把錢放到美國來，而老實說我們根本不知道那些錢有沒有經過申報。我們會拿到宣誓書，而我們努力確保那些錢至少在進來時是乾淨的，但我們沒有辦法真的證實。」

內華達州眾議院的大樓十分壯觀，窗戶上方飾有圓弧拱頂，還有寬闊的草坪。我們穿越富麗堂皇的入口，爬上階梯，來到一間委員會會議室，克勞福特和其他人會在這裡針對一個法規的技術性問題提出意見，讓像他這樣的公司能將業務拓展到其他州去，同時也讓其他州的信託公司進入內華達。他們看起來都贊成這項改變，提出問題的各個議員顯然也是。聽證會結束後，眾議員艾爾．克萊默（Al Kramer，他代表的第四十區一路從卡森市延伸到雷諾市）留下來和喬治．伯恩斯（George Burns）聊天，而他是內華達州的商業及產業部（Department of Business and Industry）金融機構局處的委員。

克萊默對大量湧入的外國資金能帶給他選民的工作機會十分興奮。「我看到了二十一或二十五間內華達公司，在接下來幾年內會再聘五到六個人。不管你怎麼說，這都是超過一百個工作機會，而他們每個人或許都會帶來超過十萬美元的收益。」他滔滔不絕地說道，「如果你有間一百位員工的飯店，而來內華達的旅客可以讓這些員工每個人每年都有十萬美元的收入，那可說是最大的成功了，而這就是我的願景。我認為我們已經準備好了，接下來，一定會有了不得的發展。」

雷諾市可能現在看起來還很破舊不堪，但只要有幾間信託公司來到這裡，就能產生一座金融區，進而讓整座城重獲新生。伯恩斯——就是他發給羅斯柴爾德公司在這裡開業的執照——也和他一樣興奮。他們還幸災樂禍地談論了與他們競爭的司法管轄區。「曼島、加勒比地區的某些地方、太平洋地區的那幾個小島等等，它們都各有自己的法規。老實說，美國國稅局完全有辦法對這些地方施壓，逼它們改變法規。所以在內華達這裡，大家不會被突如其來發生的事情牽著鼻子走。」克萊默說。

「有些地方還是挺無法捉摸的。」伯恩斯插嘴道，「例如賽普勒斯，他們有厲害的法規，但到底有誰會想把錢放在賽普勒斯？」

他們大聲笑了起來。

對啊，有誰會這麼做呢？如果美國政府會保護你的財富不被美國政府自己拿走，那一個地中海小島又能提供什麼保護？科托爾塞阿努在二〇一五年於產業雜誌《信託與受託人》（*Trust & Trustees*）上發表過一篇文章：「你聽見那『巨大的吸吮聲』了嗎？那是金錢為了規避共同申報準則而湧入美國的聲音。不幸的是，絕大多數的錢在美國也不會經過申報。」

這也是金權帝國再次伸張自身力量的聲音。這不是什麼陰謀，而是類似於蟻窩的行動原則所造就的自然結果。只要有正確的誘因，所有螞蟻都會做出一樣的行動。內華達之所以會成為避稅天堂，是因為聰明人在一個金錢可以自由流動、但法律只能困在原處的世界裡尋求賺錢的方法（和替客戶省錢）而導致的。如果內華達和其他對信託友善的州，都有和南達科塔一樣多的錢記在它們的法律事務所裡的話，那就表示有超過一兆美元藏在我們看不到的地方，規避了稅賦和監管，而且一直到我們的曾孫那一代過世後都是如此，甚至持續到時間的盡頭。

根據紐約州的稅賦與財政部在二〇一三年的估計，該部門一年大約損失了一億五千萬美元的稅金，因為紐約州民把資產都移到別州的信託去了。但是，全世界其他地方到底損失了多少稅金，卻沒有任何計算。在當時，共同申報準則還沒有完全實施，因此傳統金融中心失去保密性的後果還未完全發酵。即便如此，從官方數據中，我們已經可以看出影響。根據經濟學家加柏列．祖克曼的近期調查，瑞士金融機構在全世界的境外財富中持有的比例，在過去十年間從約莫五十％滑落到僅剩下四分之一，而亞洲的避稅天堂正逐漸步上它們的後塵。但是，「境外」這個概念還有意義嗎？如果最棒的避稅天堂是美國，我們可能就需要一個全新的專有名詞，來稱呼這種任意改變法律來迎合金權帝國的地方了。

＊

說也奇怪，在我見過的人當中，最能理解發生什麼事的人，竟是加勒比地區小避稅天堂的總理馬克．布蘭特利（Mark Brantley）。他花了整整十分鐘來回答金融服務對他的島有何重要性，並譴責美國。他是個能言善道、極富說服力的講者，而他的熱情也十分真摯，特別是在他談及尼維斯是如何被迫同意加入肥咖法案和共同申報準則，但白宮卻沒有做任何事作為交換。

「我在幾年前參加了一場會議，我記得講者在開場時發表了非常爆炸性的言論，說世界上絕大部分的洗錢都是在一座小島上進行。」布蘭特利在二〇一八年上旬這麼告訴我。加勒比海地區大部分的代表顯然都出席了，而他們用警覺的眼神看著彼此。「我屏住呼吸，內心希望他說的那座島不是尼維斯。接著，他說那座島是曼哈頓……過去在境外世界的那些錢，現在都流到岸上的境內世界去了——德拉威州、內華達州這類地方。」

他對英國也懷有許多怨懟。

「在英國，特別是倫敦，有很多俄羅斯超級富豪住在那裡，還有來自全世界的寡頭，這不是什麼祕密吧。問題是為什麼？不可能是因為英國的天氣很好吧。那為什麼大家要紛紛湧入倫敦？」他問道，「肯定因為它們的政策能吸引一群擁有一定淨資產的人，就為了這些人帶來的附加價值。如果英國都能做出這種事，那其他先天條件沒那麼好的國家也想自食其力，又有何不可？」

如同尼維斯從英國獨立時的總理西梅翁．丹尼爾，布蘭特利如今也必須要幫助自己的島自力更生，即便這座島既小又遠，又被海水四面圍繞。他認為美國和歐洲國家堅持損人利己的標準，是極其虛偽的表現。「我常常想，他們是要我們成為一個黑暗的香格里拉。」他說，「當我還是執業律師時，我們會和倫敦所有的主要事務所打交道，還有紐約、蘇黎世這種大都會的主要事務所。我們並沒有被這個世界隔絕在外。事實上，把我們分成境外和境內，本身就是一個謬誤，實際上根本沒有分別。」

他說得有道理。尼維斯玩的把戲，你在內華達也可以使用，但美國國務院卻只批評布蘭特利的國家，沒有同樣批評自己，更在外國人身上強加規定，自己卻不遵守。「你會開始思考，這些積極的監管行為實際上是為了大撈一筆……你會覺得這很反常，看到他們大力提倡一套為了大家好的規矩，但我壓根就不相信。」他說。

布蘭特利回憶起一場歐巴馬二〇〇九年的演講。當時他在演說中批評了一處位於開曼群島的辦公大樓「阿格蘭屋」（Ugland House），有數千家公司登記於此，而總統稱之為世界上最大的逃稅騙局。「我很驚訝，一名哈佛畢業的律師竟然不知道金融服務業是怎麼運作的。」他說，「錢不在開曼，而是在倫敦、紐約，就在全世界的大型金融中心裡。開曼才不是什麼大型金融中心，只是一個設施而已。」

布蘭特利在二〇一七年十二月當選，在我們談話的時候，他才上任幾個星期、剛脫離私營企業不久。他擁有牛津大學的法律學位，參與過某些重要的商業訴訟過程，這讓他對自己現在負責監督的生意十分了解。「很多時候，如果我們不去理會那些大聲對監督管理提出抗議、把『這樣對整個世界不好』掛在嘴邊的人，只留下最核心的東西時，你就會發現，那些聲音最大的人，自己都在做一些很有趣的事情，而那些事情挺像我們想做的事。這才是重點。」

也許他是對的——對我而言他說的很有說服力。但是無論如何，只要那些充滿想像力、動機充足的守護者不斷想出新的方法，那麼金權帝國都會繼續演化下去，它的防護壁壘將繼續強化。他們會前往任何一個最歡迎他們的司法管轄區，無論它是尼維斯、英國、美國，或是任何其他地方都好。而對所有喜歡民主與法治的人而言，這是一個非常令人擔憂的念頭。

19 起身對抗金權帝國

長久以來，此事一直未被注意：金權帝國的誕生是全球化的代價，而在境外避稅天堂的協助下，全球化對富裕國家來說是個淨收益。沒錯，世界上有許多地方被假扮成政治家的強盜洗劫，有錢人也透過設計精密的境外公司逃避自己應該繳交的稅金——但是，只要金權帝國人士繼續在我們的國家消費，我們就能成為贏家。

澤西島和尼維斯的經濟便是以這個論點為基礎，而這也是內華達想建立的那種經濟體的根基。在討論倫敦和紐約的房地產市場時，大多數人也都支持這個主張：或許真的很少英國人或美國人能負擔得起城市裡的房子，但這不重要，因為不動產經紀人、律師和會計師透過協助那些買得起的人而過得不錯。很久以前——直到身為英國人、網球又打得好的安迪．莫瑞（Andy Murray）出現為止——這樣的主張可以被稱為溫布頓假說：有沒有贏得獎盃並不重要，只要你是球賽主辦國就可以了。

烏克蘭、阿富汗和奈及利亞這類地方因為境外系統協助的嚴重貪汙，顯然是值得我們關心的，但如果這種天真的人道關懷無法打動你，你也應該要注意，倘若我們不出手阻止，那麼發生在遙遠國度的不幸，未來也將發生在我們身上。貪汙讓阿富汗、奈及利亞和中東的伊斯蘭教徒變得更為激進，讓他們得以擊敗缺乏預算的政府軍隊。而像塔利班、伊斯蘭國（Islamic State）或博科聖地（Boku Haram）這類組織一旦發動攻擊，便不會止於該國國境，這也是為何我在第一章提到的海軍陸戰隊上將約翰．艾倫會說，他在阿富汗面臨到最強大的威脅，就是貪腐。貪腐不僅讓恐怖分子更為強大，還讓撒哈拉以南非洲猖獗的傳染病無法治療，讓致命的疾病找到生存的空間。貪腐還誘使後蘇聯國家的醫生使用錯誤的藥物，讓病毒對我們的治療藥產生抗藥性。這些疾病和恐怖分子一樣，都不會在國境就停下腳步。

不僅如此，那些在我們的允許之下購買西方國家房地產和權力的腐敗菁英階層，不會因為飛過了一個海洋，就變成正直的好人。他們正在汙染這裡的公眾生活，如同過往他們透過汙染自己的國家獲利。

為了維護國家的安全、公共衛生和公眾秩序，我們所有人都應該要關切金權帝國。

*

不過，我發現這些論點都不太可能促使政府採取行動，這不難理解，因為你很難說服人們相信，需要犧牲他們金錢的行動是有價值的。金權帝國的協助者都有繳稅，若要對他們下手，就會讓政府財政受到短期的衝擊；而這也是為什麼當政府採取行動時，總是執行得有氣無力。

只要看看當白宮謙遜地要求美國銀行提供外國人的利息支付資料給國家時，他們的反應是什麼就知道了。「對我們的存款人來說，被綁架的威脅並非天馬行空，存款資訊一旦外流，這種恐懼便可能成真。」一間德州銀行的執行副總裁傑瑞・施韋伯爾（Gerry Schwebel）如此表示。他曾預測，如果實施新的管制，就會發生「龐大的資金外逃」，也會讓許多銀行關門大吉。

不過，新的管制還是在二〇一一年實施了，而從那時起，德州拉雷多市（Laredo）的國際商業銀行（IBC Bank）不僅沒有倒閉，股價還翻了三倍。他的銀行之所以能恢復那麼快，或許是因為他和其他人提出的抗議，讓美國當局限縮了資訊交換的國家數量。墨西哥和巴西都在情報交換的名單上，而委內瑞拉、哥倫比亞、巴拿馬、赤道幾內亞、阿富汗、奈及利亞、馬來西亞、中國、俄羅斯和被竊盜統治者掌握的大多數國家則沒有，因而讓整件事失去了原先的意義。

另一個沒在名單上的國家是烏克蘭。這裡的高層級貪汙故事太多了，他們也各自懷抱不同的政治理念。這些貪腐行為持續的時間之長，就算你斷定這是烏克蘭政治人物唯一會做的事情，也情有可原。這就好像澳洲花亭鳥就是會為了求偶而用小物件做出精巧的擺飾；日蝕的時候，月亮就是這麼精準地完全覆蓋太陽；同樣地，基輔的部會首長就是會貪汙。

不過，在保羅．曼納福特被定罪後，顯露出這種看待貪汙的觀點——視之為一種特定文化的特定行為——根本就是胡說八道。曼納福特是資深的白宮中介人，而川普的競選活動是他參與過的第五場總統競選，但驚人的是，他被指控犯下的罪行卻與烏克蘭政治人物幾十年來的所作所為幾無差異。他甚至像他的老闆一樣擁有一間英國公司（我們在第一章提過的龐波羅），這間公司不像亞努科維奇一樣登記在哈雷街，但執行的業務就跟這位前總統的空殼公司一模一樣。曼納福特利用這間公司隱藏自己的身分，同時在美國大肆購買奢侈品和房地產。他對高級社區的喜好就和甘納狄．佩雷帕達——那位我在紐約遇見的熱情洋溢、操著兩種語言的中間人——的客戶一樣，而參議院在調查他的開銷明細時，可能還會以為他們在查的是一位熱愛奢侈品的非洲政治人物。

曼納福特的定罪明白顯示出，人們之所以會偷竊，不是因為他們的成長背景中就有這個文化，而是因為他們認為自己不會受到懲罰。這些人更有可能跑到體制發展不夠健全或者貪贓枉法的國家偷竊，例如烏克蘭，但這個選擇是出於機運，而非個人偏好。這件事也顯示出髒錢正在世界上到處亂跑，尋求安全的金權帝國投資，玷汙那些樂意成為避稅天堂的地方。美國因為俄羅斯對二〇一六年總統大選的干預而大為惱火，也證明了即便是在已發展的民主體制裡，光是一筆相對金額較小的髒錢，就能產生動盪。英國對於脫歐公投期間，脫歐派運動所收到的神祕捐款感到擔憂，而其他西方強國也有類似的憂慮，特別是在法國和德國。

在《哈利波特》（*Harry Potter*）其中一集裡，衛斯理先生對他的孩子提出警告：「不要相信任何會自己思考、但你看不到他把腦袋放在哪裡的東西。」他是在說他女兒金妮（Ginny）所擁有的一本魔法日記本，每當她在裡面寫字時，日記本都會回覆她。結果，原來是邪惡的佛地魔（Lord Voldemort）寄宿在裡面。這句話的邏輯在我們麻瓜的世界也同樣成立：匿名公司都能理性地運作，但卻看不出來它的控制中樞在哪裡，而光憑這一點就該要讓人感到不安才對。更令人震驚的是，就連匿名公司的的守護者都想不太出正當的理由來解釋它們的存在：我最常聽到的辯解，是迪士尼公司（Disney Corporaton）在不使用公司名義、轉而透過數間小公司買下一片佛羅里達州的土地時所提出的理由，它辯解道，如果迪士尼沒法隱藏自己的身分，賣家就會將售價提高，因為他們知道公司很有錢，這樣一來對迪士尼不公平。倘若上述這種瞎話是匿名公司守衛者能想出來的最佳解釋，那顯然他們根本說不出什麼合理的原因。最起碼，政黨應該要拒絕任何「看不到腦袋放在哪」的實體所捐贈的獻金吧。

匿名的政治捐款被廣為接受，造成非常多人對民主程序失去信任。脫歐公投結束已經過了兩年，但我們到現在還是不曉得，到底是誰捐了四十二萬五千英鎊給一個叫做憲法研究協會（Constitutional Research Council）的組織，而這些錢被轉給了北愛爾蘭的民主統一黨（Democratic Unionist Party），大部分都花在宣傳「票投脫歐」的廣告上。這件事並不違法——因為北愛爾蘭的情況特殊，政黨捐款人的姓名會因安全理由而不公開——但卻明顯有被通融的跡象。幾乎所有的錢都花在英格蘭和蘇格蘭，但民主統一黨在這些地方並沒有派出候選人，而且在那裡通常都需要聲明資金的來源。

就和歐洲債券一樣，這些神奇的紙張於六〇年代在倫敦被發明出來，讓隱藏的財富獲得自由，同時間，不乖的錢會幫邪惡的錢混淆視聽，讓境外世界的把戲看起來還可以被容忍，而這就是西方人將規定放寬、後來則被竊盜統治者利用的例子。如果普丁確實因為把錢藏在精巧的公司組織背後，而汙染了美國民主程序的話，那他也不過是在追隨那些不願以自己名義活動的美國富人長久以來的作為而已（記者珍．梅爾〔Jane Mayer〕在著作《美國金權》〔*Dark Money*〕中就揭露了這一點）。無論這些暗中支付的錢是否會為你支持的陣營帶來好處，你也應該要予以譴責，因為這些錢的存在本身就是有害的。若是沒有信任，自由民主就無法運作。

當同盟國代表在一九四四年於新罕布夏州的布列敦森林見面，要設計一個全新的戰後金融機制時，他們很清楚無法控制的金流會造成什麼危險，以及這種錢擁有傷害民主和帶來動盪的力量。「一定要打破『只顧自己國家』這種過時又會帶來災難的經濟政策，並擴大範圍。」美國代表哈里．德克斯特．懷特在一九四二年寫給財政部長小亨利．摩根索的備忘錄中如此表示。

摩根索自己在兩年後於國際貨幣基金組織的開幕會議上發表演說，也反省了同樣的主題：「世界經濟是由每個國家的經濟生命線交織而成，每條線都是不可分離的。只要其中一條受損，整個世界經濟的結構就會變弱，無論是多強大的國家，都不可能不受影響。」這個論據說服了所有人相信將投機的財富鎖在國境之內、由民主政府看管的好處。

同盟國創造的系統並沒有如他們希望的持久，期間也一直飽受批評，其中一個原因就是參與其中的政府實施了高稅率，但回頭來看，這項舉措其實也沒達成什麼了不起的建樹。英國記者艾德·康威（Ed Conway）寫了《高峰》（*The Summit*）一書描述布列敦森林的歷史事件，以及一九四八年到七〇年代早期的餘波。他在書中指出，整個世界在那段期間達到了前所未見的進步與穩定：全世界的國內生產總值一年平均成長二·八%，比過去和後來的數值都來得高。在那二十五年裡，連一次全球經濟衰退都沒有發生過；而自從美國總統尼克森（Richard Nixon）在一九七一年讓美元和黃金脫鉤，致使布列敦森林的體系瓦解之後，就發生了四次的經濟衰退。

布列敦森林體系想將投機的金錢鎖在國境之內的夢想就這樣破碎了。全球化留了下來，因此我們必須尋求其他方法來解決他們指出的問題。不過，就算我們擁抱全球化，我們也沒有必要接受它的黑暗面：大量的匿名錢財插手干預我們的政治、經濟和重要機構。關於境外世界有一個簡單的事實，那就是它的存在目的只在於讓人們可以做一些不能在境內做的事。境外公司組織讓人們能隱藏自己握有的財富，讓做壞事的人得益，讓其他人搞不清楚狀況。當你回想有限責任公司被設計出來的目的——鼓勵企業家投資，而不需擔心自己個人會破產——這種濫用公司架構的行為就顯得更為奇特。讓公司持有人有權保密自己的身分，顯然違背了法律的意圖：因為保密會鼓勵詐騙行為，而非企業家精神。

當然，還是有人有正當的理由隱藏自己的身分：容易遇到跟蹤狂的電影明星，會被流氓政權追殺的政治難民，以及繼承富裕父母金錢的孩子。他們的隱私確實該受到尊重，但出於顯而易見的理由，這種保護應該要用系統性及有自覺的方式提供，保護的對象也不該只是有錢人，而是所有需要的人都可以得到。只要有正當的匿名需求，你的資料自然就可以不被放在公開紀錄上，同時拒絕給予任何人特權。但現在金權帝國只對負擔得起的人伸出援手，而不是真正需要幫助的人。

我在研究一篇英國政治遊說產業的文章時（出於法律上的原因，這篇文章從未被刊登過），發現了一個例子，說明了為何沒做到這件事會是一個問題。歐洲亞塞拜然協會（The European Azerbaijan Society）花了好幾萬英鎊，讓英國國會議員飛到首都巴庫，住在高級飯店，帶他們到處參觀；這些議員打道回府後，總是在下議院讚許亞塞拜然，而這是件奇怪的事，因為這個後蘇聯共和國擁有世襲的獨裁體制，還將揭露統治家庭涉嫌交易的記者關入大牢。

亞塞拜然「近年來在政治和經濟上都有長足的進步，應該要予以認可及獎賞」，保守黨議員馬克．菲爾德（Mark Field）在二〇一一年如此表示。當時他每個月會從歐洲亞塞拜然協會拿到四千英鎊。而坐在他對面席位的議員，看來也同樣熱切。「我們發現，那裡的貿易聯盟擁有比英國更好的生意關係，勞工也享有更多權利。亞塞拜然是個年輕的民主體制。」六個月後，工黨議員吉姆．謝里登（Jim Sheridan）從一趟花費三千一百英鎊的單人旅行回來時如此表示。

在這些費用全包的旅行和下議院的公開讚揚之間，顯然有著直接的關聯。歐洲亞塞拜然協會會長泰爾．海達羅夫（Tale Heydarov）一手包辦這些旅費的原因昭然若揭，「這類旅行能帶來極大的效益。」他在二〇一二年三月的一場會議上吹噓道。（巴庫市交通局局長之子阿納爾．曼瑪道夫〔Anar Mammadov〕在美國也做了同樣的事情，成果同樣驚人。）那麼，那些錢是從哪來的？海達羅夫是個能言善道、魅力十足，說著一口倫敦政經學院畢業生的漂亮英文，他在一場酒會上告訴我（我那時無禮地向他提問），歐洲亞塞拜然協會是靠會員捐款來募資的。但協會的會員數看來並不足以負擔那麼龐大的開銷，而且這個解釋和約讓．林布拉德（Göran Lindblad）的話似乎兜不攏——這位瑞典政治人物也曾拿過協會的錢。「跟著錢一起寄來的文件中，顯示出這些錢是從馬紹爾群島（Marshall Islands）匯出，流經愛沙尼亞（Estonia）。」他告訴我，「銀行家和稅務人員都能直接聯想到洗錢……沒有銀行向稅務機關檢舉，真的是很走運。」協會竟然將他們在英國收到的捐款，透過馬紹爾群島和愛沙尼亞匯款，再花在國會議員的旅費上，真是令人驚訝。

這還不是唯一一個謎團。海達羅夫和他同樣也參與協會營運的兄弟尼杰特（Nijat）根本不缺現金，他們都分別擁有倫敦市中心的高檔房地產以及一間咖啡館和餐廳，但沒人知道他們的錢是從何而來。與此同時，他們的父親卡馬拉丁（Kamaladdin）從二〇〇六年起，就是亞塞拜然緊急情況部（Ministry of Emergency Situations）部長。維基解密公布的一篇美國大使館電報中，一位美國外交官告訴他在華盛頓的上司，卡馬拉丁透過濫權大發不義之財。「在談到亞塞拜然最有權勢的人時，卡馬拉丁這個名字經常被提起。」電報中寫道，「海德羅夫將組織內的賄賂行為系統化，擴張了海關的收益，創造出一個龐大的金字塔型陰謀。」

歐洲亞塞拜然協會或許真的是從會員身上籌錢，也或許海德羅夫另有賺錢的門路，但都缺乏證據。這讓我們忍不住臆測，這些錢都是從亞塞拜然的國家預算侵占而來，再找到門路進入倫敦，花在國會議員身上，說服他們在下議院開會時大肆讚美亞塞拜然政府。這猜測令人不安，而且會瓦解讓人們對民主的信任。

美國同樣也能找到來源隱晦的錢。一名烏克蘭友人提醒了我阿威羅（Aveiro）的存在，也就是一家註冊在北愛爾蘭的有限合夥公司。在它的企業註冊文件中，營業項目裡包含了「國際貿易與投資」。實際上，這家公司代表了一個身分未明的烏克蘭利益團體，把錢花在華盛頓的說客身上，而我們毫無辦法可以得知這些人的真面目。阿威羅公司的兩位合夥人都是境外公司——蒙特佛勒公司（Montfler SA）和尼斯貝特投資公司（Nisbett Invest SA）——而文件中並沒有揭露它們的總部位於哪個司法管轄區，更別說它們的股東了。也許你會相信阿威羅的老闆都立意良善，但現實卻是：沒人會用這麼迂迴的方式花錢，除非他們有想要隱瞞的事情。

不過，依然有國家不斷努力對付這類問題。現在，烏克蘭堅持要所有的公司載明真正持有人的身分。他們的資料庫沒有妥當管理，也很難進入，但還是讓我在研究寡頭米科拉．茲洛切夫斯基時——他的兩千三百萬美元當時被倫敦法庭暫時凍結——追蹤到他母親在基輔市中心有座公寓，並得以和她愉快地聊上一場。他在自己的住址欄裡填她的地址，而她告訴我，她已經很習慣不時會有記者跑到她家來。丹麥和幾個歐洲國家同樣也堅持公司要公開「實質受益人」（beneficial owners）的身分，這個要求能讓柏肯菲德在成為瑞銀集團的吹哨者之前所有的詐騙勾當不再發生，這也是為何他喜歡使用丹麥公司。

英國如今要求公司要申報「重要控制人」（person with significant control，PSC），意味了我們能繞過那些聰明的所有權架構，看清持有股分的人到底是誰（例如哈雷街上那家「組建服務公司」）。透過這份新的重要控制人登記簿，我們知道了組建服務公司的所有人是行蹤神祕的夏洛特．帕瓦，也就是我曾短暫碰過面的女性（她在我發表一篇文章後寄信向我抱怨，因為我在文章裡列出了一長串清單，指出有多少涉入詐騙案的公司是由她公司創建的）。

同時，有些社會運動者分析了這些資料，指出這個申報程序仍面臨了和所有英國公司資訊一樣的問題，也就是這些資料都是自行申報，沒有經過核對。

不過，二〇一八年時，英國議會不顧政府反對，通過了一項法律，強迫英屬加勒比海境外地區揭露公司持有人的真實身分。由於這些避稅天堂早已必須和英國當局交換資訊，警察就能看穿英屬維京群島、澤西島、安圭拉、直布羅陀和其他地方的保密面紗，而自此之後，在這些地方成立的公司數量就急劇下滑。

沒有公司組織提供的保密性和數字帳戶，通往金權帝國的路徑——偷竊、藏匿、花用——的中央區域便瓦解了，讓追蹤竊盜行為的調查變得更為容易。別忘記，邁阿密國土安全調查處的約翰·托邦曾說過，他大半的調查時間都是花在查出擁有者的身分是誰。其他調查人員則表示，這個說法太輕描淡寫了，如果財產可以附上真實姓名，那他們能非常迅速找出是什麼東西被偷走了。

任何朝透明化方向所做的努力都十分令人振奮，但到目前為止，問題都出在於這些努力都只是治標不治本，沒有處理到導致金權帝國成形的核心肇因——金錢可以跨國流動，但法律不行。只要有某些司法管轄區允許其他司法管轄區不允許的事，金權帝國的守門人永遠都可以找到方法濫用法規的不對稱，如同他們利用美國和其他國家之間情報交換條件的不對等一樣。販售居留權的公司現在開始向俄羅斯等國的有錢人推銷產品，承諾他們所在的司法管轄區會保守財務祕密，因為需要交換資訊的只有你的居住國，而不是祖國。漏洞永遠會帶來機運。

尼維斯那位態度高傲的監管者海蒂—琳·索頓認為我對貪腐的憂慮十分逗趣，也向我表明，她的島不會像其他英屬領地一樣，讓外國人能自動拿到島上的註冊資料。「我們是獨立的國家，」她說，「如果是尼維斯這裡的執法官員想要看這些資料，那就是另一回事了。但如果其他司法管轄區沒拿到搜索令就想拿到資料，這會讓人擔心。」

她的擔心當然是可以理解的，但他們需要克服這種擔心。如果世界要阻止無數億美元流入金權帝國、規避監管，那全球就必須團結一心。布列敦森林會議的與會者達成了這個共識，他們相信自己在採取行動，守護民主體制。但諷刺的是，如果要讓行動成功，就需要對民主體制有一定程度的輕蔑。國際貨幣基金組織以及凱因斯提議的國際貨幣，都是由一群據稱是開明的技術官僚所主導。在民主體制中，這樣的主張顯然就是在說：有些事情太重要，不能讓一般人來插手。而這類性質的主張，都無可避免地容易遭受政治人物的反擊，只要他們能夠激起大眾的不信任感。

有些美國政治人物對金權帝國抱持著充分的擔憂，願意冒險一試，便在眾議院提出了一批法案，其中包括一項由金融服務委員會於二〇一八年提出、獲得兩黨支持的提案，以及二〇一七年提出的公司透明化法案（Corporate Transparency Bill），要求各州從依據州法建立的公司取得真正持有人的資訊。

不過，川普政府決定朝著相反的方向前進。在他走馬上任的六個月間，白宮便將兩項防止美國公司向外國官員行賄的重要舉措刪去：開採產業透明化倡議（Extractive Industries Transparency Initiative），以及相關的卡登—盧格修正案（Cardin-Lugar Amendment）。原本這兩項措施都要求能源公司要公開它們支付了什麼東西給外國政府。

石油公司主張這些規定會讓它們在面對外國競爭對手時處於劣勢，無法擴張規模。「能源相關的工作機會開始回升，許多人現在都要回去工作。」川普在簽署刪除這些法規的文件時說道，而這件事成了民主專橫和國際倡議產生衝突的具體例子。

他會這麼想，可能是因為他的政府成員——其中最受注目的是他的女婿傑瑞德．庫許納（Jared Kushner）——長久以來都靠著匿名流進美國的外國資金獲利，尤其是注入房市的資金。庫許納家族的公司被媒體大幅報導後，目前正在接受調查，看他們是怎麼藉由EB-5投資簽證計畫獲益。根據這項計畫，外國公民只要投資至少五十萬美元到某項合格的美國開發案，便能申請綠卡。但實際上從金融危機時開始、甚至能追溯到更早之前，全國的房地產開發商就已經在利用這項計畫作為有用的資金來源。

就某方面而言，考慮到EB-5簽證計畫有多麼缺乏管理，過去竟然從未出現相關的醜聞，實在是頗為怪異。一份聯邦政府課責審計署在二〇一五年提出的報告指出，該計畫有一系列讓人吃驚的漏洞，但美國公民及移民服務局（US Citizenship and Immigration Services）似乎不曾認真看待過。申請仍是以書面形式提出，而非透過電子數位檔案，這就表示銀行在查證詐騙行為時，根本無法使用最基本的自動搜尋功能。

「要查證投資者的資金來源非常困難。」這份報告指出，「有些申請人擁有足夠的動機，在申請時提供不實資訊，尤其是來自非法來源，例如透過毒品交易、人口販賣或其他犯罪行為得來的資金。」

申請人透過老練的中介人來準備申請文件，而美國公民及移民服務局根本沒有足夠的能力評估這些資訊的可靠程度。隔年，一份後續調查報告指出，這項簽證計畫每年會收到一萬四千份申請（該計畫核發的簽證上限是一萬份，因此每年都會達到極限），每份申請都有約莫一千頁文件。這意味了總共會有一千四百萬頁文件需要經過人工檢查，而所有文件都堆放在華盛頓某處龐大的屋子裡。這個檔案庫或許比聖克里斯多福及尼維斯的整齊，但即便如此，以這種速度累積起來的文件，會使監控內容精確度變得相當困難。

二〇一二年，美國公民及移民服務局的員工抱怨他們的局長——獲政治任命的亞歷杭德羅・馬約爾卡斯（Alejandro Mayorkas）在「不當地影響」EB-5簽證計畫的申請。由檢察總長辦公室（Office of the Inspector General）進行的一項調查中，指出這類性質的計畫都會帶來特定的風險，並揭露了金權帝國棘輪作用在微觀環境裡的運作機制。

富有的外國人將錢投資在有權有勢的當地人身上，進而創造出一個強而有力的誘因，讓人不去檢視這些資金的來源。有一次，馬約爾卡斯在某位有力議員的要求之下，介入並逆轉了一件原本被拒絕的拉斯維加斯開發案，讓一名員工在電子郵件中寫到：「恐怕我們進入到一個全新的噁心階段。」

二〇一五年，國土安全調查處特別探員泰勒・強森（Taylor Johnson）在參議院調查中作證，她報告了自己在對同一件拉斯維加斯開發案進行調查後，便遭到騷擾與報復。「我發現高階官員、政治人物與組織犯罪間皆有聯繫，他們收受了龐大的競選捐款，顯然與EB-5簽證計畫有關。」她寫道，「我發現來自中國、俄羅斯、巴基斯坦和馬來西亞的簽證申請人，最短十六天內就能通過申請，最長則是不到一個月。申請檔案中缺少了執法單位提出的疑問，但那是基本且必要的資訊……在我的調查期間，明確發現了EB-5簽證計畫有嚴重的安全問題。」（這些指控並沒有送上法庭檢驗，她的上司也對她提出質疑。）

就在庫許納家族涉入將簽證賣給有錢中國公民之前，數萬名金權帝國人士早已在美國安身立命，隨之而來的還有未經檢查的數十億美元。但至少有一位竊盜統治者濫用體制的行為被曝了光：喬建軍侵占了河南周口市國家糧庫的公款，接著投資了EB-5簽證，在華盛頓州買下了一棟房子。他的前妻趙世蘭在二〇一七年認罪，但喬建軍仍然在逃。這顯然是一宗非常費力的調查，特別是因為有許多證據得從中國取得，而且還引起了更多問題：還有多少醜聞埋藏在華盛頓特區倉庫裡堆積如山的文件之中？

有大量的EB-5簽證申請人都來自中國，因此喬建軍與趙世蘭這類犯罪行為有可能發生了不下數千次。在那一萬名申請成功的人裡面，有多少人是用貪腐得來的金錢購買美國居留權？更令人擔心的是，有多少人為自己買到進入美國的門路，是為了從內部破壞這個國家？要回答這些問題，就得讓資金來源和被購入的房地產資訊透明化。但只要川普還是總統，任何努力都會化為烏有，因為他極力阻礙任何法案揭露經濟內部運作機制。

同樣地，在脫歐公投之後，英國政府打通境外世界、對抗逃稅及貪腐行為的努力，就幾乎完全停了下來。「反貪腐專線再也沒有響起了。」前警察約翰・班頓（John Benton）如此表示，他曾擔任前首相大衛・卡麥隆（David Cameron）在內閣辦公室的資深顧問。一個國家在面臨內部的煩憂時，實在沒什麼心思去領導一個重建世界金融架構的全球任務。

當然，我們仍然可以為現在的發展感到欣慰，因為這讓我們能重新伸張一個國家的民主體制，以對抗國際官僚主義的圈套；但這同時也十分諷刺，因為這場民主情操的爆發，起因居然來自於對遠方傲慢菁英的怒火，而這個怒火摧毀了本是設計來約束這些菁英的倡議。

脫歐派主打的口號是「拿回控制權」，而這句話恰恰反映出世界各地的人民在面對不負責任、任意妄為的金權帝國人士時所懷抱的感受；但是，這個口號卻被用在錯誤的對象上。歐盟設立的本意是在幫助各國共同合作，對抗不負責任的財富，進而阻止騙子和小偷繼續把錢握在手中。如果英國單獨行動，就只會像每個國家自行制定法規一樣，不斷讓漏洞增加。

到目前為止，有太多公民相信川普或英國的奈傑・法拉吉（Nigel Farage）——他認為只要看緊國境，不讓移民進來，就能讓英國再次偉大。但是，對自由秩序產生威脅的並非窮困的移民，而是不負責任的金錢。境外世界的強盜正在掠奪世界，而這種掠奪行為同時也在破壞民主體制，加劇不平等，讓越來越龐大的財富被吸進金權帝國，跑到我們無法追上的地方。

我們的解決方法不是要將吊橋收起來，或是將那些逃離自己正在瓦解的國家、希望落腳這塊土地的外國人妖魔化（他們國家被汙走的公帑也在這裡落腳）。真正的解方，是要解決造成動盪、促成難民危機的根本原因。如果我們能阻止奈及利亞、俄羅斯、敘利亞或中美洲的統治菁英，不讓他們將偷來的錢藏到境外世界，我們就能阻止他們的竊盜行為。要記得，貪腐是出自機運的犯罪行為，而人們如果知道自己會受到懲罰，就比較不可能下手偷竊。

我們需要讓全球化的黑暗面攤在陽光底下，讓財富和房地產的持有人身分透明化，找出擁有這些東西的人究竟是誰。只要我們能做到這一點，金權帝國的通道就會崩塌瓦解，我們就能起訴貪汙的人，揭露他們身為竊賊的真實身分。

那麼，我們這些公民該做些什麼事？我們必須知道誰擁有什麼東西、我們必須把騙子關進大牢、我們必須阻止我們的城市替世界各地被竊走的財富洗錢。不僅如此，我們必須為那些準備好要建立一個聯盟，來進行這項亟需耐性、耗費心力、工作充滿技術性又枯燥乏味的政治人物提供支持。唯有這麼做，我們才能真正拿回對經濟和社會的控制權，並阻止這場威脅到所有人的大規模掠奪。

20 腐敗之物

這本書的英國版才上市不到兩個星期，丹麥的布恩與赫耶雅法律事務所（Bruun & Hjejle）也發表了同樣針對這個主題的出版物，雖然標題長了一點：〈丹斯克銀行之愛沙尼亞分行的非本地居民檔案之報告〉（Report on the Non-Resident Portfolio at Danske Bank's Estonian Branch）。在這份八十七頁的文件中，律師讓我們這些準備好面對報告裡技術性語言的人，獲得了極為珍貴的洞察，理解到金權帝國的隱匿機制是如何運作的。

背景故事是這樣的：二〇〇七年，丹麥最大的金融機構丹斯克銀行買下了芬蘭的桑波銀行（Sampo）。桑波銀行在愛沙尼亞首都塔林（Tallinn）擁有龐大的交易量，但卻一直「沒能做到」好好將這些業務整合進事業體中。這就表示，塔林的行員主要都以俄語及愛沙尼亞語溝通，而總公司卻都使用英語和丹麥語，並使用自己的電腦系統來操作帳戶。因此，他們在哥本哈根的老闆根本不太了解塔林的行員在做什麼，最後也造成了不幸的結果。

在丹斯克銀行買下這間愛沙尼亞分行、到二〇一五年底總算有人出手阻止的這段期間，這間流氓基地從俄羅斯、烏克蘭、亞塞拜然和其他後蘇聯國家搬運了等同於兩千億歐元的財富。這成了歐洲史上最大型的洗錢醜聞，涉入其中的金額，比匯豐集團協助拉丁美洲毒梟卡特爾集團洗錢的總額還高出了兩百五十倍。更進一步來說，只要你有兩千億歐元，就能直接買下整個匯豐集團，還有剩餘的錢可以買下丹斯克銀行。

律師的這份報告表明了丹斯克銀行的員工完全沒有向金錢來源提出正確的問題，也沒有發現自己監管的銀行帳戶究竟是誰所持有。這些「非本地居民帳戶」——由一群不住在愛沙尼亞的人或公司所持有——在許多年間為銀行提供了九十九%的收益，而且顯然沒有人想干涉這些人幹的勾當。「這間銀行和一群俄羅斯中介人達成了極為有利可圖的協議，而中介人所代表的客戶是誰，沒有人知道。」這份報告指出，「之所以不公開這些受益所有人的資訊，是因為俄羅斯當局如果要求提供資料，會對客戶造成問題。」換句話說，這些行員根本不知道他們在搬運誰的錢。他們主動與客戶共謀，規避政府的審查。

他們執行的方式都是技術性的細節，但以本質而言，丹斯克銀行在歐洲債券誕生的五十年之後，替金融專業人士發明了另一種洗白資產的方法，並讓金權帝國人士藏匿偷走的錢，以隨意花用而不受懲罰。「非本地居民」不過就是「境外」的好聽說法罷了。

這起醜聞能公諸於世，是因為一名銀行行員——名叫霍華．威金森（Howard Wilkinson）的英國人——開始關切發生的事情，還告訴他的頂頭上司。他在第一份報告中，描述了一個完全匿名的空殼公司，利用持有的銀行帳戶進行的可疑匯款。雖然威金森不知道公司的持有人是誰，他仍能看到這間公司提供給註冊機關的文件，而這些文件顯然是假的，因為其內容和他所看到的金流對不上。造假文件是違法行為，這就表示丹斯克銀行在替罪犯服務。「銀行完全知情，還繼續與犯過罪的公司打交道。」威金森在這份二〇一三年十二月提出的報告中寫道。他進一步補充，他懷疑這些帳戶的錢屬於俄羅斯聯邦安全局，也就是俄羅斯主要的國內情報機關，同時也為普丁的親戚所擁有。因此，這些可不是尋常的罪犯，而是最高層級的竊盜統治者。他在二〇一四年的一月、三月和四月提出了更進一步的報告，基本上都在重申一個重點：不知名的人士利用空殼公司，透過塔林的銀行帳戶搬運龐大的金額到西方國家銀行，而這些銀行替後蘇聯國家的高級官員服務。

「沒有人真正知道這些錢去了哪裡。」威金森在二〇一八年十一月告訴丹麥國會，「這些錢跑進了全球金融系統裡面。全是乾淨、自由的錢。」

我在此書中描寫的一切元素都出現在丹斯克銀行醜聞裡：默許不法行為以增加獲利的經理人、太過有利可圖而無法回絕的顧客、濫用國家之間不同法規的差異、而被權勢人士掠奪的弱勢，不知何時才能看到正義獲得伸張。「根據估計，有很大一部分的費用都很可疑。」律師在二〇一八年九月如此總結道，「截至目前為止，約有六千兩百位客戶受到檢驗，其中絕大多數的人都被視為可疑人士。」

這起醜聞讓丹斯克銀行執行長丟了工作，而愛沙尼亞的監管機構關閉了塔林分行，並予以嚴厲的譴責。但有趣的卻是接下來的發展。在律師發表那份報告的一個月後，全世界最重要的反貪腐論壇——第十八屆國際反貪腐研討會（International Anti-Corruption Conference）——居然選擇在哥本哈根舉行。全世界的政府部會首長和最具聲望的社運組織代表都將在此會議齊聚一堂，要是他們知道不過幾周前，舉行會議的這座城市才爆出如此龐大的洗錢醜聞，會說什麼呢？這些人顯然決定集體忽略。在釋出的研討會紀錄中，沒有任何一篇提到丹斯克銀行，使得為了對抗那份報告裡詳述的行為所做出的承諾，聽上去很不真實。

尤其詭異的是英國的反應。威金森在歐洲議會作證時，指出擁有那些帳戶的三個最大團體，有兩個是登記在英國及英屬維京群島的空殼公司。而這起醜聞在丹麥和愛沙尼亞皆掀起了政治風暴，但在英國連一絲風吹草動都沒有。「最該受譴責的是那些擁有空殼公司的國家，其中最糟糕的就是英國。」這位吹哨者告訴歐洲議會議員，「我認為當你來到這裡時，你需要對這類機構稍微保持禮貌，但你可不需要對自己的國家有禮。英國扮演的角色完全是個恥辱。」

雖然如此，參加反貪腐研討會的英國代表團仍極力推動英國的公司註冊模式；這就好比普丁出現在運動巡迴賽事中，並呼籲每個人都要跟隨俄羅斯一起打擊禁藥使用，或是米拉麥克斯影業（Miramax）在「#MeToo」運動爆發一個月後，公開讚揚自己在性別平等上的專長。

律師在對丹斯克銀行所做的調查報告中指出，主管一開始成功壓下了威金森的指控，並向高層隱瞞他提出的憂慮，直到這家愛沙尼亞分行的作為開始登上媒體，董事會才發現事情有多麼嚴重。這些報導源自於組織犯罪與貪腐舉報計畫發表的文章，那是一個由遍布東歐、毫不懈怠又無畏的記者所組成的聯盟，曾揭露了兩件「自助洗衣店」醜聞——牽涉了數十億歐元的複雜洗錢騙局。俄羅斯的自助洗衣店犯罪是透過摩爾多瓦（Moldovan）的銀行進行，而亞塞拜然的醜聞則是為治理首都巴庫的菁英搬運大筆金額。在兩個案例中，這些罪犯都利用英國的空殼公司來隱藏身分，並依賴丹斯克銀行來搬運現金。律師的報告指出，丹斯克銀行有一百七十七位客戶涉入了俄羅斯的洗錢醜聞，其中絕大多數都登記在英國，而六位客戶則涉入了亞塞拜然醜聞，全部都是註冊在英國的有限責任公司。

二〇一八年，英國政治圈因為俄羅斯的錢和其影響力而大感憂慮，這多虧了謝爾蓋和尤莉亞・斯克里帕爾（Yulia Skripal）在索爾茲伯里遭到下毒、以及意外對某些政府部會首長產生不小影響的電視影集《黑道無國界》（*McMafia*），還有克里姆林宮持續對美國大選所做的干預。寫出那份丹斯克銀行報告的律師鉅細靡遺地描述這些贓款是如何在歐洲移動，以及英國監管系統中的漏洞在隱藏這些錢上扮演了多麼關鍵的角色。他們也提到，在他們眼中這個問題只是冰山一角，因為丹斯克銀行最多只擁有波羅的海國家（Baltic States）十分之一非本地居民的存款。洪水般的贓款正在湧入西方世界，而英國就是共犯。

這應該是數世紀來最大的醜聞才對。但不僅沒有一個英國政治人物認為這值得在國會中提起，政府甚至派出官員到哥本哈根的研討會上，告訴所有人英國做得有多好。更糟糕的是，政府在多年前早就被更直接的言詞警告過了——英國體制在面對詐騙和洗錢時，是多麼脆弱。

英國的空殼公司對騙子和小偷來說一直吸引力十足，我們在本書前面的章節也已經描述過了，但由於二〇一一年新成立的聯合政府實施了一項改革，決心要展示英國商界有多麼開放，因而讓他們的騙局變得更容易得逞：商業大臣文森．克布爾（Vince Cable）決定成立公司的程序應要盡可能簡單，因此解除了在英國工商局網站輸入資料所設下的資格限制。在過去，只有經過核可的代理人能使用這個網站路徑，雖然許多人都不太誠實，但至少還握有某種程度的監管權。如今，世界上任何一個有網路的人都可以登入這個網站，創造出不需經過驗證的公司。而毫不意外地，有人就這麼做了。

政府認為急遽攀升的新公司數量是件超棒的事，並在名為「英國很偉大」（Britain is Great）的宣傳廣告中，用副標題吹噓公司成立的速度：「只要花十三天，就能在英國成立事業，只要花二十四小時，就能成立公司。想要待在支持企業的商業環境，請選擇英國。」騙徒也覺得這件事超棒：就在二〇一一年，登記在英國的公司數量超越俄羅斯，成為丹斯克銀行持有帳戶最多的團體，而在一年之內，數量又成長了一倍。緊接著就來到俄羅斯洗錢醜聞最顛峰的那幾年，也就是二〇一三年至二〇一四年。

這項改革並沒有引起英國大多數民眾的注意，而這一點也不令人意外，因為「有限責任公司」這種詞彙無法寫成什麼吸睛的新聞標題，但有一名叫作凱文・布魯爾（Kevin Brewer）的華威郡（Warwickshire）商人卻開始擔心起此事。他寫了一封又一封的信給各個政治人物，試圖警告他們這件事的風險。「只要十五英鎊（也不過是一份炸魚薯條的售價），在沒有任何認證的情況下，世界上隨便哪個人都可以登入網站，成立一間公司，隨便填入米老鼠或唐老鴨的名字，或是任何人的名字，甚至是完全虛構都可以，然後你的公司就成立了，還會拿到證明。無論你人在俄羅斯、牙買加或是隨便哪個地方都可以。」布魯爾告訴我，「你在世界上任何其他地方都找不到這種東西——一個完全開放的系統，任何人都可以用低廉到荒謬的價格成立公司。」

二〇一三年七月，他直接找上文森・克布爾表達意見。布魯爾自己是個公司成立代理商，從八〇年代起已經成立了超過五十萬個公司組織，但克布爾的改革讓他的業績一落千丈。英國工商局使出了削價競爭的手段，而由於他必須自行檢驗客戶的身分（工商局沒有這麼做的義務），他完全不可能把價格壓低到足以競爭的程度。

「任何人都可以使用任何一個名字跟地址，成立一間英國公司來進行商業活動，這樣是不對的。」他寫信給商業大臣，請當地的國會議員轉交，「這個政策不僅是個錯誤的判斷，也代價高昂，還為詐騙行為製造出巨大的機會，同時卻不可能知道犯下這些惡行的人是誰。」

布魯爾是個直言不諱的人，還有強烈的幽默感，而他也依此風格來闡述自己的意見。二〇一三年五月二十四日，他成立了約翰・文森特・克布爾服務公司（John Vincent Cable Services Ltd），那位商務大臣是這間登記在英國的公司唯一一位董事與股東。這是一場無可辯駁的展示，呈現出藉由英國商業登記法的漏洞來騙取匿名身分有多麼容易。如果這間公司被用於詐騙，克布爾看上去就會是個罪犯，而真正的幕後黑手不會被發現。

克布爾的副手——下議院議員喬・斯溫森（Jo Swinson）——代表商業大臣向布魯爾擔保一切都很好，英國工商局的改革實際上是一場「巨大的成功」。她毫不理會他對詐騙的憂慮，也明顯不贊同他成立那間公司的把戲，並告知他，他有可能因此觸犯刑法。布魯爾再一次沒能成功說服任何一位擁有權力的人。「這越來越荒謬了，沒人認真看待這件事，而我看到一堆報導都在說每隔十五分鐘就會發生一起詐騙案，大家也看得到正在發生的偷竊行為。我就好像撞上一堵磚牆般。」布魯爾說。

兩年後，克布爾在大選中失去了席位（而他的自由民主黨〔Liberal Democrat party〕也只剩下一個空殼），因此布魯爾決定對保守黨繼任者重新發起抗爭運動。他過去有二十五名員工，但不得不解雇大部分的人，因此他希望能從自稱「商業政黨」的保守黨手中得到一個令人滿意的聽證會。他和一名叫做詹姆斯・柯維立（James Cleverly）的下議院議員見面，這位議員在政黨內主導了一個自稱為「自由企業」（Free Enterprise）的團體，似乎也能了解布魯爾的憂慮。接著，布魯爾和新的商業大臣在一場晚宴上碰面，對方則要求他用書面說明這個問題。

他完全有理由認為他會得到一場站在他這方的聽證會，因為當時的首相大衛．卡麥隆將打擊貪腐視為執政的核心，還曾舉行一場全球性會議，討論該如何對抗讓世界陷入貧窮的不正直行為。二〇一六年五月十二日，卡麥隆的這場高峰會以令人振奮的宣言收尾，聲稱世界領袖會堅持「終結不當使用匿名公司、隱藏不義之財的行為，並驅逐那些協助貪腐行為的律師、不動產經紀人和會計師……（並）讓人們能更容易舉發貪腐，無須害怕遭到報復。」

對布魯爾而言，這是他提出主張的好時機，畢竟，他可是試圖揭露英國如何扮演了共犯的角色。他需要找的對象是那位年輕的大臣，上議院議員納維爾—羅爾夫女爵（Baroness Neville-Rolfe），而布魯爾希望能夠跟她碰上一面，因此他再次使出那招沒能說服克布爾的把戲——成立公司。

高峰會結束的五天之後，布魯爾成立了柯維立木屐公司（Cleverly Clogs Ltd），總共有三位股東：納維爾—羅爾夫、柯維立，以及一名虛構的以色列人易卜拉欣．阿曼（Ibrahim Aman），而他替此人填上的住址是位於布倫特里（Braintree）的購物中心。這本該是一個極有說服力的例子，顯示出英國有多麼容易就能成為騙徒的協助者，但布魯爾卻沒能得到展示這個例子的機會。他和納維爾—羅爾夫的會面被取消了，因此他便提出了解散公司的申請。「一切都是一場空，而我徹底幻滅，這條路已經來到終點。」布魯爾後來告訴我，「我想要開啟對話的行動或許有點天真，但我立意良善，因為我覺得他們就是不了解這個問題。但無論是哪個大臣，寄來的每封信內容幾乎都一模一樣。」

二〇一三年，克布爾的商業部在寄給他的信中警告他，在成立公司時說謊是刑事犯罪行為，但是我們不難了解為何他會大膽地再度採取一樣的行動。他的「犯罪行為」不僅沒有任何受害者——他分明是吹哨者，而且沒有從這個不實公司中獲得任何私利——並且也從未有人因為這類的刑事犯罪而遭到起訴。如果檢察官沒興趣追捕真正的騙徒，那想必他們也沒興趣追查布魯爾。

但破產管理局（Insolvency Service）接著便傳喚了他，讓調查人員與他約談。布魯爾提供了所有證據文件，證明他曾通知英國工商局、媒體和被他借走名字的那些政治人物；但這並沒有為他帶來任何好處。二〇一七年十二月，他被雷迪奇（Redditch）的地方治安法庭傳喚，而他在與律師討論後，於二〇一八年三月十五日認罪。他必須繳納兩萬兩千八百英鎊的罰單，每個月支付一千英鎊。就算他過去曾期望被理解，但後來政府發布了一篇新聞稿，大肆宣傳他的判決，彷彿他是詐騙首腦一樣，讓他徹底從幻想中清醒過來。「這起在英國首開先例的訴訟，證明了政府會嚴加懲罰明知故犯、提供不實公司註冊資訊的違法人士。」新聞稿引述了商業大臣安德魯．格里菲斯（Andrew Griffiths）說的話。

我在讀了這篇新聞稿後，才初次知道布魯爾這個人，因此我當時根本不知情他做了什麼事、又為何要這樣做。一開始我十分高興，政府總算要認真檢查英國每年新成立的七十多萬家公司的背景，那太好了，畢竟竊盜統治只不過是這些英國公司提供協助的其中一個面向。全球盛行的二元選擇權（binary options）詐騙在達到最高峰時，一年會讓較脆弱的投資族群損失一百億美元，而這種詐騙手法幾乎全數以英國公司作為幌子。這也不過是諸多例子的其中一個。根據國家打擊犯罪調查局（National Crime Agency）的估計，英國光是因詐騙事件而蒙受的損失就高達一年一千九百億英鎊。當然了，騙徒不會因為公司變得比較難利用就停止犯罪，但至少一個有效執法的政權能確保抓到部分罪犯。

但是，當媒體開始報導布魯爾犯罪的細節時，我就被弄糊塗了。通常騙徒不會使用知名政治人物的名字來成立公司，除非他們想和那些人共謀犯罪。這麼做會吸引來不必要的關注，詐騙者可不希望發生這種事。他們的公司名稱通常都很乏味，唯一掛名的人也都看起來平凡無奇，這和布魯爾的所作所為完全相反。

這個矛盾之處激起了我的興趣，因此我上網搜尋他的資料，立刻找到一篇二〇一三年刊登在《每日鏡報》（*Daily Mirror*）的文章，裡頭刊出了布魯爾寄給凱布爾的郵件，並引述布魯爾針對自己的動機所做的解釋。如果他在主流媒體上公開承認自己的罪行，那他還真是個奇怪的騙子。我一頭霧水，於是打電話給各個政府部門，想知道是誰認為這場訴訟和公眾利益有關。不到幾分鐘，媒體部門的官員就對我的故事失去熱情。商業部（政府的新聞稿曾強而有力地引述他們的部長說的話）堅稱他們毫不知情，並把我轉接給工商局，而工商局表示是「檢察官」做出決定，要把這位不幸的商人告上法庭。皇家檢察署（Crown Prosecution Service）否認他們參與其中，又將我轉給破產管理局，而被踢來踢去的皮球總算在這裡停了下來，但就連破產管理局都不願承認全責，堅稱他們是遵照皇家檢察官準則（Code for Crown Prosecutors）行動。

就算他們真的深信自己的行動是為了公眾的利益，但買他們帳的人也只有他們自己而已。下議院議員約翰．彭羅斯（John Penrose）將這宗訴訟稱為「射殺信差的愚蠢行為」。在政府新聞稿發布的幾天之後，他在和我談話時告訴我，他已經聯繫了幾位部會大臣，要求更多資訊，並警告他們英國政府在監管公司時所抱持的「盲目信心」所造成的問題。「這百分百是錯的。但這件事也證明了我們給予的關注還不夠。」

在接下來幾個月中，英國議會在辯論英國公司被用作詐騙用途時，提及了布魯爾的困境，但仍無法說服議員去要求英國工商局查核他們收到的註冊資料。財務大臣約翰．葛倫（John Glen）在一場委員會會期討論時，早已解釋過為何政府不能答應此事。為什麼英國人還沒準備好要採取行動，阻止這場由英國從旁協助、傳遍全球的竊盜行為？對所有看到這裡的讀者來說，他提出的理由熟悉得令人沮喪（但至少他很誠實）。「對這麼多公司進行盡職調查所需耗費的資源，會帶來非常劇烈的衝擊。」他說，「這項開銷會讓英國經濟每年損失好幾億英鎊。」

就我個人而言，我對這個數字的計算方法抱持著嚴重的懷疑。如果所有每年直接透過英國工商局成立的公司（約莫三十五萬間，是所有新成立公司數量的一半）都轉而透過受到充分監督的公司成立代辦商來註冊，那每間公司需要額外支付三十七英鎊的費用，加起來還不到一千三百萬英鎊，而這個數字可是比「幾億」還少得多。此外，如果一個新科生意人連支付給代辦商的五十英鎊都負擔不起，那也很難相信他們的商業計畫是可行的。撇除這一點不談，就算你相信財務大臣說的數字，但若這個改革能夠成功，就能協助終結這場光是在英國就帶來一年一千九百億英鎊損失的全球詐騙傳染病，這回報可是遠超過支出的。

但是，葛倫那一席話其實別有含意。他的意思是，他很想打擊金權帝國，但英國負擔不起。或是換句話說，協助金權帝國是一門好生意，而我們可不想放棄這種賺錢方式；對我們來說，獲利比原則還重要。

這和丹斯克銀行事件有著有趣的相似之處，同樣有意思的是，為什麼愛沙尼亞分行能夠進行大規模的洗錢，卻沒有受到哥本哈根總部的監管？在丹斯克銀行買下它的芬蘭對手、得到它在塔林的分行後，全球金融危機就發生了。雖然管理層有時間也有意願更改這間銀行的名字，最終卻決定不要將它完全併入公司。「愛沙尼亞分行並沒有採用集團層級的反洗錢程序……集團對愛沙尼亞分行的業務活動了解有限。」那份律師的報告如此總結道，「反洗錢程序被認為成本太高昂、需要的資源也過於龐大。」正如同英國政府一樣，丹斯克銀行認定自己負擔不起採取阻止贓款進出的行動。

在烏克蘭革命後的幾個月，我常常和烏克蘭的記者朋友在基輔喝酒聊天，討論被我們發現的官員行徑，而我們會試圖判斷這些奇特的案例是肇因於貪贓枉法，抑或是能力不足。而這個問題實際上比聽起來還更難回答。在竊盜統治的系統裡，跟其他國家比起來，無能的人往往都會因為家族人脈而晉升到更高的權位；這些人的能力不足則反過來派上了用場，讓政府無法有效發揮功能，進一步迫使需要幫助的人訴諸賄賂。情況反過來的話，也是一樣的：能幹的人在被迫做出貪汙的決定時，可以裝出無能的假象。就本質而言，無能和貪腐是相輔相成的。它們是如此的難分難解，以至於我們已經無法再將兩者視為獨立的現象。

這個令人不快的混合物，解釋了許多當今的亂象。為什麼英國擁有這麼便宜、有效率、設計良好的公司註冊系統，但卻無法查證註冊時的登記資料？為什麼丹斯克銀行樂意攬下愛沙尼亞分行的獲利，卻不願對它進行任何檢查？為什麼竊盜統治能持續擴張，儘管它對整個世界造成的破壞日漸明顯？

正是因為金權帝國存在。

資料來源

我將撰寫此書所需的公開訪談全數記錄下來，也保留所有錄音檔案和逐字稿。不過，我依照要求，匿名了某些人的真實身分（並在文中明確指出）。我並沒有記錄任何非公開的訪談，只有在訪談的同時或結束後立即寫下來。許多要求不被留下紀錄的人是出於對自身安危的恐懼，不過有少數幾個人是因為他們未被授權與媒體接觸。如果你費時與我分享了經驗和想法，書中卻沒有引述到，還請接受我的歉意。

我同樣依賴其他調查者的重要消息來源，以及學術報告、書籍和電視節目。我大量使用可靠的媒體報導，並在適當的地方註明他們的出處。如果要列出所有我讀過的書，這份清單就太長了，但我會在這裡簡單地總結不同章節所使用的關鍵文本，並提供延伸閱讀的建議。

第一章　阿拉丁的洞穴

曼瑟爾・奧爾森的盜賊理論在《*Power and Prosperity: Outgrowing Communist and Capitalist Dictatorships*》（New York: Basic Books, 2000）一書中有詳細的闡述。法蘭西斯・福山的《政治秩序的起源》（*The Origins of Political Order: From Prehuman Times to the French Revolution*，New York: Farrar, Straus & Giroux, 2011; London: Profile Books, 2011）對我也十分有幫助。莎拉・查耶斯（Sarah Chayes）在《*Thieves of State: Why Corruption Threatens Global Security*》（New York and London: W. W. Norton & Co., 2015）一書中，以無法反駁的細節詳述了貪汙和恐怖主義之間的關聯。

我對約翰・艾倫的引述來自他向美國參議院的國際關係委員會提供的證據，你可以在下述網站上找到相關紀錄，包含外交官和其他人士的陳述內容：https://www.foreign.senate.gov/hearings/a-transformation-afghanistan-beyond-2014。

托瑪・皮凱提的巨著《二十一世紀資本論》（*Capital in the Twentieth-first Century*, Cambridge, MA and London: Harvard University Press, 2014）好讀得令人驚訝。加柏列・祖克曼《富稅時代》（*The Hidden Wealth of Nations: The Scourge of Tax Havens,* Chicago, IL: University of Chicago Press, 2015）十分引人入勝，也簡潔有力。華特・謝德爾（Walter Scheidel）的《*The Great Leveler: Violence and the History of Inequality from the Stone Age to the Twenty-first Century*》（Princeton, NJ and Oxford: 2017）也非常有趣。詹姆士・亨利在他的論文〈The Price of

Offshore Revisited〉分析了有多少錢藏匿在境外世界，由租稅正義聯盟在二〇一二年出版。

第二章　海盜

大衛・基納斯頓（David Kynaston）在他史詩般的「倫敦歷史四部曲」套書中，詳盡敘述了倫敦市的歷史。其中的第四部《*The City of London, Volume 4: A Club No More, 1945-2000*》（London: Chatto & Windus, 2002）提供了與歐洲債券有關的一切資料。如果被這套書的分量給嚇著了也沒關係，基納斯頓也寫了單本作品《*City of London 1815-2000*》（London: Chatto & Windus, 2011），並與理查・羅伯茲（Richard Roberts）共同撰寫了風格更明快的《*City State: How the Markets Came to Rule the World*》（London: Profile Books, 2001）。

布列敦森林的會議並沒有受到應有的關注，雖然艾德・康威的著作《*The Summit: The Biggest Battle of the Second World War – Fought behind Closed Doors*》（London: Little, Brown, 2014; New York: Pegasus Books, 2015）和班・斯泰爾（Benn Steil）的著作《*The Battle of Bretton Woods: John Maynard Keynes, Harry Dexter White, and the Making of a New World Order*》（Princeton, NJ and Oxford: Princeton University Press, 2013）補足了這個缺憾。約翰・梅納德・凱恩斯的著作實在不多，但我很喜歡理查・戴文波特—海恩斯（Richard Davenport-Hines）的《*Universal Man: The Seven Lives of John Maynard Keynes*》（New York: Basic Books; London:

William Collins, 2015）。

關於西格蒙・沃伯格，必讀的作品是尼爾・弗格森（Niall Ferguson）的《*High Financier: The Lives and Time of Siegmund Warburg*》（New York and London: Penguin Press, 2010）。伊恩・費沙的自傳是《*The High Road to England*》（Norwich: Michael Russell Publishing, 1999）。我對吉姆・基奧爾的引述來自馬丁・梅爾（Martin Mayer）的《*The Bankers*》（New York: Weybridge and Talley, 1974）一書。

歷史學家對歐洲債券市場的探討十分充分。伊恩・M・克爾（Ian M. Kerr）的著作《*A History of the Eurobond Market: The First Twenty-one Years*》（London: Euromoney Publications Ltd, 1984）與克里斯・歐麥利（Chris O'Malley）的著作《*Bonds without Borders: A History of the Eurobond Market*》（Chichester: John Wiley & Co., 2014）都同樣有趣。我認為由凱薩琳・柏克（Kathleen Burk）在當代英國歷史協會（Institute of Contemporary British History）主持的一九九〇年見證者工作坊（witness seminar）留下的文字紀錄特別寶貴。

羅能・帕蘭（Ronen Palan）是研究境外發展的重要權威，我很感謝他願意和我聊天，以及寫出這麼多傑出的論文。他和理察・墨菲（Richard Murphy）共同撰寫的著作《逃稅天堂？》（*Tax Havens: How Globalization Really Works,* Ithaca, NY: Cornell University Press, 2009）與《*The Offshore World: Sovereign Markets, Virtual Places, and Nomad Millionaires*》（Ithaca, NY:

Cornell University Press, 2003）都非常優秀，尼可拉斯・謝森（Nicholas Shaxson）的《大逃稅》（*Treasure Islands: Uncovering the Damage of Offshore Banking and Tax Havens,* Basingstoke: Palgrave Macmillan, 2011）也是如此。

我是從《*Lucifer's Banker: The Untold Story of How I Destroyed Swiss Bank Secrecy*》（Austin, TX: Greenleaf Book Group Press, 2016）一書引述布萊德利・柏肯菲德說的話。我選擇用艾爾吉（Hergé）的《七一四航班》（*London: Methuen, 1968*）來描繪瑞士對貪腐黑錢的普遍認知，而不是用戈西尼（Goscinny）和烏德佐（Uderzo）的漫畫《*Asterix in Switzerland*》（London: Hodder & Stoughton, 1973），是出自我徒勞無功的希望，試圖說服我太太：丁丁比阿斯泰利克斯（Asterix）厲害多了，因為是《丁丁歷險記》先提出這一點，所以才比較厲害。伊恩・佛萊明的《金手指》是由強納森・凱普（Jonathan Cape）在一九五九年於倫敦首次出版。

第三章　加勒比海女王

尼維斯的許多資訊都是從島上的公共圖書館裡找來的，它的位置十分便利，就位在幾間「公司製造工廠」的視線可及之處。在尼維斯政府的官方網站，可以找到公司成立的相關數據。文森特・K・賀巴德（Vincent K. Hubbard）所著的《*Swords, Ships & Sugar: A History of Nevis to 1900*》（Corvallis, OR: Premiere Editions, 1992）一書講述了尼維斯的歷史，但很可惜的是，身為島上的境外律師，他不認為自己的名字值得被記錄在書裡。

組織犯罪與貪腐舉報計畫的網站上可以找到關於俄羅斯「自助洗衣店」洗錢騙局的資訊，而這個調查結果是多年累積的出色成果。

我在文中所引述澤西議會的辯論內容，是出自發表在議會網站上、等同於這座島的《英國議會議事錄》（*Hansard*）的逐字稿內容。前警官的陳述內容可以在「澤西島關懷獨立調查」（Independent Jersey Care Inquiry）的網站上找到。我也想請你注意「為孩童發聲」（Voice for Children）及瑞科．索達（Rico Sorda）的部落格，在澤西島其他媒體不再繼續報導新資訊時，他們還是持續不懈地發表。

澤西島歷史學家從未多加關注這座島身為避稅天堂的發展史，不過，柯林．鮑威爾（Colin Powell）的《*Economic Survey of Jersey*》（St Helier: States of Jersey, 1971）對於喜歡這種題材的人來說，十分引人入勝。保羅．比松（Paul Bisson）的《*Marigold Dark*》（St Helier: Jayplate, 2015）及約翰．薩謬爾（John Samuel）的《*What I Tell You in the Dark*》（London: The Overlook Press, 2014），這兩本小說能讓我們對澤西島獨特的氛圍產生很好的瞭解。

第四章　性、謊言與境外工具

馬歇爾．高德曼的著作《*The Piratization of Russia: Russian Reform Goes Awry*》（London and New York: Routledge, 2003）對我來說極為受用，凱倫．達維沙的《*Putin's Kleptocracy*》（New York: Simon & Schuster, 2014）一書也是。我引述理查．帕默的證詞，出自於眾議院金融服務委員會在一九九九年針對俄羅斯洗錢案而舉行的數場聽證會，內容請見https://archives-financialservices.house.gov/banking/92199pal.shtml。

第五章　哈雷街的謎團

我對哈雷街二十九號所做的研究，大多數是為了我在二〇一六年四月於《衛報》發表的一篇文章。

第六章　空殼遊戲

有許多非常優秀的書討論了空殼公司在協助犯罪行為時所扮演的角色。

麥可．G．芬利（Michael G. Findley）、丹尼爾．L．尼爾森（Daniel L. Nielson）和J．C．沙爾曼（J. C. Sharman）共同撰寫的《*Global Shell Games: Experiments in Transnational Relations, Crime, and Terrorism*》（Cambridge: Cambridge University Press, 2014）是必不可少的讀物。史蒂芬．普拉特（Stephen Platt）所著的《*Criminal Capital: How the Finance Industry Facilitates Crime*》（Basingstoke: Palgrave Macmillan, 2015）也非常有趣。布魯克．哈靈頓

（Brooke Harrington）在其著作《*Capital without Borders: Wealth Managers and the One Percent*》（Cambridge, MA and London: Harvard University Press, 2016）中詳述了金融工業在驅動不平等現象上所扮演的角色。菲利普．馬爾科維奇的著作《*The Destructive Power of Family Wealth: A Guide to Succession Planning, Asset Protection, Taxation and Wealth Management*》（Chichester: John Wiley & Sons, 2016）趣味性十足，遠超出你對這類型書籍的想像，我非常遺憾我沒能在書中引用這本書的內容。

二〇一六年，全球證人組織在網站上發表了針對美國律師有多樂意視情況放寬規定的調查結果，其標題為《*Lowering the Bar: How American Lawyers Told Us How to Funnel Suspect Funds into the United States*》。

在世界銀行的遭竊資產追討倡議網站上，有著展示歷史上著名貪汙案的優秀資料庫，史丹佛大學法學院也蒐集了依據海外反貪腐法提出的訴訟資料。麻煩其他國家可以開始用這麼出色的方式建立法庭判決檔案庫好嗎？

參議院常設調查委員會挖出了花旗銀行進行某些活動的難堪細節，在一九九九年十一月公布於網站上，一併附上了其他大量的資料。

第七章　癌症

本章是根據我的烏克蘭相關著作內容寫成。你可以在「反貪行動中心」（Anti-corruption Action Centre）的網站上找到針對貪汙的案例研究。這個組織是由一小群勇敢且堅決的社運分子所組成，他們對我的調查提供了大量的協助。

第八章　如響尾蛇般狡詐

我還是青少年的時候，第一次讀到了弗雷德里克・佛賽斯的《*The Dogs of War*》（London: Hutchinson, 1974），從此之後，這本書一直是我最愛的驚悚小說之一。奇努瓦・阿契貝的小說《分崩離析》（London: William Heinemann, 1958）和《*No Longer at Ease*》（London: William Heinemann, 1960）都極為動人。他的文章〈The Trouble with Nigeria〉由第四維出版社（Fourth Dimension Publishing）在一九八三年初次於奈及利亞出版，但在二〇一〇年再次與《*An Image of Africa*》一書一同出版，作為企鵝出版社「偉大的思想」（Great Ideas）書系的選書。現代奈及利亞小說家齊邦杜・歐努佐（Chibundu Onuzo）於作品中也在努力處理同樣的題材，她的《*Welcome to Lagos*》（London: Faber & Faber, 2017）非常棒。

如果你想深入探究「竊盜統治」一詞的起源，你可以在我於二〇一八年一月為《民主季刊》（*Journal of Democracy*）——該期的標題為「The Rise of Kleptocracy: The Dark Side of Globalization」——寫的一篇文章裡找到。斯坦尼斯拉夫・安德烈斯基在《*The African Predicament: A Study in the Pathology of Modernisation*》（New York: Atherton Press; London: Michael Joseph, 1968）一書中，就這個概念做出了極為有趣的探討。拉惹勒南針對竊盜統治發表的演說收錄在亞諾・J・海登海默（Arnold J. Heidenheimer）的著作《*Political Corruption: Readings in Comparative Analysis*》（New York and London: Holt, Rinehart and Winston, 1970）中。

羅伯特・克利特加德的《*Tropical Gangsters: One Man's Experience with Development and Decadence in Deepest Africa*》（New York: Basic Books, 1991）是了解赤道幾內亞的關鍵讀物。美國參議院對歐必昂家族所做的調查也非常有意思，這件案子由社運法律團體「夏巴」的成員提起訴訟，目前仍在法國法庭審理中。

國際貨幣基金組織的研究報告〈Institutionalized Corruption and the Kleptocratic State〉是由克里斯蒂安・哈姆（Christian Harm）和約書亞・查拉普（Joshua Charap）於一九九九年撰寫而成，詳盡描述了貪汙的運作方式，十分有說服力。

第九章　販賣護照的人

克里斯蒂安・H・卡林（Christian H. Kälin）的論文《*Ius Doni: The Acquisition of Citizenship by Investment*》（Zurich: Ideos Publications Ltd, 2016）詳盡地摘要了護照產業背後的

運作原則。亞托莎・亞拉西亞・阿布拉罕米安（Atossa Araxia Abrahamian）在她的著作《*The Cosmopolites: The Coming of the Global Citizen*》（New York: Columbia Global Reports, 2015）中詳述了這門生意。如果你想更深入探究聖克里斯多福及尼維斯聯邦護照計畫的晦暗起源，那一定要讀讀肯・瑞裘克的《*The Laundry Man*》（London: Viking Press, 2012），特別是因為這本書實在是太有趣了。

國際貨幣基金組織的工作底稿「Too Much of a Good Thing?: Prudent Management of Inflows under Economic Citizenship Programs」分析了聖啟茨護照計畫的成功，並於二〇一五年發表。

我真希望還有更多空間可以描寫安圭拉成為避稅天堂的奇幻旅程，但相關的文件紀錄實在太少了。不過，唐納・E・威斯萊克（Donald E. Westlake）在其著作《*Under an English Heaven*》（London: Hodder & Stoughton, 1973）中，出色地描述了安圭拉的反獨立革命故事。

第十章　「外交豁免權！」

超級富豪對外交豁免權的不當使用幾乎沒有受到注意，除了《致命武器 2》以外。

第十一章　不能寫出來的事

比爾・布勞德在他的《紅色通緝令》《*Red Notice: How I Became Putin's No. 1 Enemy*》（New York: Simon & Schuster and London: Corgi, 2015）中描述了他如何從一個基金經理轉變成人權運動分子的生命故事。那部從未上映的電影是由哈瓦納・馬金（Havana Marking）執導，是一部非常好的電影。感謝達莉亞・卡雷努克（Daria Kaleniuk）和其他人出現在電影裡。

第十二章　暗物質

德意志銀行在二〇一五年發布的報告〈Dark Matter: The Hidden Capital Flows that Drive G10 Exchange Rates〉是由奧立佛・哈維（Oliver Harvey）及羅賓・溫克勒（Robin Winkler）所著，可以在網路上找到。這份報告將大多數流進英國的祕密金錢與俄羅斯連結在一起。諷刺的是，兩年之後，這間銀行被指控藉由所謂的「鏡像交易」（mirror trades），從俄羅斯搬運出一百億美元的隱密資金，因此必須向美國和英國支付六億三千萬美元的罰金。

由馬克・皮耶斯（Mark Pieth）編輯的文選《*Recovering Stolen Assets*》（Basel: Basel Institute of Governance, 2008）中，詳盡地敘述了想將資金物歸原主時，將會面臨的諸多困難。世界銀行的遭竊資產追討倡議在二〇一四年發表了由賴瑞莎・葛雷（Larissa Gray）、謝廷・韓森（Kjetil Hansen）、普蘭維菈・雷西卡—柯布萊德（Pranvera Recica-Kirkbride）與雷妮亞・米爾斯（Linnea Mills）共同撰寫的《*Few and Far: The Hard Facts on Stolen Asset Recovery*》，為這個令人沮喪的故事更新到最新進度。

第十三章　「核死亡來敲你的門了」

本章節的大部分資訊都是來自針對亞歷山卓．李維寧科之死所做的公開調查中所引之證據。這項調查在二〇一五年一月至三月期間，於倫敦的皇家司法院進行，而我之所以能參加，是多虧了英國《*GQ*》雜誌的邀稿。在代表俄羅斯政府的律師提交異議後，有部分證據後來經過了編輯。這就表示，在公開調查的網站中，你再也看不到李維寧科和西班牙情報機構合作的資訊。不過，只要用Google引擎尋找一下，你就能看到原始文件。

路克．哈定（Luke Harding）在公開調查後撰寫了《*A Very Expensive Poison: The Definitive Story of the Murder of Litvinenko and Russia's War with the West*》（London: Guardian Faber, 2016; New York: Vintage, 2017）一書，依據他過去十年來針對這起謀殺案所做的調查工作而寫成。瑪麗娜．李維寧科和亞力斯．古德法鉑（Alex Goldfarb）合寫了《*Death of a Dissident: The Poisoning of Alexander Litvinenko and the Return of the KGB*》（London and New York: The Free Press, 2007），而李維寧科自己則與尤里．費爾什亭斯基（Yuri Felshtinsky）合寫了《*Blowing Up Russia: The Secret Plot to Bring Back KGB Terror*》（London: Gibson Square, 2007），此書在他

死後終於再度出版，後來在二〇一八年二月又重新再版一次。

第十四章　我的夢幻財富

尼可拉斯・謝森的著作《*Poisoned Wells: The Dirty Politics of African Oil*》（Basingstoke: Palgrave Macmillan, 2007）和湯姆・伯吉斯（Tom Burgis）的《*The Looting Machine: Warlords, Tycoons, Smugglers and the Systematic Theft of Africa's Wealth*》（London: William Collins and New York: Public Affairs, 2015），都極為出色地描寫了境外金融產業如何蹂躪非洲。全球證人組織在九〇年代發表針對安哥拉的突破性報告〈A Crude Awakening〉（一九九九年）和〈A Rough Trade〉（一九九八年），現在仍然可以在他們的網站上看到。

第十五章　高級房地產

麥可・葛羅斯那本描寫中央公園西大道十五號歷史的著作《*House of Outrageous Fortune: Fifteen Central Park West, the World's Most Powerful Address*》（New York: Atria Books, 2014）非常出色。如果有人對紐約房地產市場有興趣，可以參考強納森・米勒經營的周報《*Housing Notes*》，你可以從「Miller Samuel Inc.」網站訂閱這份刊物。

邁阿密房地產經紀人協會（Miami Association of Realtors）提供了南佛羅里達州房地產的外

國買家資訊。

在我撰寫《*The Last Man in Russia: And the Struggle to Save a Dying Nation*》（London: Allen Lane; New York: Basic Books, 2013）期間，我的朋友莎夏（Sasha）開車載我從彼爾姆市前往索利卡姆斯克和別列茲尼基這兩座城鎮。謝了，莎夏！

第十六章　富豪喜歡一起混

雖然阿杰伊・卡普爾的富豪經濟報告非常惡名昭彰，卻還是十分難以取得，因此我要感謝朱爾斯（Jules）替我找來這些報告。我不斷嘗試與卡普爾取得聯繫，但他從未回覆。阿杰伊，如果你正在讀這一段，拜託你聯繫我。

第十七章　路西法的銀行家

布萊德利・柏肯菲德的回憶錄《*Lucifer's Banker: The Untold Story of How I Destroyed Swiss Bank Secrecy*》（Austin, TX: Greenleaf Book Group Press, 2016）是本章節的主要資訊來源，參議院針對瑞銀集團所做的調查報告也同樣重要，因為他為參議院作證。要了解瑞士銀行業的歷史，加柏列・祖克曼的《富稅時代》也十分重要。

第十八章　避稅天堂：美國

想要對美國信託有基本了解的話，勞倫斯・M・傅利曼（Lawrence M. Friedman）的著作《*Dead Hands: A Social History of Wills, Trusts, and Inheritance Law*》（Stanford, CA: Stanford Law Books, 2009）十分有幫助。彼得・科托爾塞阿努為艾納佛律師事務所（Anaford Attorneys）於二〇一五年所做的報告〈Hiding in Plain Sight: How Non-US Persons Can Legally Avoid Reporting under Both FATCA & GATCA〉，幫助我了解正在發生的事情。

第十九章　起身對抗金權帝國

我對亞瑟・衛斯理的引述出自J・K・羅琳的《哈利波特2：消失的密室》，而我認為這句話基本上可以應用在任何事情上。

珍・梅爾的著作《*Dark Money: The Hidden History of the Billionaires behind the Rise of the Radical Right*》（New York: Doubleday, 2016）令人大開眼界，描述這個世界的現實被美國寡頭的財富扭曲如此之久，甚至比普丁出現的時間還要長。南西・麥克連恩（Nancy McLean）的著作《*Democracy in Chains: The Deep History of the Radical Right's Stealth Plan for America*》（New York: Viking, 2017）或許甚至還要更為出色。

第二十章　腐敗之物

〈Report on the Non-Resident Portfolio at Danske Bank's Estonian branch〉這份報告在二〇一八年九月十九日於丹斯克銀行的網站上發布，你可以輕易透過搜尋引擎找到。霍華・威金森在歐洲議會作證時的逐字稿於二〇一八年十二月十一日被放在金融犯罪、逃稅、避稅委員會的網站上。國家吹哨者中心（National Whistleblower Center）在二〇一八年十二月五日將他在丹麥議會作證的錄影上傳到YouTube上。組織犯罪與貪腐舉報計畫揭露的各個洗錢陰謀的相關文章，都可以在該組織的網站上看到，包括其他多不勝數又令人驚嘆的故事。我在二〇一八年三月二十二日於《觀察家報》（*Observer*）初次發表了關於凱文・布魯爾的困境的文章。感謝理查・史密斯（Richard Smith），你是第一個讓我的注意力轉向政府那篇欠缺判斷的新聞稿的人。

致謝

本書的諸多概念以及故事，都是從我過去寫的文章衍生而來，而我非常感謝那些向我邀稿的編輯。我特別要感謝Anne Applebaum、Jonathan Shainin、David Wolf、Sigrid Rausing、Jonathan Heaf、Ryan Kearney、Charles Davidson, Brent Kallmer、Francis Wheen、Stephanie Giry與Nathan Thornburgh。我也要感謝哈瓦納・馬金——也許有一天我們的電影會在某處上映。Melissa Aten提供了極大的幫助，讓我在華盛頓和其他地方找到談話的對象。Courtney Ransom、Sofia Millham和Simon Ostrovsky實在是再好客不過了。謝謝，朋友們！

能有一群朋友——特別是Roman Borisovich、Arthur Doohan、Richard Smith、Ed Caesar、Chido Dunn和Sue Hawley——樂意針對搬運金錢的方式互相交換想法，就連最微小的層面也不放過，真的非常棒！

Karolina Sutton根本就是夢幻經紀人，總是能提供我許多建議和鼓勵。Profile出版社的Ed Lake從聽到本書計畫的那一刻就充滿了熱忱，也是一位了不起的編輯。我非常享受我們一起合作的時光。

Rosie以通情達理和完美無缺，包容了我的缺席。也感謝Tobin和Cai只要興致一來，就會衝進我的辦公室，定期提醒我為什麼關切世界的未來是這麼重要。這本書是為了他們而寫。

國家圖書館出版品預行編目 (CIP) 資料

誰偷走了我們的財富？: 為什麼貧富差距越來越大？薪水越來越低？因為從政客、銀行、會計師與律師，都只服務有錢人！ / 奧立佛 . 布洛 (Oliver Bullough) 著 ; 黃亦安譯 . -- 初版 . -- 臺北市 : 大塊文化 , 2020.11
面 ;　公分 . -- (from ; 135)
譯自 : Moneyland : why thieves and crooks now rule the world and how to take it back.
ISBN 978-986-5549-09-1(平裝)

1. 國際金融 2. 逃稅 3. 全球化 4. 報導文學

561.9　　109012789

LOCUS

LOCUS

LOCUS

LOCUS